本书作为河南省高校科技创新人才支持计划（人文社科类）（2021 – CX – 042）、河南理工大学工商管理学院能源经济研究中心、管理科学与工程省级重点学科的成果。

高质量发展背景下中部地区流动人口社会融合研究

傅端香 张梦婕 刘琼 ◎ 著

中国财经出版传媒集团

经济科学出版社
Economic Science Press

·北 京·

图书在版编目（CIP）数据

高质量发展背景下中部地区流动人口社会融合研究/
傅端香，张梦婕，刘琼著 . -- 北京：经济科学出版社，
2023.9

ISBN 978 - 7 - 5218 - 5132 - 8

Ⅰ.①高… Ⅱ.①傅…②张…③刘… Ⅲ.①流动人
口 - 城市化 - 研究 - 中国 Ⅳ.①C924.24

中国国家版本馆 CIP 数据核字（2023）第 175689 号

责任编辑：李　雪　袁　溦
责任校对：齐　杰
责任印制：邱　天

高质量发展背景下中部地区流动人口社会融合研究
GAOZHILIANG FAZHAN BEIJINGXIA ZHONGBU DIQU LIUDONG
RENKOU SHEHUI RONGHE YANJIU
傅端香　张梦婕　刘　琼　著
经济科学出版社出版、发行　新华书店经销
社址：北京市海淀区阜成路甲 28 号　邮编：100142
总编部电话：010 - 88191217　发行部电话：010 - 88191522
网址：www. esp. com. cn
电子邮箱：esp@ esp. com. cn
天猫网店：经济科学出版社旗舰店
网址：http://jjkxcbs. tmall. com
固安华明印业有限公司印装
710×1000　16 开　17 印张　240000 字
2023 年 9 月第 1 版　2023 年 9 月第 1 次印刷
ISBN 978 - 7 - 5218 - 5132 - 8　定价：92.00 元
（图书出现印装问题，本社负责调换。电话：010 - 88191545）
（版权所有　侵权必究　打击盗版　举报热线：010 - 88191661
QQ：2242791300　营销中心电话：010 - 88191537
电子邮箱：dbts@ esp. com. cn）

序　言

　　流动人口社会融合问题涉及人口学、社会学等多种学科，是当今社会研究的热点问题之一。从国际上看，流动人口的社会融合理论最早源于美国。在 19 世纪末 20 世纪初，西方社会兴起的移民热潮使得社会融合问题成为学术界的重要关注点。美国学者通过研究流动人口在流入国的社会融合形成比较成熟的三种理论观点：同化论、多元文化论和区隔融合论。我国对于流动人口社会融合问题的研究源于 20 世纪 80 年代开始的人口大规模流动，且我国大多数学者的研究是在借鉴和参考国外的理论体系基础之上进行的。流动人口会对社会产生何种影响？流动人口社会融合是否影响区域经济发展？在国外学者进行大量研究之后，有关流动人口社会融合的现实问题依然具有很高的研究价值。

　　由于中国关于流动人口社会融合的研究起步较晚，与西方发达国家相较而言还处于探索阶段。随着我国经济转向高质量发展阶段，人口发展也进入了新时代和全面发展阶段，流动人口成为影响人口区域分布、年龄结构甚至性别结构的内生力量，社会融合成为流动人口研究的重点。近年来，国内学者开始逐渐重视关于流动人口社会融合问题的研究，但受国外研究的影响，在研究中缺乏对中国国情的考虑，缺乏在具体条件下对流

1

动人口社会融合问题的系统分析和研究。特别是我国进入新的历史发展阶段，这种背景的转变对流动人口社会融合问题的研究具有重要的影响。

傅端香教授长期致力于研究现实社会的前沿和热点问题，此次她结合自己的研究方向和研究兴趣，聚焦于高质量发展背景下中部地区流动人口社会融合这个热点问题，对中部地区的流动人口社会融合问题进行了系统的分析和研究，形成了这本书，为解决中部地区的流动人口社会融合问题提供了参考价值，也为我国其他省份的流动人口社会融合问题提供了借鉴。值此本书出版之际，我欣然为其作序，我认为，此书具有如下几个特点：

第一，选题具有较强的理论价值。本书通过对中部地区流动人口社会融合的现状及影响因素进行理论拓展研究，从而进一步完善流动人口社会融合的相关理论研究，从经济、文化、心理、社会关系融合四个维度构建中部地区流动人口社会融合水平评价体系和比较分析，为中部地区流动人口社会融合研究提供理论框架。同时，通过对中部地区流动人口流动现状和影响因素进行深入研究，进一步加强了对中部地区流动人口的有序化和影响研究。

第二，研究方法具有一定的创新性。本书从理论和实证两方面相结合的角度对流动人口社会融合进行研究。在实证研究方面，通过问卷调查法收集第一手数据，对中部地区流动人口融合现状进行分析，提出了社会融合测量要素，同时从经济融合、文化融合、心理融合、社会关系融合四维度构建了流动人口社会融合评价指标体系，并对中部地区不同区域、代际和职业的流动人口社会融合现状进行差异化分析，构建模型探究个人、经济、文化、心理、制度、社区六个因素对流动人口社会融合度的影响及作用机制。同时，在分析过程中，运用大量的图表分析，更加直观地说明分析的结论，便于读者阅读和理解。此书的出版在一定程度上丰富了中国流动人口社会融合在实证方面的研究。

第三，选题具有较强的现实意义和重要的社会应用价值。我国是一个人口流动的大国，其中中部地区的流动人口规模较大且社会融合水平整体不高。当前，我国流动人口社会融合势头向好，社会融合水平不断提高，流动人口实现了由生存型向发展型的根本转变。但是，目前仍有两亿多进城农民工和其他常住人口还没有完全融入城市，没有享受同城市居民完全平等的公共服务和市民权利，需要增强公共服务的均衡性和可及性。流动人口社会融合已成为推动我国经济高质量发展需要关注的重点问题之一。本书对于解决我国流动人口社会融合，特别是中部地区的流动人口社会融合的现实问题，具有重要的参考价值。

与所有学术研究工作一样，本书还存在一些不足和值得进一步研究的问题，欢迎各位同仁和读者能够批评指正，也希望作者能够做更深入的研究，有更多新的研究成果问世。

石美遐

2023 年 9 月

CONTENTS ▷
目　　录

第1章　绪论 ······························· 1

1.1　研究背景和意义 ······················· 1

1.2　基本概念 ······························· 6

1.3　研究思路、内容和方法 ··············· 14

第2章　文献综述 ·························· 17

2.1　国外流动人口社会融合研究综述 ········· 17

2.2　国内流动人口社会融合研究综述 ········· 26

2.3　高质量发展与流动人口社会融合的关系研究综述 ······· 35

第3章　高质量发展背景下中部地区人口流动的现状及影响分析 ····················· 39

3.1　高质量发展背景下中部地区人口流动的现状分析 ········ 39

3.2　高质量发展背景下中部地区人口流动的影响分析 ········ 70

第4章　高质量发展背景下中部地区流动人口社会融合存在的问题分析 ················ 78

4.1　政府方面 ····························· 79

4.2 社会方面 …………………………………………… 86

4.3 企业方面 …………………………………………… 92

4.4 个人方面 …………………………………………… 95

第5章 高质量发展背景下中部地区流动人口社会融合实证分析 …… 100

5.1 高质量发展背景下中部地区流动人口社会融合现状
调查分析 …………………………………………… 100

5.2 高质量发展背景下中部地区流动人口社会融合水平
评价 …………………………………………… 136

5.3 高质量发展背景下中部地区流动人口社会融合水平
差异分析 …………………………………………… 144

5.4 高质量发展背景下中部地区流动人口社会融合的
影响因素分析 …………………………………………… 167

第6章 发达国家流动人口社会融合的实践经验分析 …………… 189

6.1 美国移民社会融合的实践经验分析 ………………… 189

6.2 英国移民社会融合的实践经验分析 ………………… 196

6.3 德国移民社会融合的实践经验分析 ………………… 200

第7章 高质量发展背景下促进流动人口社会融合的路径
选择 …………………………………………… 206

7.1 政府层面 …………………………………………… 207

7.2 社会层面 …………………………………………… 222

7.3 企业层面 …………………………………………… 229

7.4 个人层面 …………………………………………… 233

第 8 章　基本结论与研究展望 ················· 239

　8.1　基本结论 ····························· 239

　8.2　研究展望 ····························· 241

附录 ·································· 243

参考文献 ······························ 247

后记 ································· 262

第1章 绪　　论

1.1　研究背景和意义

1.1.1　研究背景

（1）人口发展进入新时代和全面发展阶段

党的二十大报告指出："坚持以推动高质量发展为主题，着力推进城乡融合和区域协调发展。"我国人口发展已进入新的发展阶段，流动人口成为影响人口区域分布、年龄结构甚至性别结构的内生动力，社会融合成为人口研究尤其是流动人口研究的新课题。

我国经济已转向高质量发展阶段。党的十九届五中全会通过的《中共中央关于制定国民经济和社会发展第十四个五年规划和二〇三五年远景目标的建议》强调"推进以人为核心的新型城镇化"。社会融合是流动人口实现全面发展的关键所在。2019年，我国流动人口数量为2.36亿人。第七次全国人口普查（以下简称"七人普"）数据显示，我国流动人口数量为3.76亿人，约占城镇就业劳动力的81.2%，流动人口已成为城市就业的主体。

流动人口已成为推动我国高质量发展的重要力量。我国高质量发展离不开人的全面发展，更离不开流动人口的深度社会融合。深度社会融合不仅有利于提升流动人口素质和能力、认同感和归属感，还有利于增强城市治理和公共服务能力，从而促进城市高质量发展和城乡融合发展。

（2）中部地区流动人口规模较大

我国是一个流动人口大国，自2008年以来，流动人口数量持续保持在2亿以上，其中外出农民工成为流动人口的主体（见图1-1）。党的十八大以来，习近平总书记提出了关于流动人口社会融合的系列重要论述，对新时代流动人口社会融合制度框架作出了顶层设计。党的十九大报告进一步明确提出"加快农业转移人口市民化"的任务要求。而社会融合是流动人口市民化过程中的核心需求。

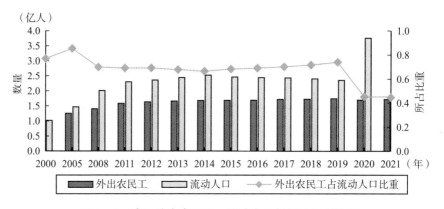

图1-1　我国外出农民工、流动人口数量及所占比重

资料来源：来自历年《中国流动人口发展报告》和《国民经济和社会发展公报》。

中部地区包括山西、河南、湖北、湖南、安徽、江西6个省份。这六省均处于我国地理的中间区域，按照区域经济划分，属于中部崛起战略的组成部分。从自然环境、区位优势等因素来看，中部六省基本接近。首先，中部六省都位于我国中间地带，承东启西、沟通南

北，交通优势较为明显；其次，中部六省都有一定的平原区域，人口
总量较大，且都是劳务输出大省。相对东南沿海省份来说，中部六省
稳住人口总量的难度比较大。

　　相对第六次全国人口普查（以下简称"六人普"）数据，"七人
普"数据显示，中部六省中除山西省人口数量有所减少以外，其他五
省人口都有不同程度的增加（见表 1 - 1）。

表 1 - 1　　　　　中部地区"七人普"人口数量及变化情况

省份	"七人普"常住人口（万人）	比"六人普"增加人口数量（万人）	全国排名（除港澳台）
河南省	9937	534	3
湖南省	6644	74	7
安徽省	6103	153	9
湖北省	5775	51	10
江西省	4519	62	13
山西省	3492	- 79	18

资料来源：国家统计局。

　　根据"七人普"数据，中部六省流动人口都有不同程度的增长，
其中增长幅度超过100%的有河南、安徽和江西，湖南增长幅度较小。
随着经济的发展和区域发展水平差距的减小，流动人口主要表现为省
内流动，跨省流动人口比例相对降低，外省流入人口差别不大（见
表 1 - 2）。

表 1 - 2　　　　　中部地区"七人普"流动人口变化情况

省份	流动人口数（万人）	流动人口占比（%）	增加（万人）	增长（%）	跨省流动人口（万人）	省内流动人口（万人）	"七人普"外省流入人口（万人）
河南省	2120.17	21.34	1316.37	163.77	127.36	1992.81	127.36
湖南省	858.71	12.91	69.04	8.74	—	—	140.00

续表

省份	流动人口数（万人）	流动人口占比（％）	增加（万人）	增长（％）	跨省流动人口（万人）	省内流动人口（万人）	"七人普"外省流入人口（万人）
安徽省	1387.20	22.73	820.10	144.63	155.10	1232.20	155.05
湖北省	1276.42	22.10	543.79	74.22	224.96	1051.46	224.96
江西省	963.40	21.32	516.37	115.50	127.90	835.50	127.90
山西省	967.38	27.71	415.37	75.25	162.05	805.33	162.05

注：湖南省"七人普"统计公报没有公布流动人口数据，所以湖南省的数据为预估值。其余五省数据均来源于"七人普"统计公报。

（3）中部地区流动人口社会融合水平整体不高

党的十八大以来，以习近平同志为核心的党中央高度重视流动人口社会融合问题。党的十八大报告明确指出"加快改革户籍制度，有序推进农业转移人口市民化，努力实现城镇基本公共服务常住人口全覆盖"。加快推进户籍制度改革，完善城乡劳动者平等就业制度，逐步让农业转移人口在城镇进得来、住得下、融得进、能就业、可创业，维护农民工合法权益，这为推进新时代流动人口社会融合提供了理论指导和根本遵循。

当前，我国流动人口社会融合势头向好，社会融合水平不断提高，流动人口实现了由生存型向发展型的根本转变[1]。以进城挣钱、改善生活为主要目的的人口流动大为减少，大多数在城市居住并稳定下来，成为新的城市市民、享受城市生活的中等收入流动人口。但是，目前两亿多进城农民工和其他常住人口还没有完全融入城市，没有享受同城市居民完全平等的公共服务和市民权利，需要增强公共服务的均衡性和可及性。因此，流动人口已成为推动我国经济高质量发展需要关切的重点人群之一。到2035年基本实现社会主义现代化期

---

[1] 徐水源. 推动新时代流动人口社会融合 [J]. 民生周刊, 2019 (6)：69-70.

间，是推进新时代流动人口社会融合的关键阶段。

1.1.2　研究意义

（1）进一步完善流动人口社会融合的理论研究

关于流动人口社会融合的研究，我国大多数学者是在借鉴和参考国外的理论体系的基础上进行研究的，其研究不够系统深入，尤其对中部地区流动人口社会融合问题研究的成果较为少见。流动人口的社会融合涉及多个方面因素，它不只是反映人口的流出与流入问题，更能反映出社会现有资源配置的规则和秩序是否科学合理。目前，中部地区流动人口规模大且相对稳定，但并没有很好地实现社会融合。从理论方面讲，流动人口的深度融合有利于促进流动人口素质和能力的全面提升，为区域高质量发展提供高素质的劳动力支持。本书将对中部地区流动人口社会融合的现状及影响因素进行理论拓展研究，从而进一步完善流动人口社会融合的相关理论研究，从经济、文化、心理、社会关系融合四个维度构建中部地区流动人口社会融合水平评价体系和比较分析，为中部地区流动人口社会融合研究提供理论框架。

（2）进一步加强对中部地区流动人口的有序化和影响研究

人口流动是适应改革开放和市场经济运作的现实需要，也是社会经济发展的必然结果。目前，还没有形成健全的流动人口的科学管理方法和管理手段，流动人口管理仍处于盲目无序状态。大规模流动人口的无序流动，不仅影响到区域经济的持续增长、社会的和谐稳定和文化的生态平衡，还会增加流动人口的流动成本，阻碍流动人口社会融合的进程。中部地区人口流动整体上也表现为无序状态。本书对中部地区流动人口流动现状和影响因素进行了深入研究，为促进中部流动人口社会融合有序流动提出参考建议。

（3）为促进中部地区流动人口社会融合提供决策支持

流动人口的社会融合，不仅是稳定问题，更是发展问题。高质量的社会融合有利于提升流动人口归属感、认同感、获得感和自主意识，为高质量发展提供精神动力。流动人口的融合与否不仅影响着流动人口的自身发展，还影响着城乡融合发展。社会融合不仅有物质上的追求，还有更高层次的精神需求。本书基于中部地区流动人口的特点和社会融合的需求，对发达国家流动人口社会融合成功经验进行总结和归纳，重点围绕人口流动及其社会融合中亟须解决的问题开展政策研究，为加快中部地区流动人口社会融合的步伐、拓展社会融合的途径等方面提供决策支持。

1.2　基本概念

1.2.1　高质量发展

党的十九大报告指出，我国经济已由高速增长阶段转向高质量发展阶段。我国经济运行更加高效，产业结构更加合理，生态环境更加绿色，社会分配更加公平。那么，什么是高质量发展？习近平总书记指出，高质量发展是体现新发展理念的发展[①]。高质量发展的主要经济增长模式是以技术进步推动全要素生长率提升的集约型经济增长模式。高质量发展是一个极具中国特色的概念，其本质体现出多维性和丰富性的特点（金碚，2018）。学者们从不同的视角对高质量发展的含义进行了定义，本书对现有相关文献进行概括梳理。

---

① 习近平. 坚持新发展理念打好"三大攻坚战" 奋力谱写新时代湖北发展新篇章 [N].
人民日报，2018 – 04 – 29.

（1）高质量发展是充分均衡的发展

高质量发展是在新环境、新条件、新阶段提出的新的发展要求。高质量发展既是发展观念的转变，也是增长模式的转型，更是对民生水平的关注（赵剑波等，2019）。"高质量发展追求的是质量与规模并存，没有经济规模的增长，不可能谈及经济增长的质量提升"（任保平，2013），应从产业结构、创新、供给体系、满足人民美好生活需要方面阐述高质量发展（任保平，李禹墨，2018）。王军（2017）认为高质量发展包括经济、生态、文化、社会、民生五个方面。冯俏彬（2018）从消费对经济的拉动、经济结构方面阐述了高质量发展的特征。程虹（2018）认为，评价高质量发展不能仅关注经济指标，还应当包括社会保障指标。师博（2022）认为，高质量发展不仅解决了经济社会发展中的突出问题，还能在经济、政治、文化、社会、生态等方面更好地满足人民日益增长的需要。高质量发展意味着经济增长稳定，区域和城乡协调发展，以创新为动力，推进绿色发展。因此，高质量发展又多了一层社会层面的含义，如生态环境与人民健康生活紧密联系，收入分配影响着公平正义，经济的增长与社会稳定关系着人民的安全等。

（2）经济建设是高质量发展的重要支撑

高质量发展与经济建设密不可分，想要推动高质量发展，经济建设是重点领域，也是重要支撑。李伟（2018）、安淑新（2018）认为，高质量发展意味着在供给、需求、配置、投入产出、收入分配和经济循环方面均体现高质量。

在经济学领域，相关研究主要从宏观与微观两个层面来理解高质量发展。宏观视角下的高质量发展是通过创新合作、产业融合、协同发展，实现区域由要素禀赋向协同创新转变，在满足人民日益增长的美好生活需要的同时，实现区域间均衡高效发展的过程。微观层面是实现要素的高质量发展与创新，质量和效率是高质量发展的核心要素。高质量发展的微观基础是提供高质量的供给与产生高质量的需求，这是经济发展质量高的直观体现。汪同三（2018）认为，微观经济是发展基础，宏观经济是总体水平。

（3）高质量发展满足人民更高层次的需求

随着经济进入高质量发展阶段，人民的生活水平也得到了大幅度的提升，由食不果腹转变为收入增加、经济过剩。从需求结构的变化来看，人民对物质文化生活的需求已经转变为对美好生活的需求。马拉奇拉等（Mlachila et al.，2014）认为，高质量的经济发展不仅体现为 GDP 的提升，还应表现为全体居民福利水平的提升。

高质量发展要求高质量的供给和高质量的需求。实现高质量的供给，要求通过制度创新、要素投入和技术进步等因素驱动经济发展、优化产业结构、提升生产效率，意味着要把创新作为第一动力、发扬工匠精神、提高循环效率、消除流通障碍、推动高水平的制度供给。同时，高质量发展要求高质量的需求。高质量发展背景下人民的需求不再是低层次的温饱需求，而是要求更好的物质与更优质的服务，追求多样化、个性化的高层次需求。随着群体收入不断提升，市场需求不断扩大，通过高质量的需求带动供给端升级，促进供需在更高水平实现平衡。

1.2.2　流动人口

"流动人口"是一个具有中国特色的概念，而"迁移人口"的概念在世界范围内被广泛接受。目前普遍接受的是根据是否变更户籍所在地来划分流动人口与迁移人口。其中，迁移人口是指户籍登记地发生变动，流动人口是指户籍登记地没有发生变化。

迁移人口有明确的界定，一个人从一个乡镇街道空间上迁移到另一个乡镇街道，并办理了户口迁移手续，即被视为迁移人口。但是，流动人口在我国并没有形成明确、统一的定义。流动人口的界定由于没有明显的识别标志，不同时间和空间都将导致流动人口界定在规模、结构、特征等各个方面存在较为明显的差异。这不仅可以在相关学者对流动人口的不同界定中看到（张庆五，1988），也可以在政府相关部门不同时期对流动人口的不同统计口径中体现出来（孙玉晶、段成荣，2006）。

（1）学术界有关流动人口概念的界定

人口大规模流动起始于20世纪80年代，学术界也随之广泛关注流动人口这个特殊的群体。段成荣等（2008）认为，流动人口是指居住地和户口登记地所在乡镇街道不一致且离开户口登记地半年以上的人口。张庆五（1988）认为，流动人口应是指"在一定管辖范围内暂时离开居住地，不时到其他地方返回的人"。而胡世慧（2008）则认为流动人口户籍未变，属于临时性移动人员，主要涉及务工农民及其子女亲属，以及一些具有城镇等其他户籍身份的流动人员。周皓等（2022）以流动人口的经济活动为核心，将流动人口定义为在户口所在地以外的地方务工、经商、进行社会服务且没有改变原居住地户口的人口。这些研究对流动人口的定义比较概括化，主要从流动时间、流动空间以及流动目的三个维度进行定义，将流动人口概括为以下几类：定期性往返人口、非定期性往返人口、季节性流动人口、目标性流动人口、旅游性流动人口等（辜胜阻，1989；吴瑞君，1990；李荣时，1996）。

（2）政府相关部门对流动人口概念的界定

在第三次全国人口普查中，流动人口被定义为"已在本县、市常住一年以上，常住户口在外地和在本县、市居住不满一年，但已离开常住户口登记地一年以上的人口"。1995年全国1%人口抽样调查，将流动时间判定标准界定为半年，流动空间标准确定为乡镇之间。第六次全国人口普查和2015年全国1%人口抽样调查，对流动人口的界定给出了统一的标准，即居住地与户口登记地所在的乡镇街道不一致且离开户口登记地半年以上人口，并在此基础上区分市辖区内人户分离人口和非市辖区内人户分离人口。

在人口调查中，与早期流动人口定义相比，现在的定义增加了对短期流动人口、定期性流动人口、季节性流动人口、旅游性流动人口、目标性流动人口的论述，对以往的概念进行了完善。人口普查对于流动人口概念的界定也越来越被大众所接受，许多学术研究普遍采用人口普查和抽样调查中对流动人口的定义。依据《中华人民共和国2017年国民经济和社会发展统计公报》的界定，流动人口是指人户分离人口中扣除市辖区内人户分离人口。

到目前为止，我国学术界对于流动人口概念的界定尚无统一表述。相关研究按照自身需要，将流动人口分为短期流动人口、长期流动人口、主动流入人口、被动流入人口等。从概念界定的角度来看，我国学者大体上按照人口经济学、人口学、人口迁移、行政管理四个角度对流动人口的内涵和外延进行界定。杜丽红（2011）在此基础上补充了从发展经济学角度对流动人口的定义。各学科也根据学科特点对流动人口的定义进行了总结：①从人口学的角度定义，流动人口是不改变常住地的各类"移动"人口，常住地（户口所在地）是否改变为唯一的判别标准；②从人口经济学的角度，将流动人口定义为在不改变常住地的情况下，进入另一地区从事社会经济活动的人口；③从发展经济学的角度来看，流动人口是指脱离第一产业，无法作为劳动力进入城市正规部门进行劳作的人口。

可见，学术界对流动人口的定义是多元的。本书将流动人口的定义界定为：离开户籍所在地半年以上，不改变常住户口进入某一地区从事社会经济活动的人口。流动人口可分为两种类型：一种是从农村流入城市的农业户口流动人员；另一种是非农户籍的城镇居民城镇之间的流动人员。

1.2.3　社会融合

对于社会融合的概念，首次由法国社会学家杜克海姆（Durkheim）

在《自杀论：社会现象的研究》中提出，但他没有给出社会融合的清晰定义。我国学者从不同的视角对社会融合给出了不同的定义。

（1）社会文化融合视角

社会融合是一种相互同化和文化认同的过程。美国芝加哥学派的帕克等提出个体或群体相互渗透的过程中，分享历史和经验，获得彼此的记忆、情感和态度，最终融入到共同的文化生活中（任远、乔楠，2010）。周皓（2012）认为，社会融合是一个循序渐进的过程，表现为流动人口在流入地随着时间慢慢地接受并适应当地的风俗文化和生活习惯，从而建立良性的沟通交流体系，最终与流入地之间互相认同，互相渗透、交融、互惠、互补的过程。杨菊花（2009）认为社会融合是流动者在流动地坚持自己的语言、文化、习俗等，进入主流社会并被接受。夏贵芳（2018）认为社会融合是指逐渐融入主流社会，被主流社会环境同化和个人心理上逐步被认同，并与主流社会文化差异不断缩小的过程。任远、邬民乐（2006）认为，社会融合是构建迁入人口与主流社会当地人口之间良性文化互动，共享文化，以构建良性和谐社会为目标。杨聪敏（2014）从不同的群体角度出发，认为社会融合是指这些群体之间将文化适应作为前提，从而达到与流入地社会关系认同和互相交融的一个状态和过程。以上学者侧重从文化适应方面来分析流动人口的社会融合。

（2）社会互动融合视角

社会整合是个体与不同群体之间相互渗透和融合的过程，往往是多主体双向或多向的有机互动过程，是双向交互的从多维度的融合，而不是机械的互动过程。张文宏、雷开春（2008）认为社会融合不是单一维度融合能够解释的，而是一个多维度的融合，不仅是一个地域变迁和人口转移问题，它更是一个在思想观念、行为方式、生活方式等维度不断发生着变化。杨菊华（2016）认为社会融合是指不同的文化之间、族群之间从最初相互隔离的状态，逐步转化到同时存在、互相沟通、互相渗透、互为依赖的状态，再到彼此嵌入、协调和交融的转变的实现，最终或者丰富完善，或者形成一个新的且紧密联结的经济、利益、政治、文化共同体和情感共同体的过程。任远和乔楠（2010）认为流动人口的社会整合是当地人口与移民之间相互关系的互动和建构过程，包括分化群体作为进入者、相互适应、互动并最终融入当地社会的过程。而在这一过程中，不同群体、移民群体和地方社会之间往往存在着排斥、阻碍和冲突。崔岩（2012）提出社会融合概念的核心是指户籍非移民地人口与社会主流群体之间通过经济、文化、心理和社会融合在社会认知上的社会分化的动态过程。

（3）社会公平融合视角

2003年社会融合联合报告中对社会融合进行了界定：社会融合是指使在主流社会中被排斥的群体获得必要的机会和资源，充分享受正常生活和享受正常福利的过程。吉登斯（Giddens，2000）认为，社会融合是公民平等的权利，所有流动人口在政治、社会方面均拥有与主流社会居民同等的权利。柯林斯（Collins，2003）认为社会融合的目的在于让流动人口在主流地遵守社会规范与法律，并参与社会活动，促进社会团结。国际社会发展学会将社会融合界定为在人人平等承担责任的基础上创造共享、团结的社会。阿马蒂亚·森（Amartya Sen，2000）认为融合社会是一个社会成员能够平等地参与经济、政治、社会生活和平等享受社会的权利和义务促进社会团结的社会。杨菊华等（2014）认为，流动人口社会融合是指流动人口获得平等的生存和发展机会，公平公正地享受公共资源和社会福利，充分参与政治、经济、社会和文化生活，最终实现经济立足、社会接受、认同和文化融合的过程。杨菊华（2015）进一步解释"流动人口的社会融合"应包括经济融合、社会适应、文化融合和心理认同四个部分。

（4）社会综合融合视角

20世纪90年代初，社会融合已经受到联合国、亚太经合组织、加拿大、欧洲等国际组织、国家和地区相关部门社会政策专家的关注。自 1990 年以来，学术界逐渐用社会融合代替平等，"社会融合"概念逐渐成为社会政策和研究中的热点。在我国，由于绝大多数流动人口从农村流向城市，许多研究将城市社会或城市公民作为分析流动人口社会融合状况的参考标准。童星和马希恒（2008）明确指出，社会融合是流动人口在生活、工作、文化、价值观等各个方面融入城市、成为新居民的过程，判别标准为移民和城市居民之间的同质化程度。在这一定义中，他们明确提出要从居住、就业、价值观等城市生活方面考察新移民的城市融合，并强调新移民也可能像城市居民一样成为塑造未来社会的主体，与城市居民实现社会融合的共变。李书卓和悦中山（2012）将城乡流动人口的社会融合定义为减少流动人口与城市公民之间的文化、社会经济地位和心理差异。农民工的社会融合本质上是对农民工与城市社会关系的研究。他们认为中国农民工的社会整合至少可以分为三个重要的维度：文化整合、社会经济整合和居住整合。李书卓和悦中山（2012）提出社会整合有多个维度：文化整合、结构整合、婚姻整合、身份整合、态度接受整合、行为接受整合、公共事务整合、社会经济整合和居住整合。韩俊强和孟颖颖（2013）认为，用"城市融合"来描述中国农民工从农村迁移到城市并融入城市生活的过程更为恰当、合理和有针对性。他们认为，保持一些良好的传统气质，积极适应新的城市文化，应该是中国农民工融入城市的合理方式。农民工城市融合是农民工与城市居民在平等权利的基础上适应城市文化的过程。

本书中社会融合是指个体和个体之间、不同群体之间或不同文化之间互相配合、互相适应的过程。流动人口的社会融合概念是动态的、渐进式的、多维度的和互动的，也是流动人口与当地社区的适应、互动，最终实现一体化的进程。

1.3 研究思路、内容和方法

1.3.1 研究思路

本书在总结梳理高质量发展和社会融合理论分析的基础上，综合运用文献研究、问卷调查、计量分析等方法对中部地区流动人口社会融合的现状及存在的问题进行理论和实证分析，并对发达国家流动人口社会融合的实践进行梳理和总结，基于高质量发展背景提出促进中部流动人口社会融合的路径选择和对策建议。本书的研究技术路线见图1-2。

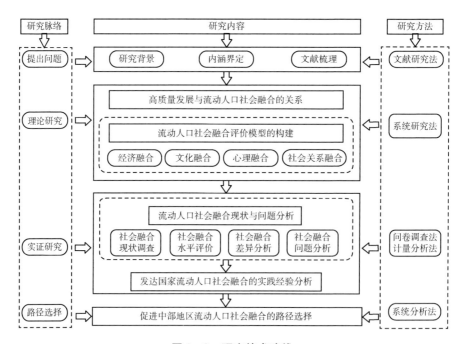

图1-2 研究技术路线

1.3.2 研究内容

本书分为8章，具体章节安排如下：

第1章，绪论。分析了对"高质量发展背景下中部流动人口社会融合"进行研究的重要意义。人口发展进入新时代和全面发展阶段、中部地区流动人口规模较大和流动人口社会融合水平整体不高构成了本书的研究背景。在此背景下，对中部地区流动人口社会融合进行研究，对促进流动人口高质量发展和深度融合具有重要意义。

第2章，文献综述。首先，对流动人口、社会融合、高质量发展等内涵进行了界定；其次，在全面梳理国内外相关研究成果的基础上，对流动人口社会融合的理论、测量维度及实证研究进行了综述；最后，总结和梳理了高质量发展与流动人口社会融合的关系并进行了述评。

第3章，高质量发展背景下中部地区人口流动的现状及影响分析。分别对山西、河南、湖北、湖南、安徽、江西中部六省的人口、流动人口现状进行了分析，并在此基础上分析了中部地区人口流动对流入地和流出地的影响。

第4章，高质量发展背景下中部地区流动人口社会融合存在的问题分析。从政府、社会、企业和个人方面深入分析流动人口社会融合存在的主要问题，为提出流动人口社会融合对策提供支持和依据。

第5章，高质量发展背景下中部地区流动人口社会融合实证分析。根据社会融合调查数据对我国中部地区不同代际、不同省份和不同职业的流动人口社会融合现状进行多维分析。基于流动人口特点和社会融合需求，构建流动人口社会融合实证计量模型，对中部地区流动人口社会融合水平进行评价和比较分析，深刻揭示不同流动人口社会融合水平的差异及其原因。

第6章，发达国家流动人口社会融合的实践经验分析。对美国、英国、德国等典型发达国家有关流动人口和移民的社会融合实践进行梳理和总结。

第7章，高质量发展背景下促进流动人口社会融合的路径选择。结合理论研究和实证研究的结果，从高质量发展的视角，提出促进中部地区流动人口高质量社会融合实现路径和政策建议。

第8章，基本结论与研究展望。提出本书的基本结论和有待进一步研究的问题。

1.3.3 研究方法

（1）文献研究方法

运用文献研究方法，搜集、整理和分析相关统计数据和研究文献，全面了解和掌握已有的相关研究成果和基本理论知识，为高质量发展背景下中部地区流动人口社会融合的研究奠定坚实的基础。

（2）问卷调查法

在文献研究的基础上，设计调查问卷对中部地区流动人口进行大规模随机调查，获取第一手数据，并运用统计软件SPSS对调查数据进行统计分析。

（3）计量分析法

基于流动人口特点和社会融合需求，构建社会融合水平实证计量模型，运用因子分析法对中部地区流动人口社会融合水平进行评价。

（4）系统分析法

流动人口社会融合涉及流动人口、政府、企业、社会等多个方面，需要进行系统分析，以提高结果的准确性，以及对策的可行性和实用性。

第2章 文献综述

2.1 国外流动人口社会融合研究综述

2.1.1 国外流动人口社会融合理论研究综述

2.1.1.1 国外社会融合理论

社会融合理论源自美国。19世纪末20世纪初，西方社会兴起了移民热潮，社会融合问题成为学术界的重要关注点。国外学者主要关注美、英、德等国国际移民的社会融合问题，研究角度主要集中在社会整合的理论和测量维度、社会整合模式、社会整合关系等方面。美国学术界对流动人口在流入国的社会融合研究有着较长的历史，目前已经形成了较为成熟的理论体系和比较完善的分析框架。总的来说，可以概括为三种理论观点：同化论、多元文化论、区隔融合论。

（1）同化论

17世纪的美国因为强调同化政策而被比喻为"熔炉"，认为外来民族必须机械式地接受迁入地的民族文化，不可有丝毫否认，须完全认同。18世纪末，融合论成为当时的重要思想。该理论指出：美国公民无论其种族或原籍如何，都可互相通婚、融合，成为一个新的民族的成员——美利坚人。1908年，"熔炉"一词被明确地用来描述移民的融合，美国重新塑造和融合不同国籍的人，从而重新定义何为美国人。但在社会融合的过程中，两个民族可以相互靠近，却因为人们无法摆脱本民族的文化体征，不可能完全合为一体。帕克（Park）认为弱势群体在流入地放弃自己原有的文化和行为习惯的过程就是同化。在这个过程中，群体逐步适应流入地的社会文化和行为习惯，通过这些行为最终使得自己能够获得主流社会群体所拥有的同等的权利和机会。后来，帕克（1950）提出了种族关系周期理论，戈登（Gordon，1964）提出了著名的七阶段同化论。同时，帕克同其他学者[①]将移民实现社会融合的方式分为两种：新移民对非美国主流文化的适应和移民与主流群体交流。这不仅是新移民的转变，也是主流社会接纳他们的过程。这一理论强调一种文化对另一种文化的替代。

（2）多元文化论

"多元文化主义"一词最早出现始于20世纪80年代的美国。20世纪90年代，学术界甚至把多元文化主义及相关的争论称为"文化战争"。美国是世界上最大的移民国家，但组成美国社会的各族裔人保留各自的民族特点，无法实现彻底融合，使得美国面临着严重的社会融合问题。美国移民来自西班牙、法国、荷兰、瑞典和英国等国家。美国社会呈现出文化多样化和种族多样化的趋势，"熔炉论"因此受到质疑和批评，多元文化论应运而生。波特斯（Portes）等认为"多元文化论"下，不会要求移民被迫放弃原有的文化，流入地的文化对移民具有较强的包容性，另外他们会在新的居住地重新塑造自己的文化价值观，从而有利于形成一个多种文化并存的社会。相对于"同化论"，更强的包容性是"多元文化论"的最大特点，它强调维

---

① 丁先美. 合肥市流动人口社会融合问题研究［D］. 合肥：安徽大学，2018.

持移民融合过程中带有的多元化和差异化的特性，认为社会融合是移民人口间互相影响和适应的一个过程，逐步实现全部成员都能够享有平等的权利，最终使不同的种族、不同的民族、不同的群体的政治、经济、文化等实现多元共存。多元文化论主义认为移民的融合不需要以牺牲原有的文化为代价，可以改变他们的服装、政治观念、哲学思想，保持自己的文化。美国作为联邦国家，是一个文化多样性的联合体，也是各种民族文化的共同体。因此，政府应该允许移民保留他们原有的文化和习俗，鼓励每个民族选择自己的生活方式，人们应包容彼此的差异，不同民族群体应该相互承认、尊重，取得平等的地位，积极合作。这一理论强调多种文化的共存，以达到一种平衡的状态。

（3）区隔融合论

20世纪60年代，基于传统社会融合理论，诞生了"区隔融合理论"。该理论在20世纪90年代得到快速发展，旨在解释当代移民的趋势和路径。当时学者们发现：不同的移民群体在到达流入地之后的融合状态与融合水平有较大的差异。此外，移民来自不同族群和阶级地位，在社会融合过程中出现了区隔。区隔融合理论是对传统社会融合理论的补充与修正，更加贴合当代移民的趋势与路径。区隔融合理论不同于传统社会融合理论，区隔融合理论对移民的群体特征、文化背景、制度因素等进行了更加深入的分析，其中制度因素是影响移民融合的关键因素。此外，主流地的政策制定与原住民对待流动人口的态度，对融合的过程及结果也会产生重要的影响。不仅如此，流动人口的融合模式存在着较大的代际差异。由于流动人口子女的生长环境与生活经历不同，其在融合过程中会做出和上一代不同的选择。因此，传统社会融合理论不再适用。在此背景下，有学者提出流动人口子女的融合模式符合"区隔性融合"，即只是在某些方面融合到迁入地的主流社会中。根据这种观点，当流入地的文化价值观与流动人口的人文文化和经济资本相遇时，它们会与任何一种模式产生交互作用，从而产生三种主要的结果：一是融入主流社会，即当移民拥有较高的人力资本时，能够较快融合于主流社会经济和文化中，获得较高的社会地位；二是城市贫困文化的融合，当一个群体的资源较少时，很难找到稳定的工作，因此更难融入当地的主流社会并享受平等的待遇，而是融入当地的贫困网络；三是选择性融合，即主要融入当地的政治经济生活，但坚持家乡社区的传统价值观。区隔融合为流动人口及其子女如何快速融入主流社会以及融合过程中可能出现的不同结果提供了新的解释思路。

2.1.1.2 社会融合模型

社会融合理论后经发展形成社会融合理论模型。国外相关学者从不同的研究目的和研究对象出发，将社会融合模型分为二维模型、三维模型和四维模型。

（1）二维模型

社会融合二维模型最早由戈登（1964）提出，二维社会整合理论将移民的融合概括为两个维度：结构融合和文化融合。其中，结构性融合是指移民大规模融入移入国的结构与组织，与移入国的交流沟通机会逐渐增加，社会参与度逐渐加强；文化融合意味着移民逐渐掌握移入国语言，接受当地文化和习俗，承认当地的价值体系和行为准则。该模型的移民社会融合程度从七个方面来衡量：文化适应（接受语言、习俗和价值观）、结构同化（进入移入国）、婚姻同化（种族通婚）、身份同化（身份认同）、概念同化（消除偏见）、行为同化（消除歧视）和公共事务同化（消除价值观和权力斗争）。后来的学者对二维社会融合模型进行了拓展，加入了政治融合、居住融合（Bobo & Zubrinsky，1996）、社会经济融合（Alba & Nee，1997）等维度。

（2）三维模型

社会融合三维模型从结构性融合、社会文化性融合和政治合法性融合三个维度来衡量移民融合程度。其中，结构性融合主要指移民被移入国接受的程度，包括移民受教育程度、劳动力市场、收入水平和住房状况等方面；社会文化性融合主要体现为移民参与各类社会组织活动、提升与移入国群体的人际沟通能力、接受移入国的价值观念和行为模式等；政治合法性融合是指移民与当地居民在身份和政治方面享有同等政治权利和平等的待遇。

（3）四维模型

恩茨明格（H. Entzinger，2003）提出了四维社会融合模型，即移入国对外来移民经济、政治、文化等的态度。其中，经济融合是衡量移民群体的就业、收入、职业流动性、社会保障等状况；政治融合主要是指移民具有合法的公民权利、政治参与权和社会参与权；文化融合主要涉及移民对移入国家文化接受态度、语言使用能力、配偶选择等方面；移入国对移民的态度主要是指接纳或排斥两种态度。

关于代表性的理论模型的分析，多为较早时期提出的。它只包括了社会融合的某些维度，并不能完全适合当下的流动人口社会融合的情况。因此，迫切需要新的理论模型能够被提出。

2.1.2　国外流动人口社会融合实证研究综述

国外流动人口社会融合实证研究的议题更多地转向对具体领域和个体社会融合的关注，社会失范行为和社会融合关系逐渐成为研究主体。从国外研究来看，在实证研究方法方面，数据统计、比较分析和历史分析等研究工具占主导地位。

在研究人口流动的影响因素方面，休伯等（Huber et al.，2012）通过多元概率回归法对人口流动意愿的调查数据进行分析，发现个体因素对流动意愿的影响不同，其中性别和生活状态的影响较大。范（Fan，2005）通过建立统计模型发现，迁移量与两地人均 GDP 的差异对影响流动意愿起到决定性作用。卡尔沃和萨沃伊（Calvé & Savoy，2000）对横截面回归的结果表明，受教育程度、工作经验、原始资本量、婚姻状况等是移民在迁入地可以获得经济收入的重要影响因素。

为探究流动人口对当地的影响，威廉姆森（Williamson，1965）分析了24个国家的数据，发现人口流动对区域经济的影响存在区域经济差异。巴罗（Barro，1995）发现人口迁移在跨国层面上对经济增长没有显著影响，但通过分析美国1800~1990年的数据发现，人口流动对各州之间的经济增长是绝对收敛的。尼尔森（Nelson，1976）运用调查手段获得了周期性迁移的数据，发现非洲和亚洲的农村居民选择暂时性进城务工，赚到一定的资本后就会回家，并不会在城市中定居，这也在一定程度上影响了上述地区的区域经济发展。普加（Puga，1999）利用垄断竞争模型和一般均衡分析方法研究并得出，贸易行为在人口不完全流动和人口自由流动两种状态下会对区域经济发展产生影响。他指出，当人们选择不流动时，贸易的成本降到最低，生产的均衡分配将会减少地区经济的不平衡。李（Lee，1980）发现，在1965~1970年，韩国农村人口迁移到城镇后少数选择回到家乡，该种行为也说明这是一种暂时性的迁移，人口回流农村将带动农村经济的发展，缩小城乡差距。

学者们不断尝试应用各种模型。20世纪90年代以后，许多学者采用空间分布的方法来研究社会现实问题。随着科技的进步、分析方法的改善，可利用卫星影像、遥感影像绘制国际移民分布图和人口发展模型。空间数据分析方法、建模技巧进一步与GIS结合，更能直观地反映国际移民的空间集聚与融合等社会现实问题的关联（Jeanty，2010），将空间计量经济学方法运用在国际移民研究中已成为一种新趋势。

国外社会融合的研究对象主要是少数族裔和外国移民，西方学者对移民社会融合概念进行了较为深入的研究，其对我国流动人口社会融合研究具有借鉴意义。

2.1.3 流动人口社会融合的细化研究

目前，学者们对于流动人口这个特殊群体的关注与日俱增，国外学者开始从不同代际、不同区域和不同类别对流动人口社会融合的理论与测量维度进行研究。

泽林斯基（Zelinsky，1971）根据西方的历史经验，将流动人口的视角拓宽到流动人口与城市发展相结合。他提出人口流动会在工业革命前、工业革命早期、工业革命晚期、发达社会、未来发达社会五个阶段持续影响城市化、工业化、社会现代化进程。第一个阶段是工业革命前期，只有少数的人口迁移现象，是因为此期间社会不稳定导致人口死亡率较高，人口增长也比较缓慢。第二个阶段是工业革命早期，相比于工业革命前期，该阶段死亡率的下降和人口出生率的自然增长导致该时期人口的持续增加。但由于收到该时期文化的影响，较多的农村人口出现迁移现象，人口大量向城镇转移。第三个阶段是工业革命晚期，该时期的人口出生率下降，与此同时，农村人口已几乎完成迁移，所以人口迁移的增速放慢，但迁移量和迁移运动方式的复杂性仍然呈现上升趋势。当社会进入发达时期，即达到第四阶段，人口迁移已经完成，人口出生率再次降低，该阶段的城市之间和城市内的迁移现象频发，代替了以前的农村到城市的迁移和殖民性迁移。第五个阶段为未来发达社会，进入该阶段，人口将突破城市间的迁移而大量出现城市之间的迁移，而对于非发达地区迁入发达地区的人口则会受到一定的抑制。

在该时期，国外学者分别从年龄与性别两个方面对流动人口的迁移选择性和后果进行了分析。托马斯（Thomas）认为，有充足的事实表明：流动性最强的人群为 20～30 岁的青年人口。该观点得到了西方多数学者的认同，认为年轻人通常在这个年龄开始工作，总是想在没有社会经济约束之前抓住最好的机会，这种限制往往将超过该年龄段的人口束缚在居住地，因此 20～30 岁是选择流动的最佳年龄段。人力资本理论对移民的分析也与这一解释相一致。作为主要劳动力的青年群体，他们的选择对于迁入地和迁出地的发展都带来了重要影响。对迁出地而言，15～35 岁这一年龄段人口迁出增加将导致当地的出生人数下降。因此，相比没有大规模人口迁出的情况下，0～5 岁年龄组也将小于正常规模；对迁入地来说，人口迁入可能提高迁入地的人口自然增长率。然而，关于国际移民对年龄的选择性影响，目前还没有一致的结论。虽然从理论上说，外来移民可能通过促进工业化间接地降低迁入国的人口出生率，但实际上流动人口进入城市，取代了迁入国乡村人口的城市化，这可能使本国人口出生率比乡村人口迁出时更高。

国外学者也从就业率与失业率、传统部门与现代部门、家庭决策体、二元结构及内生劳动力需求等不同角度对模型的测量维度进行了补充。

哈里斯 - 托达罗模型在测量维度方面补充了就失业率来衡量流动人口是否成功融入主流社会。在 20 世纪六七十年代，随着发展中国家的城市失业率逐年增高，农村人口向城市迁移的速度持续增长。托达罗指出，决定农村人口是否选择迁入城市不仅受两地的实际收入差距的影响，更受城市失业率的影响。即使城乡收入存在较大的差距，但当城市失业率较高时，农村人口依然会选择留在乡村。因此，托达罗提出一个新概念"预期收入"来代替城市的实际收入对农村人口的影响。"预期收入"可以更好地解释发展中国家普遍存在的农村人口向城市大规模迁移与城市高失业率持续并存的现象。他还指出，城市中存在两种行业，即传统行业与现代行业。农村人口进入城市一般选择进入传统行业工作，因为传统行业门槛较低，多为技术简单和劳动方式密集的小规模生产和服务企业。

斯塔尔克（Stark，1991）和布鲁姆（Bloom，1985）的新迁移理论不同于传统迁移理论，传统迁移理论将个人作为是否迁移的决定者。该理论则将家庭作为是否迁移的决策者。家庭作为决策主体在做决策时会将全家的利益放在首位，因此做决策时会更加保守，规避风险。迁移不仅是为了获得期望收入，也是为将家庭收入的风险降到最低。因此，地区之间的收入差异不是人口迁移的决定性条件。风险转移、经济约束与相对剥削是新迁移理论的研究重点。一是"风险转移"。为了使家庭有持续稳定的收入来解决基本的温饱问题，家庭成员会让部分成员外出打工来降低单一收入风险。二是"经济约束"。在当地，由于地理环境的原因使得流动人口大多务农，在当前时代，耕种只能维持家庭的基本开支，许多家庭资金短缺，生活缺乏保障，如没有农村生育保险，没有农作物保险等。为了打破现状，许多家庭选择外出打工，贴补家用。三是"相对剥夺"。新迁移理论认为预期收入不足以决定流动人口是否选择迁移。该理论指出家庭在做决策时不仅考虑预期收入，更要考虑迁入地的实际收入水平。因此，若流动人口找到相比于耕种收入更高的工作，只要没有达到参照人群的薪资，流动人口仍然会感到相对剥削。

二元劳动力市场理论不同于上述两种迁移理论。二元劳动力市场理论认为流动人口是否选择迁移受迁入地经济及劳动力需求两大因素决定。迁入地存在主导部门与辅助部门。主导部门工资待遇、条件优越、劳动力就业相对稳定；辅助部门工资待遇差、条件不好、劳动力流出较大。这两个部门的劳动力市场供求是不一样的。由于辅助部门的条件较差，对本地劳动力的吸引力较低，所以本地劳动力主要从事主导部门的工作，从而导致辅助部门产生劳动力需求，由此产生了迁移动机。

2.2 国内流动人口社会融合研究综述

国内学者对流动人口社会融合的研究主要集中在流动人口社会融合理论、社会融合影响因素以及不同区域和不同类型流动群体社会融合等方面。

2.2.1 流动人口社会融合理论与测量维度综述

2.2.1.1 流动人口社会融合理论综述

相比于国外众多的流动人口社会融合理论，国内相关理论相对较少。在为数不多的研究中，国内学者借鉴国外相关理论和经验，结合中国实际情况，提出了多种假说。主要有城市适应说（田凯，1995；朱力，2002）、新二元关系说（马西恒，2001）、社会网络说、社会分层说、融入递进说（杨菊华，2009）等。

（1）城市适应说

该理论主要涉及社会融合的经济、社会、心理三个层面。其中，经济层面主要包括职业、薪资，以及居住条件等；社会层面则主要指社交、休闲以及消费方式等；心理层面是指归属感和价值观。三个层面之间是逐步递进的关系：经济层面最为基础，是城市适应的根本要求，而稳定的职业与收入则是流动人口社会地位提升的前提，在满足基本需求后，流动人口会产生更高层次的需求，主要体现在广度的融合，如生活方式和社会交往等；最后是精神层面的要求，主要表现在被迁入地的认同度、对迁入地的认同度，是心理层面更高层次的要求，表明了流动人口城市适应的深度。这些条件使流动人口与主流社会群体的接触、交往、融入主流社会成为可能，并促进流动人口接纳主流社会的价值观。

（2）新二元关系说

新二元关系说以农民工为研究对象，探讨农民工与城市社区之间的二元关系由对立、排斥和相互隔离转向一种互动、兼容、合作的"新二元关系"。发展历程主要分为"二元社区""敦睦他者"和"同质认同"三个阶段。新二元关系说指出，由于流动人口在迁入地接受到的资源分配、工作、居住、文化、心理的不同，流动人口与该地区原住民虽同住一个社区，但也呈现出截然不同的差距。因此，通过实地调研发现，流动人口与迁入城市之间的"二元"结构不再止步于浅层的融合，而是深入到城市内部，形成"新二元关系"。由于政策的不断完善，流动人口的制度壁垒逐渐消除，流动人口在市场领域基本实现了平等，甚至实现了文化的认同，"二元关系"不断向更高阶段过渡，最终到达"同质认同"阶段。尽管如此，流动人口与城市居民之间的隔阂依然存在。目前，国内多数地区的社会融合问题处于"敦睦他者"的过渡阶段，离"同质认同"尚有距离。其中，"敦睦他者"是处于对立与兼容之间的一种状态，也是流动人口是否能融入主流社会的关键环节。

（3）社会网络说

该理论指出，社会网络会直接影响流动人口能否有效融入流入地。许多学者通过实证研究得出流动人口通过适应流入地的价值观和文化、习俗，进而形成一种双方群体相互认同的社会文化圈。此外，研究发现流动人口普遍依赖社会网络中的强关系，通常以家庭为单位从事生产经营活动。该理论较有代表性的观点认为，不同地区的流动人口通过在流入地建立新的社会网络来加速完成社会融合。在社会网络构建的过程中，社会网络越大，核心成员越多，其流向越集中。在初级社会网络的基础上构建的新社会网络可以构成更加完善的社会网络，是流动人口获取资源和利益的重要途径。

刘林平（2007）通过案例研究的方法说明了社会网络在流动人口社会融合过程中起到的作用。他认为流动人口与迁入地之间是一个动态的关系，有强关系、弱关系、强弱关系等。此外，社会网络的作用和使用空间都是有限的，因此流动人口之间的关系是多样的、变化的。刘传江（2020）等同时考察了流动人口社会网络的规模、密度以及可能带来的资源。相比于流入地原住居民，流动人口的社会网络要小很多，能够带来的资源也要少得多，且分布高度集中。流动人口在流入地的社会网络较小，无法有效帮助流动人口快速融入流入地，且我国不同地区之间的文化差异也使得流动人口难以摆脱文化排斥。

（4）社会分层说

该理论指出流动人口社会融合问题的实质是流动人口在流入地能否获得新的社会地位。对于农民工的社会融合问题，学者们引入"半社会化"这一概念，用来描述农村流动人口在城市的社会融入状态。虽然农民工可以轻易进入流动城市，但是由于城市就业系统、社会保障系统的不整合，加之城市居民对农民工的固有印象，使得对农民工产生歧视，导致农民工并未真正完全地融入城市生活。"半社会化"现象是一种向上融合，是农民工为了追求更好的生活条件、社会环境而作出的积极行为，但城市化的不完善，城市系统的不整合，导致农民工与城市居民存在一定的社会分层现象，主要体现在经济收入、职位待遇等方面。

张震（2021）等认为流动人口与"农转非"人口具有较大不同，并指出流动人口的社会融入是中国城市化进程的关键阶段。他认为，由于制度的约束使得农民工流动人口仍处于当地社会网络的边缘。孙立平（2007）通过对比不同地域农民工融入的情况，总结得出影响农民工社会融入的关键因素，分别是户籍制度、社会保障制度、就业制度。因为农民工进入主流社会后首先面临的问题就是解决就业，为了快速得到工作，农民工往往从事基本劳力工作，工作时间长、收入水平低下，所以就业制度是保证农民工社会融入的基础。刘传江（2020）认为农民工在流入地的工作、居住、社会地位和社会心态四方面均处于"边缘性"状态，流入地原住居民对农民工的固有认识，城市壁垒、社会政策与制度以及农民工自身的素质共同造就了"边缘性"。

（5）融入递进说

杨菊华（2009，2010）基于我国具体国情构建了流动人口社会融合理论框架，该理论框架包含四个维度，分别是经济融合（如经济收入、社会福利、劳动就业等）、文化融合（如语言、文化、风俗习惯、价值观等）、行为融合（如行为上向流入地的行为方式靠拢）、身份融合（如读书感、认同感等），并根据流动人口社会融合的程度，分为形成城市化、过渡城市化、实质城市化三个阶段。四个维度之间存在一定的递进关系，并不是线性的，包括多个维度，各维度之间相互交融，互为依存，其中身份融合是社会融合的最高境界。个体或群体在四个融入维度上的发展不一定是平行的，也没有一定的次序。根据四个维度上的融入程度，杨菊华将流动人口在城市的社会融入结果提炼为隔离型、多元型、融入型、选择型和融合型五种模式。然而，关于各层面之间是否存在先后问题，学者们各执己见。张文宏、雷开春（2008）使用探索性因子分析，总结出心理融合、身份融合、文化融合和经济融合四个层面的融合度呈现递减趋势，即流动人口的心理融合和身份融合程度较高，文化融合和经济融合程度较低。虽然其他学者也认为社会融合包括经济融合、文化融合和心理或身份融合等多个层面，也认同其间存在递进关系，但张文宏、雷开春（2008）指出这四个层面的融合过程存在先后关系，经济是保障一切生活的基础，身份融合是对社会融合的进一步要求，反映的是融入主流社会的广度；心理融合属于精神层面，反映的是社会融合更高层次的要求。目前，流动人口仍处于社会融合的初级阶段，即经济融合阶段。因此，融合不简单地等同于融入，它比融入具有更加主动积极的意义。上述三种观点的共同之处在于，社会融合是多维度、多层面的，包括经济、社会和文化等多个层面。除张文宏、雷开春的研究外，其余学者普遍认为，心理融合属于社会融合的最高境界，且只有流动人口在心理层面融入了主流社会，才达到融合的真正目的。

上述学说均认为流动人口的社会融合是多维度的、综合的，而不是单一维度的。另外一些文献虽然没有直接对流动人口的社会融合维度进行探讨，但它们就流动人口社会融合某一维度的具体问题进行了实证分析，也为探讨流动人口社会融合维度的构成提供了有益的借鉴。周晓虹（1998）最早提出流动经历与城市生活经验对流动人口现代性具有显著影响，且两者的影响存在差异，但都是流动人口从传统向现代转变的两个不可缺少的方面。徐艳（2017）则尝试从其他角度对流动人口的现状进行讨论，如职业期望、个人效能感、时间性、现代性等。章元等（2009）关注流动人口的经济地位、收入等方面，通过赠送礼金的人数和金额对社会网络进行度量，发现社会网络并没有对流动人口的工资水平产生较大的影响。社会网络在竞争性强的城市劳动力市场中，并没有直接影响劳动力市场的均衡价格水平，而是为流动人口提供信息。按照维度划分，这些研究本质上关注的是流动人口的社会经济融合。

随着社会的发展，"社会认同"逐渐成为流动人口社会融合的研究重点。我国是人口流动大国，流动人口的身份逐渐得到社会广泛认同，为流动人口制度的提出建立了基础。不仅如此，流动人口越来越注重权利意识和利益表达，为流动人口赋予平等的权利才是解决流动人口社会融合的根本。近年来，学者们除了关注流动人口，目光逐渐转向流动人口的子女，流动人口子女的身份认同问题成为研究重点之一。传统观点认为我国流动人口的研究中一直认为流动人口的融合是单向、机械的融合，而近些年来的研究对此提出了一些异议。杨菊华是双向融合的代表人物，她将流动人口社会融合的概念定义为流入地与流出地的文化之间相互的双向变化，两种文化相互渗透最终融汇到一起，形成更加具有新意的文化体系。而我国流动人口的社会融合多是单向的，流动人口最终将在经济、行为、文化和观念等各方面融入主流社会体系。流动人口与主流社会之间的关系并不平等，相互渗透、交融、互惠、互补并不是流动人口社会融合的基本特征。因此，杨菊华认为"融入"比"融合"更好地体现了流动人口流动的原因、流动人口在流入地的社会融入过程及流动人口对流入地经济、社会、文化的影响，其理由如下：①流动人口作为外来人口，在迁入地无法传播农村文化，并且流动人口身处异乡，没有归属感，无心传播家乡文化；②流动人口其实希望在迁入地生根发芽，成为常住民，实现身份的转化，最终融入城市主流社会，成为主流社会的一部分。从流动人口社会融合的长期发展趋势来看，杨菊华认为城市工业社会的文化最终会取代流动人口所带来的乡土文化。从中观层次的理论预期上，笔者基本同意杨菊华的观点。从短期视角看流动人口个体的社会融合，大部分流动人口在迁入流入地之前便习得了当地的文化传统和价值观，流入城市后，流动人口将面临再社会化，短期内该群体无法抛弃家乡文化，他们面临着如何处理家乡文化和迁入地社会文化的问题。根据研究显示，其文化融合策略有四种，即融合、同化、隔离和边缘化。流动人口家乡文化中的某些元素是否能够被传播则要看流动人口后代的文化融合策略的变化。身份认同也存在着同样的问题，郭星华等（2009）认为，流动人口的身份认同具有二重性，即许多流动人口既对流入地表示认同，也对流出地表示认同。

研究者们虽认同社会融合是多维的和复杂的，但却认为流动人口社会融合是单向的。本书并不认同这种观点，理由如下：①流动人口的社会融合均存在多个维度，但并非所有维度都存在方向之争，比如流动人口的社会经济融合就是方向无涉的，流动人口当然希望在社会经济地位上得到提升，融入主流社会；②方向之争也并不仅发生在文化层面，流动人口的身份认同也是具有方向性的，无论是国际移民还是国内的流动人口，他们普遍面临着两个认同问题：对自己原有种族或群体身份的认同和对迁入地社会身份的认同。

综上所述，目前我国关于流动人口社会融合的研究聚焦在：①关于流动人口的社会融合缺乏统一的定义，概念模糊、缺乏系统性；②虽然多数学者认为流动人口的社会融合问题是多维度的，但对于评价社会融合程度的测量标准中应包含哪些维度并未达成共识；③关于社会融合的方向问题，学者们还存在争议，现有研究将某一个维度的方向性套用在社会融合的各个方面，对社会融合各维度之间方向的差异性没有进行阐明；④多数研究停留在理论探讨阶段，缺乏实证研究，为数不多的几个概念建构还没有经过实证检验。

尽管现有文献对流动人口的社会经济方面的融合状况已有清楚的认识，但由于比较系统的、全面的流动人口社会融合概念建构的缺失，导致对流动人口社会融合现状的认识存在片面性。这些都为相关研究工作的开展预留了空间。

2.2.1.2　流动人口社会融合测量维度综述

关于流动人口社会融合测量维度的研究，学者们从不同的维度对流动人口的社会融合进行了研究。多数学者从心理、文化和经济三个方面进行研究，如悦中山等（2012）提出农民工的社会融合包括三个维度，分别是文化、社会经济及心理融合。杨继平（2016）也指出，社会融合应细分为经济融合、文化融合、心理融合。有的学者对其进行了完善，在这三个维度的基础上加入了身份认同，杨菊华（2009）认为流动人口的社会融入至少包括四个维度，分别是经济整合、文化接纳、行为适应和身份认同。田璞玉、郑晶、张金华（2016）通过对农民工群体研究，认为其对应的社会融合包含经济、文化、结构、心理四个维度。穆光宗、江砥（2017）认为，对于外来的流动人口来说，社会融入需要经过四个阶段的突破才能逐步达到社会融合的最终目标，社会融合是社会融入和社会接纳的结果。

社会融合的概念和测量维度都没有一致的标准。国内学者目前并没有形成一套公认的社会融入测量指标对流动人口融入程度进行精确测量，所选取的指标各不相同，都依据自己的原则选择评价指标。如李培林、田丰（2012）在农民工社会融入的研究中，将工作时间、收入和消费水平作为测量经济融合的指标；选择了社会互动情况作为社会层面指标；心理层次选取社会距离作为评价指标；身份层次认同选取身份认同指标。杨菊华、张娇娇（2016）用收入测量经济立足，用社区参与测量社会适应，用对本地生活方式的接受测量文化习得，用居留意愿测量身份认同。肖子华、徐水源、刘金伟（2019）从政治、经济、公共服务和心理文化四个维度构建城市流动人口社会融合评估指标体系，评估全国 50 个主要人口流入地城市的社会融合状况。

有关国内学者社会融合测量维度，具体见表 2 - 1。

表 2 - 1 国内已有社会融合测量维度归纳

作者及文献	测量维度
王桂新等（2008）	心理、身份、文化和经济
杨菊华（2009，2010）	经济、文化、行为、身份
何军（2012）	经济、社会和心理融入
余运江（2012）	经济适应、社会接纳、文化与心理融合
李培林、田丰（2012）	经济、社会、心理、身份融合
魏万青、陆淑珍（2012）	经济、人力资本、社会资本、生活经历
卢小君、孟娜（2014）	经济融入、社会融合、心理融合
韩静（2014）	经济、社会和心理融入

作者及文献	测量维度
徐水源、黄匡时（2016）	经济、社区、文化、身份融合
肖子华、徐水源、刘金伟（2019）	政治、经济、公共服务、心理文化

2.2.2 流动人口社会融合实证研究综述

我国对流动人口社会融合的研究起步较晚，但随着近些年经济和社会的发展，流动人口规模不断扩大，流动人口社会融合也逐渐成为研究热点，逐步将研究范围细化到区域、省域等，研究方法也从定性分析向定量分析转变。

韩淑娟（2019）指出我国当前流动人口个体层面的融合势头向好，社会层面的融合大有改善，制度层面的融合亟待破冰，目前流动人口融合的稳定性增强，且呈现阶梯性的特点。张耀军和岑俏（2014）对国内"五人普""六人普"流动人口数据进行分析，发现公共资源越多、城市化水平越高的城市，对流动人口的吸引力越大。

这也说明流动人口的迁移动机不再仅仅局限于两地的薪资差距，而更关注于对优质生活的追求。肖子华、徐水源等（2019）研究发现我国50个主要人口流入地城市流动人口社会融合总体水平不高，政治、经济、公共服务和心理文化四个维度之间差异明显，不同区域、类型城市间的流动人口社会融合水平表现各异。

杜小敏、陈建宝（2010）从流动人口社会融合对迁入地经济影响方面入手，构建系数模型并对面板数据进行分析，发现大量人口流入对当地的经济增长作出巨大贡献，而人口流失严重的迁出地则出现经济停滞甚至下降的负面效应。李尚红、陶金（2015）采用单位根检验和协整检验的方法分析了人口流动对经济发展的影响，发现人口回流无法及时弥补人口流出对地区经济发展产生的不利影响。杨雪、龚凯林（2017）利用2002～2012年中部六省的面板数据建模型，发现人口流出不仅会对流出地的经济产生负面影响，还会阻碍中部地区与东部地区经济差距的缩小和产业结构的转型升级。

刘生龙（2014）利用面板数据模型分析了省际迁移的影响因素，研究发现，在选择迁移地点时，流动人口倾向于向朋友或熟人较多的地方迁移，这有利于获得更多的工作和居住信息，降低风险。李俊霞（2017）通过数据分析发现，人口大规模外流会缩小家庭规模、加速家庭结构老龄化，造成代际分离，削弱家庭的农业生产能力。曹雪、吴相利（2017）利用人口流动的空间自相关和综合指数进行分析，发现流动人口规模呈现出明显的区域差异，并形成"核心—外围"结构，各地流动人口分布存在空间关联性。李振刚（2017）采用定量实证研究方法，研究制度型文化资本和动态型文化型资本对流动人口社会融合的影响，认为制度型文化资本对流动人口社会融合的影响不如动态型文化资本强，并指出技术能力发挥的作用不可小觑。

由此可见，中国流动人口整体融合水平还有待提高，流动人口的归属感、认同感亟须进一步增强。

2.3 高质量发展与流动人口社会融合的关系研究综述

在党的十九大报告中，首次针对经济提出了高质量发展的要求，指明我国经济不再唯"GDP"论，而更加注重质的发展，相应的我国流动人口的社会融合发展也由之前的只关注流动数量与规模转变为关注融合质量的高质量融合。国内对于高质量的社会融合的相关研究还处于起步阶段，相关研究还不完善，对于高质量社会融合发展的概念也没有统一的界定。通过对现有文献的归纳整理，高质量社会融合的这一概念的界定虽然存在细微歧义，但是不同学者对于其界定基本趋于一致，即"高质量"的社会融合发展是在"以人为核心"的基础上，更加注重"质"的提升，开始把流动人口社会融合的合理性、协调性作为评价是否达到高质量社会融的标准。

在实现高质量社会融合发展的进程中，面临的首要问题是人口大规模流动导致城市扩张，郊区原住居民能否协调融入城市的问题。这不仅是稳定问题，也是发展问题。因此，提高流动人口的社会融合水平，促进人的全面发展，是实现高质量社会融合发展的必由之路。

从世界迁移人口融合的经验来看，社会融合是一个阶段性问题，也是一个过渡性问题，是逐步同化和减少排斥的过程，即经济融合、身份融合、文化融合和心理融合的过程。高质量发展背景下的社会融合问题是极具中国特色的阶段性问题。当前我国社会融合并没有达到高质量的阶段，仍处于由"量"到"质"的转变阶段。高质量发展背景下的流动人口社会融合问题的实质是实现城市权利平等和共赢共享、统筹调配的问题。以前流动人口融入主流社会主要体现在经济融合程度的提高，但忽视流动人口的文化与心理方面的融合，使得流动人口在主流社会没有归属感。中国的流动人口社会融合过程中，原住居民具有本土优势，使得流动人口变成一个带有歧视性的社会标签，社会身份趋于固化。多重因素共同作用导致社会融合不足，引发一系列社会问题凸显。因此，推动高质量的社会融合是社会稳定和谐的内在需要。

同时，随着社会的不断发展，高质量社会融合也伴随着我国社会矛盾的转变具有新的特征。本书基于对高质量社会融合发展内涵的理解和把握，认为高质量社会融合应该具有以下基本特征：

（1）强调以人为核心

流动人口的社会融合不是简单的城市迁移，必须要让流动人口在迁入地能"进得来、留得住、活得好"。因此，以人为核心的高质量社会融合发展就是以解决流动人口的温饱问题为基础，要对流动人口给予一定的帮助，满足其更高层次的需求，使其能够融入到迁入地日常的生产生活中，从而提高流动人口的幸福指数。

（2）强调待遇均等化

流动人口的产生主要是农村劳动力的剩余，导致大量农村务工人员进城谋求生计，但由于户籍的限制，务工人员无法享受与原住居民平等的待遇，使得务工人员在迁入地的生活处处受挫，生活中缺乏安全感、时刻为生计担忧，没有真正地融入社会。因此，相关部门应制定有针对性的政策，强调外来人员与原住居民的平等性，并且要狠抓政策落实，不能出现"农民进得了城，政策进不了城"的现象。

（3）注重生态宜居

要坚持较高的规划水平、建设水平、管理水平。随着绿色环保意识的加强，人们逐渐重视环境的保护。绿水青山是大自然给予的无价财富，而对环境的伤害是不可逆的，因此在推动高质量社会融合的进程中，打造生态宜居的居住环境成为重点之一。在流动人口社会融合过程中要大力倡导绿色、低碳的生活，注重城镇和生态环境的协调发展。

（4）加大科技创新

高质量社会融合发展离不开经济的推动，而科技创新是增强经济竞争力的关键。因此，科技创新能力的提高有助于推动高质量社会融合，要加大创新力度，促进科技成果转化，推动全要素生产率，从而不断提高城市的竞争力。

本章是全书的理论基础和文献综述部分，对流动人口和社会融合的经典理论及国内外相关研究进展进行了回顾，这也是本书后续研究的理论基础。目前，国内外学者对人口流动的演变趋势、影响因素以及人口流动与社会融合的关系等内容进行了研究。

在西方学者的早期研究中，从人口迁移和劳动力流动两个维度分析流动人口社会融合的解释逐渐占据了学术界主流地位，哈里斯－托达罗模型、新迁移经济学、二元劳动力市场理论等先后登场，到今天仍然是讨论的热点。此外，国外学者不仅探究流动人口迁移的原因，还关心流动人口是否能实现社会融合，对流动人口和社会融合之间的关系及其融合程度进行了深入的研究，提出了由人口城市化所带来的"城乡劳动力失衡""城市过饱和"等仍然困扰流动人口社会融合的许多重大问题。

20世纪90年代末，我国开始实施市场化的经济体制改革，劳动力流动日益普遍，城市适应说（田凯，1995；朱力，2002）、新二元关系说（马西恒，2001）、融入递进说（杨菊华，2009）等理论在我国学界广受欢迎。研究者从不同的视角对发生在我国的大规模的人口迁移尤其是乡城迁移现象展开了研究，从早期关注的一些静态的人口学特征如性别、年龄、行业分布、职业状况等，逐步深入到流动的动态过程、文化的融入程度以及心理层面的归属感等。但是，在我国流动人口高质量社会融合发展不断推进的过程中，有关人口流动的有序化和人口流动出现的新特点研究尚显不足，而人口流动的有序化直接影响到流动人口社会融合水平和进程。

本书在已有文献的基础上，根据中部地区流动人口的现状，对人口流动的有序化进行深入研究，为实现流动人口高质量社会融合打下一定的基础。关于流动人口高质量社会融合，国内外学者从不同角度分别对社会融合的结构、测量、影响因素以及路径和模式进行了一定程度上的分析，但是，关于中部地区流动人口高质量社会融合的具体研究相对缺乏。本书结合高质量发展的背景，在对发达国家进行社会融合实践分析的基础上，结合社会融合程度测量结果有针对性地提出促进流动人口社会融合的有效路径，为中部地区提升流动人口社会融合水平、简化社会融合过程、扩大社会融合途径提供理论参考和决策支持。

第3章 高质量发展背景下中部地区人口流动的现状及影响分析

3.1 高质量发展背景下中部地区人口流动的现状分析

第七次全国人口普查结果显示，我国流动人口为 37582 万人，与 2010 年相比，流动人口增长 69.73%。十年来，我国经济飞速发展，这也为人口的迁移流动创造了条件，人口流动的趋势越发明显，流动人口的规模也越发庞大。在已发布流动人口数据的 30 个省份中，有 6 个省份的流动人口数量超过了 2000 万人，均为人口大省，其中包括中部地区的河南省。从总体上来看，人口总量大的省份，往往流动人口也比较多。

2020 年党的十九届五中全会明确指出："我国已转向高质量发展阶段。"在这个高质量发展的关键节点，中部地区的发展对我国未来的发展起到了至关重要的作用。中部地区均处于我国地理的中间区域，其人口流动不仅关系到一个地区的经济发展，更是影响到整个社会层面的各个方面。

本节主要分析高质量发展背景下中部地区流动人口的基本现状及影响。首先，根据全国人口普查数据及国家、各地方统计年鉴的数据，对中部地区的常住人口、流动人口进行分析；其次，总结6个省份流动人口的整体情况，分析中部地区的流动人口在高质量发展背景下的现状；最后，分析在高质量发展背景下，中部地区的人口流动对流入、流出地的经济发展、社会稳定、文化促进融合及城市的生态平衡等所带来的影响。

3.1.1　山西省人口流动现状分析

山西省的省会城市是太原市，位于我国华北地区，东与河北省为邻，西与陕西省相望，南与河南省接壤，北与内蒙古自治区毗连。山西省人口的总量从1978年的2423.6万人增长到2020年的3490.5万人，大约增长了0.44倍。由表3-1可知，2010年山西省的常住人口数达到了顶峰，之后开始下降。尤其是2019年，人口自然增长率大幅下跌，至2020年净增长人数只有4.32万人，也是山西省近年来首次净增长人数小于10万人。第七次全国人口普查中，山西省的总人口为3491.56万人，相比10年前的第六次全国人口普查，总人口流出将近80万人，相当于西部地区一个地级市体量。因此，研究山西省流动人口数对山西省未来高质量发展具有重要意义。

表3-1　　　　　　　　　　山西省人口基本现状

年份	常住人口（万人）	净增长人数（万人）	人口增长率（‰）
2005	3355.21	20.14	6.02
2006	3374.55	19.35	5.75
2007	3392.58	18.03	5.33
2008	3410.64	18.06	5.31
2009	3427.36	16.71	4.89

年份	常住人口（万人）	净增长人数（万人）	人口增长率（‰）
2010	3574.11	18.88	5.30
2011	3562.37	17.41	4.86
2012	3548.21	17.55	4.87
2013	3534.98	18.98	5.24
2014	3528.49	18.16	4.99
2015	3518.62	16.16	4.42
2016	3514.48	17.52	4.77
2017	3510.46	20.71	5.61
2018	3502.47	15.99	4.31
2019	3496.88	12.18	3.27
2020	3490.50	4.32	1.24

资料来源：2021年《山西统计年鉴》。

山西省的人口增长率在 2005～2009 年持续降低，2010 年人口增长率显著回弹。2011～2015 年，人口增长率波动不大，保持在 4‰～5‰。2016 年，随着我国全面开放二孩政策的实施，人口增长率在 2017 年回升较明显，此后又持续降低。由于新冠疫情，人口自然增长率在 2020 年降到了数十年来的新低。

2020 年第七次全国人口普查数据显示（见表 3-2）：在山西省常住人口中，人户分离的总人数为 1289.12 万人。其中，市辖区内人户分离人口为 321.74 万人，流动人口的数量为 967.38 万人。在流动人口的数据中，省外流入山西的流动人口为 162.05 万人，省内流动的流动人口为 805.33 万人。相比于第六次全国人口普查数据，人户分离的总人数增加 612.65 万人，增长率为 90.57%。其中，市辖区内人户分离人口增加了 197.28 万人，增长 158.51%；流动人口增加了 415.37 万人，增长 75.25%；省外流入山西省的人数增加了 68.89 万人，增长 73.94%。"七人普"数据表明，在山西省的常住人口中，居住地与户籍所在地不同的现象较为普遍，人户分离人数占常住人口的 36.92%，高于我国 35% 的平均水平，在流动人口中，山西省的流动人口数为 9673800 人，占常住人口的 27.71%，也同样高于我国 26.62% 的平均水平。

表 3 - 2　　　　　　　　　　山西省流动人口现状

分类	2020 年	2010 年	人口增加 +/减少 -（万人）	增长率（%）
人户分离（万人）	1289.12	676.47	612.65	90.57
市辖区内人户分离（万人）	321.74	124.46	197.28	158.51
流动人口（万人）	967.38	552.01	415.37	75.25
省外流入（万人）	162.05	93.16	68.89	73.94
省内流动（万人）	805.33	458.85	346.48	75.51

资料来源：山西省统计局。

山西省相邻的各省份是人口主要流向。山西省外出人口的主要流向目的地是北京、内蒙古、天津、陕西、河北这些省市，其次是离山西省较远的广东、山东、江苏、上海等经济较为发达的地区。河南省也是山西省人口外出流向的主要目的地。郑州、西安距离山西省较近，省会太原出台了很多的人才补贴政策，其发展潜力和竞争力日益凸显。

"七人普"数据显示，外省流入山西省的人口为 1620518 人，其中，河南省、河北省的流入人口最多，其次是四川省、内蒙古自治区和陕西省。从省内流向上看，山西省其他市区的人口持续向太原都市区集聚，这也表明了省会都市区经济的发展迅速，吸引人才集聚。山西省需要做好流动人口的管理和相关服务，提高人口城镇化质量，这是推进山西省人口城镇化进程的重要举措。改善流动人口的生存和发展状况，为流动人口创造良好的工作条件和生活环境，推动山西省经济社会全面协调的可持续发展。

常住人口的下降也从侧面反映了流动人口的流出大于流入。如表 3－3 所示，山西省全省 11 个人口大市在两次人口普查中总常住人口减少 79.65 万人，其中，除了太原市和晋中市外，其余 9 个市常住人口全部出现了人口流出的现象。

表 3－3　　　　山西省第七次人口普查各市常住人口数量对比

地区	2020 年（万人）	2010 年（万人）	人口增加 +/减少 －（万人）	比重（%）	
				2020 年	2010 年
全省	3491.56	3571.21	－ 79.65	100	100
太原	530.41	420.16	110.25	15.19	11.77
大同	310.56	331.81	－ 21.25	8.89	9.29
阳泉	131.85	136.85	－ 5.00	3.78	3.83
长治	318.09	333.46	－ 15.37	9.11	9.34
晋城	219.45	227.92	－ 8.46	6.29	6.37
朔州	159.34	171.49	－ 12.14	4.56	4.80
晋中	337.95	324.94	13.01	9.68	9.10
运城	477.45	513.48	－ 36.03	13.67	14.38
忻州	268.97	306.75	－ 37.78	7.70	8.59
临汾	397.65	431.66	－ 34.01	11.39	12.09
吕梁	339.84	372.71	－ 32.86	9.74	10.44

资料来源：山西省统计局。

常住人口的减少很大原因是人口的流出，然而经济发展对于人口的流动有着很大的决定作用。在 2020 年的山西省各市经济中，除了太原超过 4000 亿元之外，其他 10 个城市都不到 2000 亿元，其中，阳泉更是仅有 742.2 亿元，不到 800 亿元的水平，所以，在这 10 个经济总量不到 2000 亿元的城市中，有 9 个市都出现了大量人口流出。其中，忻州成为山西省人口流出最严重的城市。在 2010 年的第六次全国人口普查中，忻州为 306.75 万人，而到了最近的"七人普"人口仅有 268.97 万人，这是因为忻州的经济发展水平低，缺乏主导型产业，物价水平较高也是忻州人口流出的一个重要原因。同时，忻州的行政区划仅有一个市辖区，且偏于一隅，吸引力不足，不少下辖县百姓选择到太原、石家庄、郑州、西安等发展前景更广的城市而不选择去忻州市发展。

常住人口数据以及各城市经济发展情况共同影响流动人口的流动方向。10 年前第六次全国人口普查结果显示，山西省人口最多的城市是运城，其次是临汾、太原、吕梁等，人口最少的城市是阳泉。运城、临汾作为农业大市，人口数量比省会太原还多，但是 10 年后的第七次全国人口普查结果显示，山西省人口最多的城市变成了太原，其次才是运城、临汾、吕梁等，人口数量最少的依然是阳泉。对比发现，太原的人口数量超过了运城、临汾，晋中的人口数量超过了长治、大同，其他几个城市的排名则没什么变化。这主要是因为太原、晋中受益于省会资源配套优势，山西综改区作为经济引擎，通过工业拉动了人口流入，比如太原的富士康集团就给该市带来数十万就业机会，经济的发展产生了人口的吸引力，也让太原市受益。在两次人口普查中，除了太原增加了 110 万人，晋中作为一座历史文化悠久、文化底蕴深厚、发展潜力巨大的年轻城市，也增加了约 13 万人的人口。山西省城市规模发展程度差距越来越大，人口最少的阳泉市 131 万人，仅为人口最多的太原市人口数的 25%。从"七人普"数据来看，太原市人口已经达到 530.41 万人，相比"六人普"的 420.16 万人，太原 10 年间新增常住人口数约为 110.25 万人，实现了部分外流人口的回流。省会城市独特的吸引力在留住本地人才的同时，也将吸引大量外来人才的涌入。但是在 2020 年太原市的经济总量也仅有 4153.25

亿元，仅占到全省的 23.53%，同比于成都、西安这些省会城市还有不少差距，但是只有太原发展起来，整个山西省的人口流出才能减少，整体经济才有发展的希望。人口普查的结果显示，晋中市的人口也增长了 13.01 万人，成为山西省除了太原之外，仅有的一个人口正增长城市，这与太原、晋中一体化发展有密切关系。人口流动趋势足以体现，强省会战略对人口的吸引力已经显现，山西全省人口正从各地市向省会集中，这样的城镇化正在加速。

山西省近年来长期面临总人口下降问题，城市人口的急剧流出会产生严重的经济问题和社会问题。人口的萎缩将会导致城市活力不足，大量基础设施闲置，人才将被浪费，资产和产业会面临危机，在业人员所承担的养老负担也会愈加沉重。因此，鼓励外来人口流入并促进流动人口社会融合是山西省今后须予以重点关注的问题。

3.1.2　河南省人口流动现状分析

河南省位于我国中部，东接安徽、山东，北接河北、山西，西连陕西，南临湖北。河南省的常住人口总量从 1978 年的 7067 万人增长到 2020 年的 9941 万人，42 年间常住人口大约增长了 41%。由表 3-4 可知，在近 16 年的数据中，只有 2007 年、2010 年有小幅度下降，其他年份常住人口数都平稳上升。河南省的净增长人数在 2005~2012 年稳定在 50 万人左右，2013~2017 年达到 60 万人左右，2019 年开始下降，直至 2020 年人口净增长达到新低，只有 21 万人，这与新冠疫情的影响和适龄妇女的减少有着密不可分的关系。河南作为全国的人口大省，人口数量在全国一直处于前三的地位，但是河南更是一个人口净流出大省。对于河南省而言，合理控制人口流出，解决好人力问题，在高质量发展道路上稳步向前，是当前的首要目标。

表 3 – 4　　　　　　　　　　　　河南省人口基本现状

年份	常住人口（万人）	净增长人数（万人）	人口增长率（‰）
2005	9380	51	5.25
2006	9392	52	5.32
2007	9360	49	4.90
2008	9429	49	4.97
2009	9487	49	4.99
2010	9405	50	4.95
2011	9461	52	4.94
2012	9532	54	5.16
2013	9573	58	5.51
2014	9645	61	5.78
2015	9701	60	5.65
2016	9778	66	6.15
2017	9829	65	5.98
2018	9864	53	4.92
2019	9901	46	4.18
2020	9941	21	2.09

资料来源：2021 年《河南统计年鉴》。

　　一直以来，河南省的人口增长率维持在 5‰ 左右，2016 年人口增长率为 6.15‰，达到河南省近些年的人口增长率峰值，但是从 2017 年开始，直至 2020 年，人口增长率不断下降。人口增长率可以直接反映人口增长速度，增长的快慢也直接影响包括人口、经济、环境等相关问题。近年来河南省的人口增长率持续降低，因为经济发展相对落后，很多人口更倾向于流出，尽管河南是人口大省，人口增长率没有持续飙升而是有所下降。因此，发展新河南，需要留住人才，保持经济活力，虽然未来的河南省发展情势不容乐观，老龄化进程将愈来愈快，劳动力资源所占比重会不断下降，特殊的人口结构问题也会凸显出来，但是面对人口发展的新形势新特点，河南省需要统筹规划人口和经济协调发展，为高质量发展提供保障。

目前，河南省人口已经是全国第三名，是中部地区头号人口大省。如表 3 - 5 所示，至 2020 年第七次全国人口普查时，官方数据显示，河南省的人户分离人口为 2563.96 万人，其中，市辖区内人户分离人口为 443.79 万人，流动人口为 2120.17 万人。流动人口中，省内流动人口为 1992.81 万人，外省流入人口为 127.37 万人。与 2010 年相比，人户分离人口增长 162.59%，市辖区内人户分离人口增长 157.11%，流动人口增长 163.77%，省内流动人口增长 167.64%，外省流入人口增长 115.09%。

表 3 - 5　　　　　　　　　　河南省流动人口现状

分类	2020 年	2010 年	人口增加 +/减少 -（万人）	增长率（%）
人户分离（万人）	2563.96	976.45	1587.55	162.59
市辖区内人户分离（万人）	443.79	172.62	271.18	157.11
流动人口（万人）	2120.17	803.83	1316.37	163.77%
省外流入（万人）	127.37	59.25	68.15	115.09%
省内流动（万人）	1992.81	744.58	1248.22	167.64%

资料来源：河南省统计局。

"七人普"数据表明，在河南省的常住人口中，人户分离人数占常住人口的 25.79%，低于全国 35% 的平均水平，扣除市辖区人户分离 444 万人，流动人口为 2120 万人，比 2010 年增长了 163.77%。在流动人口中，河南省的流动人口数为 1992.9 万人，占常住人口的 20.05%，也同样低于全国 26.62% 的平均水平。可见，随着城市化进程的加快，人口流动的活跃度不断增强。但是从数据来看，河南已经成为全国流出人口最多的省份。

河南省统计局指出，河南外出人口流向呈现出向东南沿海一带流动的趋势。2020年河南流出人口流向最集中的省（直辖市）依次为广东省、浙江省、江苏省、上海市和北京市，人数分别为277.36万人、246.59万人、219.72万人、134.3万人和127.19万人，分别占河南省流出人口的17.2%、15.3%、13.6%、8.3%和7.9%，流入这五省市的人口占全省总流出的62.4%。值得注意的是，相比于十年前，河南省流动人口流向江苏、浙江、上海的人数占全省流出人口比重分别增加了5.1%、2.3%和1.4%。另外，流向苏浙沪的人口占河南省外出流动人口的近40%，由此可以看出，苏浙沪地区对河南省流出人口具有较强的吸引力。

常住人口的变化也从侧面反映了流动人口的情况（见表3-6）。河南全省18个市及示范区中有5个市人口出现减少，其他均有所增加，在人口减少的城市中，南阳、驻马店和漯河人口减少较为严重，分别为54.99万人、22.23万人和17.66万人，其次，焦作和鹤壁略微减少。"七人普"调查数据显示，河南省跨省流动人口为1610万人，净流出人口达1483万人，比2010年增加了595万人。河南省内流动人口达1993万人，比2010年增加1248万人，是全国净流出人口最多的省份。河南省跨市流动633万人，比2010年增加了407万人。河南跨省流动人口来源地主要集中在信阳、南阳、驻马店、商丘、周口等地，跨省流动人口为1113万人，占全省的69.1%。其中周口是跨省流动人口最多的辖市，跨省流动人口达267万人。省内跨市流动人口来源主要集中在周口、驻马店、信阳、商丘、南阳、开封、平顶山、安阳，合计流出421万人，占全省的66.4%，其中周口有87万人去了省内其他城市，流出人口最多。

表 3 - 6　　　　　　河南省第七次人口普查各市常住人口数量对比

地区	2020 年（万人）	2010 年（万人）	人口增加 +/减少 -（万人）	比重（%）	
				2020 年	2010 年
全省	9936.55	3571.21	534.19	100	100
郑州	1260.06	862.65	397.41	12.68	9.11
开封	482.40	467.62	14.78	4.85	4.97
洛阳	705.67	654.95	50.72	7.10	6.97
平顶山	498.71	490.44	8.27	5.02	5.22
安阳	547.76	517.28	30.48	5.51	5.50
鹤壁	156.60	156.91	- 0.31	1.58	1.67
新乡	625.19	570.78	54.41	6.29	6.08
焦作	352.11	353.99	- 1.88	3.54	3.76
濮阳	377.21	359.85	17.36	3.80	3.83
许昌	438.00	430.72	7.28	4.41	4.59
漯河	236.75	254.41	- 17.66	2.38	2.71
三门峡	203.49	223.39	- 19.9	2.05	2.39
南阳	971.31	1026.30	- 54.99	9.78	10.92
商丘	781.68	736.25	45.43	7.87	7.84
信阳	623.44	610.87	12.57	6.27	6.51
周口	902.60	895.32	7.28	9.08	9.52
驻马店	700.84	723.07	- 22.23	7.05	7.69
济源示范区	72.73	67.57	5.16	0.74	0.72

资料来源：河南省统计局。

南阳市退出了千万人口大城行列。南阳市属于南北交界之处，是中部地区重要的交通枢纽，在 2020 年末，南阳市社旗县的常住人口为 56.2 万人，和 2019 年相比人口流出率达到了 26.95%，全县超过四分之一的人口流出到外地，人口流出问题十分严重。南阳市人口减少的原因主要还是城市吸引力太小、就业岗位不足、经济发展水平低。

据统计，广东、浙江、江苏和上海这些东部省市是河南省人口流入最多的省市。这反映出河南省人口外流主要流向经济发达的长三角和珠三角地区。其中，南阳人、驻马店人、许昌人和漯河人主要流入广东省；信阳人和周口人主要流入浙江省；商丘人、平顶山人、洛阳人、新乡人和开封人主要流入江苏省。人口流动同样大规模存在于河南省内，根据第七次全国人口普查数据，河南省内流动人口数量为1993万人，其中省内跨市流动633万人。河南省内跨市流动人口的来源地主要是周口、驻马店、信阳、商丘、南阳、开封、平顶山、安阳，合计流出421万人，其中周口有87万人流出本市，流出人口最多。至于这些人的去向，大部分都迁入了省会城市郑州，2020年郑州吸纳的省内其他城市流出人口达368万人，成为河南省唯一一个人口净流入的省辖市。这些流动人口都反映了河南省经济发展不充分不平衡的现状。

3.1.3 湖北省人口流动现状分析

湖北省地处我国中部地区，东邻安徽，西连重庆，西北与陕西接壤，南接江西、湖南，北与河南毗邻。湖北省的人口总量从1985年的4980.8万人增长到2020年的5775.3万人，同比增长了15.95%。

由表3-7可知，在近16年的数据中，湖北省的常住人口维持在5700万人左右。2019年新冠疫情严重影响了整个湖北，2020年湖北省的常住人口在连续增长14年之后首次下降。湖北省在近几年来经济发展迅速，GDP总量在全国排名第七位，14年来人口持续不断稳步上升就足以证明湖北省经济高速发展。

表 3－7　　　　　　　　　　　湖北省人口基本现状

年份	常住人口（万人）	净增长人数（万人）	人口增长率（‰）
2005	5710.0	18.30	3.05
2006	5693.0	18.90	3.13
2007	5699.0	19.57	3.23
2008	5711.0	16.47	2.71
2009	5720.0	21.22	3.48
2010	5723.8	24.84	4.34
2011	5760.0	25.15	4.38
2012	5781.0	28.15	4.88
2013	5798.0	28.54	4.93
2014	5816.0	28.46	4.90
2015	5850.0	28.64	4.91
2016	5885.0	29.75	5.07
2017	5904.0	32.95	5.59
2018	5917.0	26.86	4.54
2019	5927.0	25.29	4.27
2020	5775.3	3.56	0.61

资料来源：2021 年《湖北省统计年鉴》。

由表 3－8 可知，从第七次全国人口普查数据来看，湖北省流动人口中人户分离人口为 1847.66 万人，其中：市辖区内人户分离 571.24 万人，流动人口为 1276.42 万人。流动人口中，省外流入人口为 224.96 万人，省内流动人口为 1051.46 万人。与 2010 年相比，人户分离人口增加 922.63 万人，增长 99.74%；市辖区内人户分离人口增加 378.84 万人，增长 196.91%；流动人口增加 543.79 万人，增长 74.22%。以上数据充分说明了湖北省的流动人口现状。

表3-8   湖北省流动人口现状

分类	2020年	2010年	人口增加+/减少-（万人）	增长率（%）
人户分离（万人）	1847.66	925.03	922.63	99.74
市辖区内人户分离（万人）	571.24	192.40	378.84	196.91
流动人口（万人）	1276.42	732.63	543.79	74.22
省外流入（万人）	224.96	—	—	—
省内流动（万人）	1051.46	—	—	—

资料来源：湖北省统计局。

　　湖北省的流动人口非常活跃，集聚效应也更加明显，其流动人口数量也大幅增加。从"六人普"到"七人普"这十年间，湖北省流动人口增加了543.79万人，增长了74.22%，比全国平均水平高出了4.49个百分点。这主要是因为：一是湖北省经济、社会的持续加快发展，使得人口流动更加活跃；二是湖北省的人口由乡村向城镇加快流动的特点很明显，数据显示2020年湖北省常住人口城镇化率达到62.89%，比2010年提高了13.19%，随着新型城镇化的不断推进，乡村人口进一步向城镇流动，常住人口城镇化率不断提高；三是湖北省的人口主要向中心城区和县城流动，2020年武汉市城市中心区人口比2010年增长了37.53%，其他12个市州中心区人口增长32.82%，县市城关镇增长25.77%，其中，武汉市增长速度最快，市州中心区增长明显，大城市对人口的吸引力日益增强；四是近年来湖北省扎实推进综合交通运输体系和网络建设，高铁、航空、公路等重大基础设施不断完善，立体交通网络给人口流动提供了更加便捷的客观条件，光纤、5G等信息基础设施建设加速推进，给流动人口的就业、创业带来了快捷的信息来源，营商环境的不断改善和人文环境的不断优化，使流动人口在湖北生活更有了归属感。

由表 3 - 9 可知，湖北全省 13 个地市中只有 5 个城市的人口有所增加，分别是武汉增加 254.11 万人，咸宁增加 19.57 万人，恩施增加 16.58 万人，黄石增加 3.98 万人，鄂州增加 3.07 万人。其他 8 个城市均有所下降，下降最严重的为孝感下降 54.41 万人和荆州下降 46.05 万人。

表 3 - 9　　　　湖北省第七次全国人口普查各市常住人口数量对比

地区	2020 年（万人）	2010 年（万人）	人口增加 +/减少 -（万人）	比重（%）	
				2020 年	2010 年
全省	5775.26	5723.78	51.48	—	—
武汉	1232.65	978.54	254.11	21.34	17.10
黄冈	588.27	616.21	- 27.94	10.19	10.77
襄阳	526.1	550.03	- 23.93	9.11	9.61
荆州	523.12	569.17	- 46.05	9.06	9.94
孝感	427.04	481.45	- 54.41	7.39	8.41
宜昌	401.76	405.97	- 4.21	6.96	7.09
恩施	345.61	329.03	16.58	5.98	5.75
十堰	320.9	334.08	- 13.18	5.56	5.84
咸宁	265.83	246.26	19.57	4.60	4.30
荆门	259.69	287.37	- 27.68	4.50	5.02
黄石	246.91	242.93	3.98	4.28	4.24
随州	204.79	216.22	- 11.43	3.55	3.78
天门	115.86	141.89	- 26.03	2.01	2.48
仙桃	113.47	117.51	- 4.04	1.96	2.05
鄂州	107.94	104.87	3.07	1.87	1.83
潜江	88.65	94.63	- 5.98	1.52	1.65
神农架林区	6.66	7.61	- 0.95	0.12	0.14

资料来源：湖北省统计局。

从整体上看，湖北省绝大多数城市的人口都是处于负增长，这显示出湖北省的经济与沿海发达省份相比尚有明显差距。湖北省内虽然有以武汉为首的数座城市成为人口正增长城市，但绝大多数城市的负增长最终造成了全省整体人口的萎缩，说明武汉在省内有一定的人口吸引力或者经济辐射能力，但这种能力还不够，如果不刻意限制其规模的话，武汉的首位度还可以继续提升。

分区域来看，除了恩施远在鄂西南成为增长孤岛外，湖北全省的人口增长区域差异可以概括为武汉城市圈和非武汉城市圈的差异。武汉城市圈从整体上看显然是人口流入区域，但圈外地区则全部沦为了人口流出区域。这样的状况一方面说明武汉在省内具有较强的经济辐射能力，另一方面说明湖北省内的其他地级市的发展还很一般，还需要提升很大的空间以防止自身人口的持续流出。特别是宜昌和襄阳这两个省级副中心城市，作为湖北省重点建设的地级市，它们目前虽然有了一定的发展成就，但与沿海地区相比差距依然明显，所以纵使在省内它们的经济已经居于前列，但当前依然属于人口流出城市之列，要真正发展成为辐射带动能力强大的区域性中心城市依然任重而道远。在武汉城市圈内，也存在着增长差异，也并不是每个城市都是处于人口正增长态势。可以看出武汉及其东南部的咸宁处于正增长之列，而武汉城市圈中的天门、仙桃、潜江三地均沦为了人口流出区。这些人口流出城市的人口主要流入了武汉，也就是说武汉城市圈内部人口出现了西北流出、东南流入的地域分异。武汉城市圈外，离武汉越近，流出越严重；离武汉越远，情况相对较好。

持续的高质量发展和科学适度的新型城镇化建设使湖北省的社会经济持续高质量发展，湖北省的人口也将会更加合理有序地流动，最终形成经济社会和人口流动协调发展的高质量发展新格局。

3.1.4　湖南省人口流动现状分析

湖南省地处云贵高原向江南丘陵和南岭山脉向江汉平原过渡的地带，东临江西，西接重庆、贵州，南毗广东、广西，北连湖北。湖南省的总人口从1949年的2986.83万人增长到2020年的7295.58万人，大约增长了1.42倍，人口增长量十分庞大①。

由表3-10可知，在近16年的数据中，2005～2012年湖南省的人口总数迅速增长，大约增长了447.77万人，2013年总人口有所下降，2013～2018年人口总数继续增长，2018年达到了人口巅峰7326.62万人，2018～2020年有所下降。湖南省的人口增长率从2005年到2012年持续不断攀升，2013年有所下降，2014年有所下降，2015年人口增长率达到了峰值6.72‰，之后不断降低。近年来湖南省的人口增长率下降过于明显。

表3-10　　　　　　　　　湖南省人口基本现状

年份	总人口（万人）	净增长人数（万人）	人口增长率（‰）
2005	6732.10	34.58	5.15
2006	6768.10	35.03	5.19
2007	6805.70	35.63	5.25
2008	6845.20	36.86	5.40
2009	6900.30	41.99	6.11
2010	7089.53	44.77	6.40
2011	7135.60	46.59	6.55
2012	7179.87	47.03	6.57

---

① 数据来源：2021年《湖南省统计年鉴》。

续表

年份	总人口（万人）	净增长人数（万人）	人口增长率（‰）
2013	7147.28	46.85	6.54
2014	7202.29	44.51	6.63
2015	7242.02	45.43	6.72
2016	7318.81	44.62	6.56
2017	7296.26	42.35	6.19
2018	7326.62	35.15	5.11
2019	7319.53	21.49	3.11
2020	7295.58	4.03	0.61

资料来源：2021 年《湖南省统计年鉴》。

2020 年第七次全国人口普查的结果中并没有公布湖南省的流动人口情况，所以我们根据《中国统计年鉴 2021》中数据可知，截至 2020 年末，湖南省的人户分离人口为 1757.58 万人，其中，省内人户分离人口为 1599.83 万人，市辖区内人户分离人口为 340.38 万人，省内流动人口为 1259.45 万人，省外流动人数为 157.76 万人，见表 3 - 11。

表 3 - 11 　　　　　　　　湖南省流动人口现状

分类	2020 年末
人户分离（万人）	1757.58
市辖区内人户分离（万人）	340.38
流动人口（万人）	1417.21
省外流入（万人）	157.76
省内流动（万人）	1259.45

资料来源：2021 年《中国统计年鉴》。

湖南省人口流动的主要目的地是北边相邻的湖北省，其次是广东、江西、广西和贵州等地。湖南省区域发展不平衡不充分的问题长期存在，其中省会城市及其所在的长株潭板块发展势头良好，衡阳、岳阳等城市综合实力处于前列，但湖南西部地区城市的综合实力较弱。交通信息网络及人口对外流动数据反映出以长株潭地区为核心，京广、沪昆高铁经济带交叉形成的大"十"字型空间格局稳定，这样的交通网络具有较强的辐射带动作用，长期处于湖南省区域经济发展的第一水平①。与此同时，仍有一些地区尚缺乏有效的发展轴支撑。

湖南全省 14 个地市中在"六人普""七人普"期间只有 6 个地市人口有所增加（见表 3 - 12），分别为长沙 300.38 万人，永州 9.55 万人，郴州 8.36 万人，株洲 4.56 万人，娄底 4.24 万人，张家界 3.89 万人。其余 8 个地市人口均有不同程度的减少，其中人口减少最严重的是邵阳、衡阳、益阳、常德和岳阳，减少人数在 42 万 ~ 51 万人，似乎带"阳"的城市成了人口减少的重灾区。

表 3 - 12　　　　　湖南省第七次人口普查各市常住人口数量对比

地区	2020 年（万人）	2010 年（万人）	人口增加 +/减少 -（万人）	比重（%）	
				2020 年	2010 年
全省	6644.49	6570.08	74.41	100	100
长沙	1004.79	704.41	300.38	15.12	10.72
衡阳	664.52	714.83	- 50.31	10.00	10.88
邵阳	656.35	707.17	- 50.82	9.88	10.76
永州	528.98	519.43	9.55	7.96	7.91
常德	527.91	571.46	- 43.55	7.95	8.70
岳阳	505.19	547.61	- 42.42	7.60	8.33
郴州	466.71	458.35	8.36	7.02	6.98

① 李红，王泽东，魏晓，等. 湖南省区域经济格局演变与空间战略结构优化 [J]. 经济地理，2020，40（11）：39 - 46，85.

续表

地区	2020 年 （万人）	2010 年 （万人）	人口增加 +/减少 - （万人）	比重（%）	
				2020 年	2010 年
怀化	458.76	474.17	- 15.41	6.91	7.22
株洲	390.27	385.71	4.56	5.87	5.87
益阳	385.16	430.79	- 45.63	5.80	6.56
娄底	382.70	378.46	4.24	5.76	5.76
湘潭	272.62	275.22	- 2.6	4.10	4.19
湘西自治州	248.81	254.96	- 6.15	3.74	3.88
张家界	151.70	147.81	3.89	2.29	2.24

资料来源：湖南省统计局。

人口流动是经济社会发展的标志之一。表3－12 中数据充分说明了湖南省各城市人口在加速流动和洗牌。长沙人口净增 300 多万人，总数达 1004 多万人，是湖南省第一个人口破千万的特大城市，这与长沙的经济社会发展程度基本吻合。除了长沙之外，湖南省城市的人口流动呈现出典型的"州盛阳衰"规律。永州、郴州、株洲等城市保持了人口正增长，特别是永州和郴州，人口分别增长 9.55 万人和 8.36 万人，这无疑是在长沙、广州、深圳等大城市的"虹吸效应"面前做到了"虎口夺食"。带"阳"的城市基本是人口净流出，邵阳流出规模最大，达到了 50.82 万人，基本上流出了一个大县的人口。衡阳、益阳、岳阳、常德等城市流出规模在 40 万人以上。从人口流出率看，益阳流出率最高，高达 10.69%，岳阳为 7.78%，常德为 7.66%，邵阳为 7.19%，衡阳为 6.95%，湘潭只有 0.82%，人口基本持平。湖南省 14 个市州的人口也在快速进入两极分化阶段。湖南省人口流动大致有两个方向，一是去省会长沙；二是出省去珠三角、长三角地区。

根据"七人普"数据，湖南省 2010～2020 年人口增加 74 万人，但细化到 14 个市州，就是长沙大增，8 个市州大减。14 个市州只有 6

个城市在增长，如长沙、株洲、娄底、永州、郴州、张家界。其中，区别于 5 个城市 10 年增加不到 32 万人，长沙 10 年增长超 300 万人。湖南省人口净流出的 8 个城市流出率不小，邵阳 10 年流出超 50 万人，衡阳、益阳、常德、岳阳 4 个城市流出的人口超 40 万人。即便湘潭处于长株潭城市群中，有着非常丰厚的政策扶持，但人口依然在流出，10 年间走了将近 10 万人。

湖南省未来高质量发展的道路要想走通顺，就必须加大力度扶持长株潭一体化发展，坚持培育发展一批现代化都市圈，形成区域竞争新优势，如北边的京津冀、南边的粤港澳、东边的长三角、西边的成渝经济圈。不仅如此，还应该切实加快湖南省的工业化进程。作为我国的农业大省之一，还必须要大力发展高效化农业。最后，积极发展高层次教育也是湖南省未来高质量发展的必要手段。

3.1.5　安徽省人口流动现状分析

安徽省位于我国华东长江三角洲地区，东连江苏，西接河南、湖北，东南接浙江，南邻江西，北靠山东①。安徽省的常住人口从 1978 年的 4713 万人增长到 2020 年的 6105 万人，大约增长了 29.54%。

由表 3 - 13 可知，在近 16 年，安徽省的常住人口基本保持在 6000 万人左右，最低是 2010 年的 5957 万人，最高是 2008 年的 6135 万人，在人口增长率上也趋于平均，几乎也是在 6‰到 8‰之间，最高的年份是 2017 年的 8.17‰，最低是 2019 年的 5.99‰。安徽省流向外省半年以上的人数在这 16 年间也比较平均，每年近乎 1000 万人，这也可以看出安徽省是一个人口流动大省。

---

① 王艺翔. 安徽省引进国外智力的综合环境建设分析 [J]. 品牌（下半月），2015 (7)：123.

表 3 – 13   安徽省人口基本现状

年份	常住人口（万人）	人口增长率（‰）	流向省外半年以上的人数（万人）
2005	6120	6.20	842
2006	6110	6.30	1038
2007	6118	6.35	1199
2008	6135	6.45	1157
2009	6131	6.47	1130
2010	5957	6.75	1053
2011	5972	6.32	1045
2012	5978	6.86	1052
2013	5988	6.82	1058
2014	5997	6.97	1048
2015	6011	6.98	1061
2016	6033	7.06	1152
2017	6057	8.17	842
2018	6076	6.45	1038
2019	6092	5.99	1199
2020	6105	—	1157

资料来源：2021 年《安徽省统计年鉴》。

从第七次全国人口普查数据中我们可以得知安徽省的流动人口情况（见表 3 – 14），2020 年安徽省人户分离人口为 1809.99 万人，其中，市辖区内人户分离人口为 422.76 万人，流动人口为 1387.23 万人。流动人口中，跨省流入人口为 155.05 万人，省内流动人口为 1232.18 万人。与 2010 年安徽省第六次全国人口普查相比，人户分离人口增加 1099.93 万人，增长 154.91%；市辖区内人户分离人口增加 279.78 万人，增长 195.68%；流动人口增加 820.15 万人，增长 144.63%。

以上数据也充分说明了安徽省 2010～2020 年来流动人口的大致状况。数据显示，2020 年安徽省流向省外的人口为 1152 万人，占常住人口的 18.9%，其中主要流向苏浙沪，与第六次全国人口普查相比，流出人口增加 114 万人，增长了 11.0%。

表 3 – 14　　　　　　　　　　　安徽省流动人口现状

分类	2020 年	2010 年	人口增加 +/减少 −（万人）	增长率（%）
人户分离（万人）	1809.99	710.06	1099.93	154.91
市辖区内人户分离（万人）	422.76	142.98	279.78	195.68
流动人口（万人）	1387.23	567.08	820.15	144.63
省外流入（万人）	155.05	—	—	—
省内流动（万人）	1232.18	—	—	—

资料来源：安徽省统计局。

通过第七次全国人口普查数据，我们也可以分析出安徽省省流动人口大幅增加的原因。首先，2020 年安徽省内流动人口达到 1232.2 万人，比第六次人口普查增加 736.8 万人；外省流入人口 155.1 万人，比第六次人口普查增加 83.3 万人，分别增长 148.76%、116.11%。这十年来流动人口大幅增加的原因主要在于安徽省经济社会持续发展，且工业化、城镇化加速推进，农业转移人口市民化进程加快，这让更多乡村人口有动力并有能力进行流动。农村人口市民化进程加快，更多农村人口具备了加入流动人口大军的动力和能力。其次，安徽省高铁、高速公路等交通网络快速发展，交通的便捷利于人们出行，也带动了人口流动愈发频繁。最后，安徽省的人口流动主要向城镇和省会城市聚集。2020 年安徽省城镇人口为 3559.5 万人，较 2010 年增加 1001.8 万人，比重提高 15.34%。同时，人口加速向省会城市流动。

2010～2020年合肥市常住人口增加了191.3万人，增长25.65%。经济发展、人力资源有效配置促进了流动人口大幅增加。人口作为生产要素的同时也是消费主体，合理有序的人口流动会进一步助力安徽省经济社会持续高质量发展。

安徽省当前正处于以较快速度提升城镇化率的发展机遇时期，"十四五"时期任务是突破60%的城镇化率，以后城乡之间还将会出现大迁移大流动的现象。新型城镇化战略推动下，安徽省以人为核心，这也将成功推动全省的高质量发展战略。随着经济活力不断增强，新型城镇化建设步伐加快，省内城市之间、城乡之间人口流动日趋频繁，省内流动人口增加的同时，流向省外的人口也在低速增长。近些年安徽省经济发展速度较快，但经济体量、城市发展水平等相比周边发达省份仍有差距，安徽省作为一个人口外出大省的现状没有改变。流向省外的主要流向是苏浙沪地区。虽然外省流入人口总量较少，但呈现出快速增长的趋势。从省外流入人口来看，安徽省对省外人口的吸引力明显增强。

由表3-15可知，与第六次全国人口普查相比，安徽省的16个市中有6个市常住人口增加，分别为合肥、阜阳、亳州、蚌埠、芜湖、滁州。合肥市常住人口超过阜阳市，成为全省第一人口大市。2020年，常住人口超过800万人的市有2个，常住人口居前五位的市合计人口占全省常住人口比重为52.90%，比十年前提高了2.71个百分点。这样的数据表明随着经济社会的发展，省内人口的集聚程度进一步提高。除了常住人口增加的6个市之外，其余10个市人口均有不同程度的减少，其中最严重的是淮南、安庆、铜陵和六安，减少人数都超过20万人，4个城市均处在安徽省中西部，与省会合肥几乎紧邻，且六安和安庆紧邻河南省和湖北省，去往其他城市发展也是这4个市人数减少的一大原因。

表 3 – 15　　　　安徽省第七次人口普查各市常住人口数量对比

地区	2020 年（万人）	2010 年（万人）	人口增加 + /减少 –（万人）	比重（％）	
				2020 年	2010 年
全省	6103	5950	153	100	100
合肥	937	746	191	15.35	12.54
阜阳	820	760	60	13.44	12.77
宿州	532	535	– 3	8.72	8.99
亳州	500	485	15	8.19	8.15
六安	439	461	– 22	7.19	7.75
安庆	417	447	– 30	6.83	7.51
滁州	399	394	5	6.54	6.62
芜湖	364	355	9	5.96	5.97
蚌埠	330	316	14	5.41	5.31
淮南	303	334	– 31	4.96	5.61
宣城	250	253	– 3	4.10	4.25
马鞍山	216	220	– 4	3.54	3.70
淮北	197	211	– 14	3.23	3.55
池州	134	140	– 6	2.20	2.35
黄山	133	136	– 3	2.18	2.30
铜陵	131	156	– 25	2.16	2.63

资料来源：安徽省统计局。

　　安徽全省的总体发展水平偏向平稳，要想有突破，就必须继续坚持长三角一体化发展，加强综合立体交通网络，使产业循环、市场循环、经济社会循环更加顺畅，除此之外，安徽省还需优化区域协调发展，使得"一圈五区"基础设施、产业体系、公共服务联通融合水平不断提高，形成合理分工、竞相发展的新格局。

3.1.6 江西省人口流动现状分析

江西省位于我国东南部，在长江中下游南岸，为长江三角洲、珠江三角洲和闽南三角地区的腹地。江西省东邻浙江、福建，南连广东，西接湖南，北毗湖北、安徽。

江西省的常住人口从 1978 年的 3182.82 万人增加到 2020 年的 4518.86 万人，增长了 41.98%。江西省近 16 年的人口增长率几乎都在 6‰到 8‰，最高的是 2008 年的 7.91‰，最低的是 2019 年的 6.56‰（见表 3 – 16）。

表 3 – 16　　　　　　　　江西省人口基本现状

年份	总人口（万人）	人口增长率（‰）
2005	4311.24	7.83
2006	4339.13	7.79
2007	4368.41	7.87
2008	4400.10	7.91
2009	4432.16	7.89
2010	4462.25	7.66
2011	4473.93	7.50
2012	4475.49	7.32
2013	4475.56	6.91
2014	4479.73	6.98
2015	4484.53	6.96
2016	4495.65	7.29
2017	4511.48	7.71
2018	4513.50	7.37
2019	4515.95	6.56
2020	4518.86	2.87

资料来源：2021 年《江西省统计年鉴》。

　　根据江西省"七人普"数据中人口流动的信息（见表 3 - 17），省内人户分离人口为 1224.19 万人，其中，市辖区内人户分离人口为 388.69 万人，省内流动人口为 835.50 万人。全省跨省流入人口 127.90 万人，跨省流出人口为 633.97 万人。与 2010 年相比，省内市辖区内人户分离人口增加 305.50 万人，省内流动人口增加 448.46 万人，跨省流入人口增加 67.91 万人，跨省流出人口增加 55.23 万人。江西省经济社会持续发展，为人口的迁移流动创造了条件，省内人户分离趋势更加明显，省内流动人口规模进一步扩大，跨省流入人口成倍增加。同时，江西省历来是人口流出大省，跨省流出规模依然较大。普查数据反映出在人户分离的现象十分普遍，人口流动日益频繁。

表 3 - 17　　　　　　　　　　江西省流动人口现状

分类	2020 年	2010 年	人口增加 +/减少 -（万人）	增长率（%）
人户分离（万人）	1224.19	—	—	—
市辖区内人户分离（万人）	388.69	83.19	305.50	367.23
省内流动人口（万人）	835.50	387.04	448.46	115.87
省外流入（万人）	127.90	59.99	67.91	113.20
省出流动（万人）	633.97	578.74	55.23	9.54

资料来源：江西省统计局。

　　江西省人口流动呈现四个特点：一是江西省的市辖区内人户分离现象日益普遍，省内市辖区内人户分离人口由 83.19 万人增加至 388.69 万人，增长 367.23%；二是省内流动人口规模不断扩大，省内流动人口由 387.04 万人增加至 835.50 万人，增长 115.87%；三是从乡村流向城镇特征明显，全省城镇常住人口 2731.06 万人，比 2010 年增加 767.42 万人，乡村常住人口 1787.80 万人，比 2010 年减少 705.30 万人，乡村人口持续向城镇地区转移集聚；四是跨省流动仍以流出为主，2020 年全省跨省流出人口 633.97 万人，跨省流入人口

127.90 万人，跨省流出人口比流入多 506.07 万人。江西省应当继续坚持以高质量跨越式发展为首要战略目标，让未来人口流动可以更加有序合理，形成经济社会和人口流动协调发展的新局面。

由表 3 – 18 可知，江西省 11 个地市中，有 5 个市人口有所增加，分别是南昌 123.44 万人、赣州 61.21 万人、新余 6.59 万人、景德镇 3.61 万人，鹰潭 3.33 万人。其余 6 个地市均有不同程度的人口减少，其中，宜春减少 40.28 万人，是人口减少最为严重的城市，吉安减少 33.38 万人、抚州减少 29.01 万人，人口减少也颇为严重。南昌市的人口增加并不是空穴来风，近年来南昌市实施的人才新政通过落户奖励、生活补贴、购房补贴、创业补贴等多种形式，吸纳全国包括全省的人才来南昌落户。而赣州作为江西省人数最多的城市，人口基数大是人口增加的一个原因外，强大的影响力和辐射力也让赣州的人数可以保持稳定增长。下降人数最多的 3 个城市宜春、吉安、抚州坐落在江西省西南方向，其中吉安左邻湖南省，宜春和抚州紧挨着省会南昌，人口流向经济更加发达的地区是造成 3 市人口降低的主要原因。

表 3 – 18　　　　江西省第七次人口普查各市常住人口数量对比

地区	2020 年（万人）	2010 年（万人）	人口增加 + /减少 –（万人）	比重（%）	
				2020 年	2010 年
全省	4518.86	4447.20	71.66	100	100
南昌	625.50	502.06	123.44	13.84	11.29
景德镇	161.90	158.29	3.61	3.58	3.56
萍乡	180.48	185.15	– 4.67	3.99	4.16
九江	460.03	472.07	– 12.04	10.18	10.62
新余	120.25	113.66	6.59	2.66	2.56
鹰潭	115.42	112.09	3.33	2.55	2.52
赣州	897.00	835.79	61.21	19.85	18.79

地区	2020 年（万人）	2010 年（万人）	人口增加 +/减少 −（万人）	比重（%）	
				2020 年	2010 年
吉安	446.92	480.29	− 33.38	9.90	10.80
宜春	500.77	541.05	− 40.28	11.08	12.16
抚州	361.49	390.49	− 29.01	8.00	8.78
上饶	649.11	656.26	− 7.15	14.37	14.76

资料来源：江西省统计局。

江西省的流动人口增长速度加快，是新型工业化和新型城镇化加快推进，产城融合不断深化，户籍制度改革落实落地的重要体现。现阶段，江西省的经济社会持续发展为人口的迁移流动创造了条件，省内人户分离的趋势更加清晰明显，省内流动人口的规模将进一步扩大，跨省流入人口成倍增长。下一步，江西省需要把握变化趋势，实施人口均衡发展战略，延续人口总量势能优势，推动人口与经济良性互动，促进人口与环境和谐共生，推动人口和社会和谐发展，由此才能在高质量发展道路上畅通无阻。

3.1.7　中部地区流动人口现状整体分析

21 世纪以来，我国人口流动的主要驱动力是人口与经济的区域差异。地区之间的经济差异导致劳动力向就业机会更好、发展水平更高、经济活力更好的地区流动。例如农村向城市迁移，经济相对落后的城市向北上广深等一线城市的迁移等。此外，人口老龄化严重的地区需要寻找和吸引外来的年轻劳动力，从而维持经济不会出现断崖式下跌，合理控制人口的流入和流出，才能保持经济稳定增长，社会和谐安定。所以，人口流动早已成为全球经济和社会发展中的重要话题，研究中部地区的高质量发展也不例外，研究高质量发展背景下中部地区人口的流动也为国家未来高质量发展提供了理论依据。

近年来，东南沿海省份工业经济崛起，吸引了大量的流动人口（见表3-19），而中部地区都是劳务输出大省，稳住人口总量的难度比较大。

表3-19　分地区按现住地、户口登记地分的户口登记地在外乡镇街道的人口

现住地	人户分离人口（人）	市辖区内人户分离人口（人）	省内流动人口（人）	跨省流动人口（人）
广东	60635086	8568936	22444040	29622110
浙江	30107815	4550365	9370996	16186454
江苏	29979948	6316191	13355147	10308610
山东	28026762	7283477	16614278	4129007
四川	27823204	7134650	18098513	2590041
河南	25639605	4437885	19928074	1273646
河北	19775641	4442713	12177656	3155272
湖北	18476561	5712376	10514571	2249614
安徽	18099918	4227612	12321797	1550509
湖南	17575847	3403819	12594465	1577563
福建	16464611	2803364	8771371	4889876
辽宁	15670121	5676890	7145923	2847308
上海	15134258	4654606	—	10479652
江西	13520934	3886904	8355016	1279014
北京	13409576	4991158	—	8418418
陕西	13267095	3993217	7340166	1933712
广西	13238781	3716255	8163142	1359384
重庆	13096435	8285047	2617813	2193575
山西	12891174	3217374	8053282	1620518
云南	12209314	1610264	8368656	2230394
贵州	11694763	2104710	8443507	1146546
黑龙江	11549584	3067675	7652733	829176

现住地	人户分离人口（人）	市辖区内人户分离人口（人）	省内流动人口（人）	跨省流动人口（人）
内蒙古	11462961	2394517	7382024	1686420
吉林	10350683	2399266	6949946	1001471
新疆	8867046	815642	4660692	3390712
甘肃	7352465	2010870	4575947	765648
天津	6479695	2944879	—	3534816
海南	3498161	835883	1574135	1088143
宁夏	3362670	855675	1831876	675119
青海	2070660	464625	1188731	417304
西藏	1031132	138902	485109	407121
全国（除港澳台）	492762506	116945747	250979606	124837153

资料来源：《中国统计年鉴（2021）》。

　　从中部地区六省的总体情况来看，流动人口现状比较乐观。中部六省有五个省份实现了人口正增长，只有山西省是净流出的。其中，河南省的常住人口 9937 万（全国第 3 位），增加了 534 万人；湖南省的常住人口 6644 万（全国第 7 位），增加了 74 万人；安徽省的常住人口 6103 万（全国第 9 位），增加了 153 万人；湖北省的常住人口 5775 万（全国第 10 位），增加了 51 万人；江西省的常住人口 4519 万（全国第 13 位），增加了 62 万人；山西省的常住人口 3492 万（全国第 18 位），减少了 79 万人。

　　从"七人普"数据中可以看出，湖北的增量远低于河南、安徽，甚至是比湖南和江西都要低，这个数据本身就能说明一定的问题。因为湖北的实力在中部地区还是很强的，总量仅次于河南，人均实力是中部地区第一。武汉疫后重振经济吸引了大量外来人口，这是人口回流的原因之一。对湖北省而言，虽然很多地级市的人口依然是流出的，但是毕竟总量是增长的。

对河南省而言，则是出现了一个较为不好的苗头，这就是人口流出，而且这是近十年来河南省首次人口净流出，流出量列中部第一位。根据相关分析，是受经济发展趋缓和人口出生率下降的双重因素的影响，才造成了现在的状况。当然经济发展趋缓，主要还是外部原因造成的，经济环境改变应该可以恢复。但是出生人口下降，这在全国已经是大趋势，是很难逆转的。从省内的情况来看，人口大幅度流出的同时，郑州的人口总量依然是增长的，增量达到了 14.2 万人。这对于郑州来说是好事，但是对于河南各地市来说，流出的人口数量会更多。河南省"七人普"人口数据中，南阳的流出量为全省第一，情况不容乐观。不过河南省已经提早做准备，将南阳升格为省域副中心城市。人口流出的趋势一旦形成，短期内很难逆转。湖北、河南两省虽然在 2021 年都出现了逆转，但是中西部对人口吸引力减弱，东南沿海各省吸引人口的趋势短期内不会改变，这对于中部地区来说是严峻的考验。

3.2　高质量发展背景下中部地区人口流动的影响分析

3.2.1　中部地区人口流动的正面影响分析

3.2.1.1　流入地的正面影响

（1）提供大量劳动力

大量的劳动力是城市建设发展的基础，拥有足够的人力条件、满足城市快速发展的劳动力需求，才能更好地提高城镇化建设水平。流动人口为流入地带来了丰富而廉价的劳动力，不仅满足了城市发展初期对劳动力的需求，也为完善当地劳动市场提供了必要条件[①]。中部地区在 2010 ~ 2020 年这十年间省外一共流入了约 955 万人，这些流动人口多数涌入城市，集中在劳动密集型加工工业，他们获得的工作大多处于劳动强度高、福利待遇低的生产第一线部门，为当地的企业提供了大量的基础劳动力，有效缓解了当地企业用工难的现状，为当地城市建设添砖加瓦，促进当地的城市建设的发展[②]。对于中部地区来说，不仅需要技术型人才，还需要管理型人才，而流入地的地理位置、薪资待遇、社会保障水平等正是吸引管理型人才流入到此处的因素。管理型人才的加入使得经济发展上升到一个新的台阶，管理系统更加完善，更能吸引人才，以此达成一个良性循环的过程。所以，流动人口流入中部地区往往会带来大量劳动力来加快城市发展。

（2）加快城市化进程

城市吸引人口的重要原因一方面在于其拥有良好的基础设施和公共服务。长此以往，城乡差距逐步扩大，使得农村居民会带有强烈的激励意识努力迁移到城镇地区，而城镇居民则向往发展水平更高、机遇与待遇更好、生活环境更加优美的城市迁移的动机[③]。这样的迁移会加快流入地发展进程，也让这些迁移人员可以获得更好的生活条件。另一方面是因为大城市有良好的教育、医疗资源以及便捷的交通网络。这些发展相对领先的城市拥有那些发展相对落后城市无法比拟的教育条件与环境，这些教育优势能够充实迁移人口的个人能力，进而提升迁移人口的劳动生产率。在中部地区，省会城市和有经济发展前景的城市流入人口增加，这给省会城市和有经济发展前景的城市的经济增加了活

---

① 刘伟超. 农村剩余劳动力转移地域选择的探析 [J]. 安徽农业科学，2010，38（30）：17279 - 17282.

② 周博. 浅析我国农村人口流动的原因和效应 [J]. 西安航空技术高等专科学校学报，2008（6）：28 - 30.

③ 王智勇. 当前人口流动的主要特征及对城市化的影响 [J]. 人民论坛，2021（17）：74 - 77.

力。大量的农村人口向城市流动，促进了社会工业化的发展，同时也加快了城市化进程。而工业化的不断发展又会吸引大量的农村劳动力参与其中，从而使得大量的人口向城镇区域聚拢和集中，而人口密集的区域自然对各种生活用品需求量非常大，商业和服务类行业也随之被带动起来，同时会提供大量的就业岗位。所以，人口流向城镇会产生一个良性循环的作用，可以大大促进工业化以及城市化发展。

（3）促进高水平发展

流动人口带来人才，同样促进了高水平的发展。"十四五"期间，流动人口流入湖北，有利于湖北省利用科学教育资源密集优势，强化科技创新源泉功能，建设具有全国影响力的科技创新中心；流动人口流入河南，有利于推动传统产业改造升级，通过技术嫁接、技术改造、新技术赋能和智能化改造，迈进产业链的中高端和关键环节；流动人口流入安徽，有利于高水平推进国家大科学装置集中区建设，催生更多重大原始创新成果，在世界范围更多领域内实现并跑领跑；流动人口流入湖南，有利于实现湖南省打造国家重要先进制造业高地的战略目标；流动人口流入江西，有利于江西省发展航空、电子信息、装备制造、中医药、新能源、新材料等高科技产业，为国家相关行业的发展添砖加瓦；流动人口流入山西，有利于山西省以碳达峰碳中和为牵引，深入推进能源革命综合改革试点，为实现未来我国的低碳事业发挥先行表率作用。

（4）加速经济发展

中部地区的流动人口不仅是各个城市相关的生产者群体，同样也是一个庞大的消费群体。流动人口通过消费带动经济发展，流动人口的衣、食、住、行等，都是经济发展中不可或缺的部分。流动人口对流入地而言，可以促进当地市场经济的发展，还可以促进当地各个产业链的流动，刺激消费，为当地商业、交通、通信等行业提供发展动力，由此带来的财政收入的增加促进了城市建设项目的发展。流入地以其具有的独特优势吸引大量优秀的人才，无论是哪些行业，这些人才的到来都会加快行业的快速发展，从而推动经济发展。

3.2.1.2　对流出地的正面影响

（1）缩小城乡差距

中部地区的流动人口中有很大一部分是农民工，他们在外工作但不会长久生活在外。他们中有部分人会回到自己的家乡，用自己在外挣得的资金回乡创业、盖房、娶妻生子等。农民工下乡返乡的资金来源是除了农业以外的第二、第三产业的收入，他们自身也促成了农村经济收入比例的变化。与此同时，积累了一定资金的农民工回乡创业，吸纳更多农民转移到第二和第三产业，促使更多的身份认同和职业转型，除此之外，流动人口还能作为知识和信息的载体，在城乡之间架起一座桥梁。当他们挣钱回乡之后，运用自己的所见所学，大力发展农村建设，有力地促进了农村落后闭塞的生活方式的改变，也有利于将来进一步缩小城乡差别。农民工返乡所使用的资金是农业以外的第二、第三产业的收入，也促进了农村经济收入的比例变化。

（2）丰富经济来源

流动人口之所以选择流动，是因为他们在流出地不能获得适合的工作岗位、应得的收入水平、良好的社会保障水平等。中部地区主要以农业为主，人口数量庞大，合适的就业机会促成了对自己工作不满意或者没有工作机会的人产生外出打工的想法。流动人口在外流动，有更多的就业机会，更多的挣钱渠道，他们可以外出打工，再将收入寄往家里，以此来提高家庭的生活水平，这同样可以从侧面提振家乡的消费水平。流动人口中有不少都是农民出身，他们留在家中，大多就只能从事农业劳动或者一些体力劳动。但是在流入地，这里的工作类别丰富多样，他们可以选择自己能够胜任的工作。这样既为一部分农村剩余劳动力找到了出路，又补充了某些地区或部门劳动力的不足，促使全国劳动市场初步形成。通过这样的方式，一部分农村的剩余劳动力也找到了自己的用武之地，同时流入地劳动力不足的状况也得以缓解，当地的劳动力市场就此初步形成。

（3）缓解就业压力

对于人口数众多的中部地区，就业对每一个毕业生或每一个准备就业的人员来说都是一个极大的压力。人口流动会减少当地的人口数量，在保持就业岗位不变的前提下，劳动力供给减少，就有利于减缓就业时的激烈竞争，人民生活的经济压力就会减少很多，生活保障得以改善，福利待遇会进一步提升，生活水平显著提升。

（4）提高人均收入水平

中部地区的最低工资大多数不如那些发展很好的城市，经济在集中的过程中，就一定会带来人口向着经济集中的地方流动，否则，经济发展的成果就不能为那些地理条件较差的地方所分享。换句话说，从地理等各方面条件不好的地方流动到各方面条件较好的地方，恰恰是这些流动人口分享现代经济发展成果的重要途径。中部地区的经济总量是有限的，人口的流出有利于提高人均收入水平，让百姓可以充分享受经济发展所带来的便利，基础服务设施也可以满足每个人的需要。

3.2.2　中部地区人口流动的负面影响分析

3.2.2.1　对流入地的负面影响

（1）造成社会资源紧张

中部地区的基础设施及公共资源并不像北上广深这些一线城市一样齐全量大，基础设施及公共资源建设往往赶不上流动人口的增长速度，即流入地的资源处于一个相对稳定的状态下，人却越来越多，必将引起供不应求的局面，因此，流动人口应该设置数量限度以及适当的门槛，以保障现居地所有人的有序生活。住房资源紧张本身就是一个严重的问题，一方面房屋价格高昂，多数流动人口负担不起；另一方面房屋数量有限，不能够为流动人口提供一个保障。

（2）加重城市负担

中部地区的人口本来就很多，人口的流入更是加重了城市的负担，城市资源承受能力普遍不足，流入地的人口数量不断增加会让城市的环境建设无法满足人数要求，地区的公共产品无法实现自由供给，教育、卫生等公共设施无法承载日益增多的人口需求，城市发展会显得捉襟见肘[①]。除此之外，在饮食方面，人口的流入会造成饭店不能容纳过多的顾客，导致顾客需要等待很长的时间才能满足饮食需求；在住房方面，不论是租房还是买房，人口的流入会加大租客和有购房需求的人的压力，导致房价不断攀升；在医疗方面，人口的流入会导致医疗系统的负担过重，人们看病就医变得难上加难；在交通方面，人口的流入会导致交通压力过大，城市会堵得水泄不通，公共交通也无法承载过多的人流量，严重影响人们的日常出行。

（3）加重教育压力

中部地区中很多省份的教育资源十分紧缺，像河南这样人口规模极大的省份，高校资源十分紧俏，仅有一所 211 院校。不仅如此，中小学资源也难以接受庞大的适龄学生的数量，人口的流入会加大当地的教育压力，外来人口过多，会导致学校无法容纳过多的学生，且流入的人因为房子、户口等诸多问题无法到公立学校就读，私立学校高昂的学费也很难支付，导致孩子入学难。

（4）影响社会治安

20 世纪 90 年代以来，对于流入地而言，流动人口的犯罪率不断

---

① 丁秋丹，宇赟. 农村流动人口对城乡经济的影响 [J]. 中国商贸，2013（30）：137 - 138.

上升，中部地区也不例外。首先，追求经济利益是城市流动人口形成和数量增加的主要原因，流动人口中，有些人想要不劳而获，最终导致犯罪行为的产生①。其次，由于生活上的差异，流入地的文化习俗和价值观会与流出地有所区别。流动人口在迁移之后会有很长一段适应期，其间不乏出现很多问题，会诱发一些不良行为的产生。最后，中部地区流动人口从相对落后的农村或者城市进入新的城市后，比较自身条件，不能够及时摆正自己的心态，容易出现心理失衡。

3.2.2.2 对流出地的负面影响

（1）人才流出加重

如果中部地区的人才流出问题严重，那么流出地的建设所需要的劳动力会大量减少，且流动的人口一般为文化水平较高、身体素质较好、头脑灵活或有一定技术和管理专长的人才，这对流出地来说无疑是一笔损失。一些高素质人才被吸引到一些发展较快的城市，流出地的发展就深受影响。这一情况的出现，将会使得流出地的发展更加缓慢。地区经济发展离不开大量人才，经济发展速度与人才需求呈正相关，如果中部地区人才流出严重，那么城市的经济发展就会受到很大限制②。

（2）农村发展减缓

中部地区的农村众多，农村人口的流出导致农村只剩下留守的老人、妇女和儿童。近年来，农村流动人口的年龄越来越大，除了青壮年劳动力之外，只要能够在城市栖身，哪怕是扫大街、捡垃圾也不愿意务农的中老年人大有人在，这种心理和行为导致了很多农村环境恶

---

① 杜瑾. 城市适应视域下流动人口犯罪预防研究 [J]. 河南财经政法大学学报，2014，29 (5)：154 – 161.

② 燕云，吴健，陈慕. 欠发达地区人才流出的原因及对策 [J]. 合肥工业大学学报（社会科学版），2002 (6)：137 – 142.

劣，农田荒废无人打理，村镇文化活动无法举办，基础设施无人修缮。另外，外出打工的大多数是年轻力壮的中青年人，在乡村留守的老人或孩子并没有很强的防范意识，这就让很多犯罪分子有机可乘，产生的犯罪行为会严重影响当地的社会治安，这无疑增加了流出地的管理难度。另外，没有人才留在村中会导致农村很难有支柱产业，经济发展受限严重。长此以往，农村会无法实现高水平发展，农村脱贫攻坚计划将付诸东流，乡村振兴战略也无法实施。

（3）消费水平降低

中部地区相对发达地区本来消费水平就不高，人才流动会导致消费水平急剧下降，使得整体消费率偏低，制约了经济增长质量的提高。消费水平长期偏低，消费和投资比例严重失调，投资风险过高，会导致大量投资流出，剩余的投资项目会变得缩手缩脚，甚至会形成较为普遍的重复、低水平、盲目的投资项目，这样会导致企业的运营能力受到限制，资产出现闲置，库存产生积压，企业无法实现资源配置最优，最终直接影响企业经济效益和企业归还银行贷款能力，使中部地区的经济陷入恶性循环。对于中部地区而言，流动人口大多只身或夫妻双方一起在外流动，流出地的老人和孩子就无法得到他们的照顾。近年来，"空巢"老人数量的不断增加已经成为一个不容忽视的社会问题，空巢老人的身心健康问题、养老问题越发严重，根据相关调查发现，有超过半数的空巢老人存在心理问题，他们会表现出心情烦闷、沮丧、孤独感等。而造成这个问题的原因，一方面是物质层面，他们年迈体弱，就医困难，无人养老；另一方面是心理层面，他们无人陪伴，产生孤独感，没有人与之沟通，很多问题也无法得到及时的解决。另外对于留守儿童而言，孩子的成长路上没有了父母的指导与关怀，不论是身体还是心理上更容易出现问题，他们很有可能会染上恶习，如吸烟、喝酒、打架斗殴等，甚至过早地弃学，最终导致无法挽回的局面，这些都不利于中部地区人口素质的提高。

第4章　高质量发展背景下中部地区流动人口社会融合存在的问题分析

　　流动人口的社会融合对我国经济的高质量发展具有强大的促进作用，同时对我国新发展格局的形成和社会主义现代化国家的建设也有非常大的功能性作用，是促进我国经济高质量发展的强劲动力，也是我国经济可持续发展和我国人民走向共同富裕的必然结果。高质量的经济发展是带动流动人口进行社会融合的外生力量，是我国全面走向现代化的必然趋势。然而，社会融合在随着现代社会经济发展的过程中存在着因户籍制度导致的社会公共福利分配不均、因价值观念不同导致的生活习性有较大的差距、劳动力市场对流动人口和城市人口的接纳标准不统一、流动人口受教育程度不高和专业性技能不强在就业过程中不具有优势性等问题。这些问题将损害社会公众的整体利益，加剧社会风险的不确定性，降低人民群众的生活幸福感。根据流动人口融合水平差异分析，我们认为在我国经济高质量发展的视角下，流动人口在社会融合中的问题主要体现在四个方面：政府、社会、企业和个人。

4.1　政　府　方　面

随着我国现代化社会的不断建设，城乡之间的融合发展也在逐渐推进，加快流动人口在城乡之间的社会融合是政府推动城乡协同化发展的重要途径和手段。流动人口在城市的发展建设中起到重要的作用，而政府在推进流动人口社会融合的发展进程中存在着许多障碍因素，存在的主要问题是户籍制度的存在对流动人口在社会福利方面的排斥性，以及依托在户籍制度上的就业、医疗、教育、住房等社会性保障制度。众所周知，生活居住在城市中的流动人口大多数是一些收入水平较低、文化水平不高的社会群体，他们的流动承担着家庭的压力和生活的重任。进入城市生活工作以后，他们还要解决自身的生活健康和医疗的问题，而对于以家庭为单位进入城市生活和工作的群体，他们还要解决子女在城市里的教育问题。流动人口推动了城市的发展和建设，在他们作出巨大贡献的同时却没有享有公正平等的社会福利保障①。每个城市中都存在着流动人口的生活聚集区，这些区域呈片状分布，其显著的特征是居住人口较多、环境建设较差、治安管理混乱，与城市人口聚集区优美的环境、健全的文化生活设施、完善的治安管理形成了鲜明的对比。流动人口聚集区和城市人口生活区域形成了一道无形的鸿沟，缺乏生活上的来往和交流，这对加速流动人口的社会融合进程造成了巨大的阻碍。

户籍制度是我国在社会治理过程中的一项根本性制度，是承接各种社会保障福利的一种载体，社会公共服务的实现都是依托在基本的

---

① 王宗康．城市流动人口社会融合的影响因素与对策分析［J］．中国管理信息化，2018，21（12）：193 – 194.

户籍制度上的，然而在以往的发展过程中，城乡二元的户籍制度一直存在于社会治理之中，对于流动人口而言，因城乡二元户籍制度的存在导致在社会融合的过程中存在着许多的障碍因素。在社会性福利的保障性方面，如果当地的户籍人口和非户籍的流动人口享有的社会保障性服务相差不大，那么户籍制度对社会融合的显著性作用表现得并不明显①。但是随着经济社会的蓬勃发展，越来越多的人更有意愿去经济发展较好的城市生活。流动人口是城市建设发展的中坚力量，但是受限于现有的户籍管理制度的障碍，造成了其没有得到应有的社会保障公共服务，随之带来的问题就是城市的公共福利保障制度并不能满足所有人应得的权益，这样就形成了户籍制度所造成的当地人口和流动人口的区别对待。当下我国经济已经进入了高质量的发展阶段，新的发展格局正在持续构建的过程中，这些障碍性因素的存在对我国长期的社会发展将会产生不稳定的影响。

4.1.1　户籍制度的排斥性

户籍制度作为一个关键且重要的制度因素，一直深刻地影响着流动人口的社会融合，同时这也是流动人口在社会融合过程中的主要问题。虽然中部各省都出台过相关政策来打破因户籍制度所造成的户籍人口和流动人口之间的各种社会权益的保障性问题，但是在具体的政策实施过程中还存在许多的问题。户籍制度始终是横亘在城乡融合发展之间的一条鸿沟，使得流动人口与城市居民不能享受同等的社会公共福利待遇，阻碍了社会流动人口的融合。

比如河南省对户籍制度改革后，办理的程序还相对复杂，落户的条件较严格，办理的整个流程比较长。居住证办理的限制条件比较

---

① 刘宗顺，林绍良．我国现行户籍制度下流动人口社会融合问题探究［J］．中国集体经济，2015（36）：152 - 153.

多，办理机构的设置不够完备，宣传工作有待进一步加强和改善[①]。湖南省在 2020 年公布的《湖南省户口登记管理办法》已经取消了农业户口与非农业户口的性质区分，统一登记为居民户口。在社会保险的普及上还有所不同，除此之外，在同等的规则制度下，流动人口和城市人口获得的各种补贴金额也有所差距，这些会影响部分流动人口不愿意在城市发展落户[②]。湖北省在推进户籍制度的改革上所面临的问题主要有：户籍制度相关联的其他制度改革不同步，城市县区之间的改革不同步、内容规范不统一等。由于地方财政的承载能力有限，在对待流动人口和城市人口发放的社会补助金额也不尽相同。设置的专门负责管理户籍制度的部门较少，工作落实不到位、办理流程过于烦琐，购房的流动人口在落户问题上遇到很大的困难，从而影响了社会的稳定和社会融合的进程。江西省的户籍人口在就业、医疗、教育等方面的保障程度也存在相当大的差异，农村人口的进城限制和真正融入城市的成本依旧很高[③]。安徽省在流动人口的管理上，因省内各城市的发展水平的差异和经济状况的承受能力的限制，流入地的当地政府没有意愿主动为流动人口提供免费的公共社会福利，造成流动人口的基本社会公共服务体系处于空白的状态，而且其现有的公共服务体系还未适应社会流动性增强和社会分层加快的新形势。各地市对待流动人口的服务理念也有一定的差异，流动人口在与户籍所在地不同的城市工作生活，这就涉及两个办理业务的行政区域，由此带来的就是所牵涉的个人公共服务问题应由哪一方来妥善解决。存在相关业务办理不能直接跨地域对接办理的问题。另外，流动人口不仅涉及个人

---

　　① 张原震. 河南省流动人口社会融合的现状、问题及对策研究［J］. 河南教育学院学报（哲学社会科学版），2014，33（2）：99 – 105.

　　② 陆婧. 湖南省农村劳动力流动的影响因素研究［D］. 长沙：中南林业科技大学，2016.

　　③ 潘艳，叶宇平. 城镇化与农村劳动力流动问题研究——以江西省为例［J］. 中外企业家，2018（4）：53.

的问题，还涉及子女教育、就医就业的问题，这涉及的是更多的职能部门之间的管理职责①。山西省对于流动人口在进入一些行业工作的时候，要求用人单位的员工必须拥有本地的户籍才可以，从而增加了就业压力，增加了城市外来人口的生存压力，不利于吸纳高层次的人才来推动城市的发展与建设，对社会融合的进程造成了相当大的阻碍。总的来说，户籍制度在流动人口进行社会融合的过程中还存在很多的问题②。

4.1.2　社会保障制度的不完善

由于流动人口常年在外打拼漂泊，没有固定的工作，有些用人单位也没有给流动人口缴纳社会保险。流动人口处于社会的底层，工资通常用来维持家庭的日常开销和子女的教育费用，几乎没有额外的费用来保障自己未来的养老。城乡之间的工资收入水平和社会保障方面也存在着一定的差距，这也严重阻碍了流动人口的社会融合③。社会公共保障制度限制了流动人口的发展，而社会公共保障制度是建立在户籍制度的基础之上的，因此来到城市发展的流动人口所享受到的社会公众保障权益是与他们的户籍所在地相对应的。根据《流动人口社会融合蓝皮书：中国城市流动人口社会融合评估报告 No.1》评估得知，流动人口的社会融合工作虽然取得了一定的阶段性成果，但相比理想状态依旧存在很大差距，从结果来看，被评估的 50 个城市综合平均得分仅为 51.62 分（满分 100 分）。其中，在基本公共卫生服务、基础教育、

---

① 宋玉军. 高质量发展背景下安徽省流动人口公共服务均等化的思考 [J]. 阜阳师范大学学报（社会科学版），2021（6）：116－124.

② 孙铭，吕青. 山西省区域人口流动的影响因素分析 [J]. 山西师范大学学报（自然科学版），2018，32（2）：123－128.

③ 刘芳震，谭宇. 民族地区城市流动人口文化差异与社会融合问题研究——以湖北省恩施州为例 [J]. 湖北民族学院学报（哲学社会科学版），2015，33（4）：41－44.

住房保障等方面，政策的落实使得流动人口享有了与本地人口平等的权益，综合评分在 90 分以上，但是在医疗方面，综合评分仅为 61 分。从地区层面来说，东部地区的大城市由于人口流入压力较大，在社会权益获取方面受到的限制较多。城市规模越大，与之对应的融入难度也就越大。城市中的流动人口是推动城市建设和经济高质量发展的重要群体，他们在为城市的建设发展做出自己的贡献的同时却因户籍的不同而无法享受到应有的社会权益。而城市的生活消费水平高于农村，在所在城市建设发展的同时存在着父母、子女、生活等多方面的压力，面临着就业、医疗、教育等多方面的问题，比如有些城市的户籍制度要求限制流动人口子女的教育问题，不能在当地享受应有的教育资源，只能回到户籍所在地接受教育；有些城市在公共医疗保障上的跨地区就医的转接程序比较复杂；有些流动人口因户籍问题买房资格也受到了限制，社会公共服务保障制度不能得到有效的保障。虽然这些问题早已暴露在社会公众的视野，相关的部门也制定了一些政策法规来改变现状。这些问题的解决终究都需要依托于户籍制度的改革，妥善解决这些问题才是加快推进流动人口社会融合的关键。

由于一直深受城乡"二元"体制的影响，制度性问题成为流动人口与城市融合的主要障碍，对于城市流动人口来说，高房价、低水平就业和消费不足是影响流动人口社会融合的三大困境，子女教育和社会保障问题成为决定流动人口返乡和留城的限制性因素。从总体上来说，城市的社会保障制度在运作过程中相对于农村更加及时和高效。部分流动人口虽然在城市中已经生活和工作了多年，但从实质上来说他们是在城市中"暂住"，不属于城市社会保障体系的保障范畴。根据政策，城市户籍居民享受着诸多流动人口无法获取的住房福利：在购买住房时可以获得公积金补贴和贷款；中低收入家庭可以享受政府补贴，低价购买经济适用房和享受租房福利等。而流动人口在政策上的待遇就大不相同，流动人口大多住房面积小，居住环境条件简陋，必要的生活设施不够健全等。在社会公共服务和社会保障性方面，由于信息的不对称性造成运作流程过于复杂，从而导致流动人口不能及时获得社会保障，大部分的流动人口缺乏有关的法律意识，导致了在社会融合过程中的很多问题不能得到妥善的解决，这些都是流动人口社会融合亟待解决的问题①。

山西省的流动人口中，绝大部分为省内人口的自由流动，在人口流动的同时，流动的单位逐步从个人变成了家庭，随之而来的就是子女教育的问题，相比于留守儿童，一起流入城市中生活的孩子更能享受到父母的陪伴和关怀，但是因为种种制度限制的问题，流动人口子女的教育与一直生活在城市中的孩子相比还存在着一定的差距，选择学校受限制、受到同学们的另类歧视等问题依旧存在。虽然国家对流动人口的子女教育问题颁布政策并加以改善，但是在政策实施过程中还存在着一定的难度②。在医疗保障方面，流动人口持续增加的群体大多数是"70后""80后"，这类群体的明显特征是上有父母下有子女，对于他们来说，医疗福利的保障远不如工资水平的提高更加实际，由于生活和家庭的压力都比较大，他们很少有时间去关心自己的身体状况，对医疗政策方面的信息了解不充分、信息掌握不完全③。据统计结果显示，流动人口中的大多数都为农民工，在城市中从事的工作都是许多城市本地人不愿意从事的工作，工作辛苦、工作环境差是对他们工作状态的描述。流动人口与城市人口在住房保障方面也有着一些差距，其主要的表现形式就是流动人口对现有住房的可获得性、居住地生活环境以及社区服务管理质量等方面。自从我国实行改

---

① 刘宗顺，林绍良. 我国现行户籍制度下流动人口社会融合问题探究［J］. 中国集体经济，2015（36）：152－153.

② 孙铭，吕青. 山西省区域人口流动的影响因素分析［J］. 山西师范大学学报（自然科学版），2018，32（2）：123－128.

③ 周依菁. 析论城市户籍制度改革与流动人口社会融合［J］. 湖南科技学院学报，2019，40（1）：110－112.

革开放的政策之后，城市居民可以通过各种方式获得住房，其中最主要的三种方式是单位购买、自行购买商品房和经济适用房。城市居民主要以购买商品房为主，由于经济发展对现实生活的改变，加上开发商追求利益最大化，大部分城市居民在买房问题上也相当困难，更不用说在城市谋求生活的流动人口了[①]。城市住房是由政府直接进行投资或者对建房机构以一定的方式进行补助，然后由建房机构进行建设，最后以相对市场较低的价格租赁出去，这主要是为了解决在流入地生活的流动人口收入与住房资金不匹配的问题。

　　流动人口由于户籍制度所造成的障碍导致其无法在城市中顺利落户，因此不能享受到安居工程的福利。减少住房开销、解决住房问题已经成为影响流动人口消费的三大因素之一，其他两个因素是家庭子女教育的成本和维持生活的开支。对于城市当地居民的住房问题，不但在政策上拥有经济适用房的福利外，他们还可以拥有一部分工作所得的住房公积金来减轻购房压力。相比于城市居民，流动人口所从事的工作大多属于次要劳动力市场，主要的特点就是他们的工资发放都难以落实到位、基本的生活设施都难以得到保障，更没有工作单位提供的住房公积金。目前，流动人口的主要生活居住方式有三种：一是村落型聚居，这种类型的流动人口大多生活在城市的边缘地区；二是集中居住在工作单位的宿舍或者工作单位提供的临时住所，这种类型的流动人口多数从事建筑行业，大多为男性人口，居住环境差，卫生和安全不能得到很好的保障；三是分散居住在城市中，这种类型流动人口的居住条件与从事的行业有着密切的关系，但是基本上存在着住房面积小、生活设施不完善等特征。

　　在医疗保障方面，我国目前的医疗保障体系主要分为新型农村合

---

　　① 张媛媛. 劳动力市场视角下农民工城市化问题研究 [J]. 农村经济与科技, 2015, 26 (7): 165 – 167, 81.

作医疗、城镇社会保险医疗和商业保险三种类型。由于流动人口的自身条件限制导致的社会认可度不高，从事工作环境的恶劣容易产生很多的健康问题，而其较低的收入水平使他们难以接受较好的医疗条件。从整体上来说，流动人口在流入地处于劣势的一方，在社会各方的利益博弈过程中，他们的自身利益很容易被其他群体忽视。

4.2　社会方面

居民收入和消费水平是反映社会生活水平的重要指标，流动人口在社会融合的进程中会存在一个相互了解适应的阶段，这个阶段会体现在生活中的方方面面，尤其是生活消费观念的不同、对子女教育的长远看法、对未来人生发展的长期规划等方面，这样一来，社会融合的进程就会存在一定的消极因素，这是无法避免的，我们所能做的就是尽量减少这些因素所造成的负面影响。

在生活水平层面，居民生活消费水平是评价流动人口和城市人口生活差距的重要指标，比如湖南省 2016 年的统计数据显示，流动人口与城市居民的生活和消费水平有着很大的差距，在收入层面，城市居民的人均可支配收入比农村居民高 1.6 倍，而在消费层面，城市居民的消费水平高于农村居民约 1 倍。随着近些年的脱贫致富、城乡一体化协同发展政策的提出，城乡居民生活水平的总体差距在逐步缩小，但是从流动人口的社会融合的层面来说还是存在着一定的差距。而在城乡协同发展的产业互动性层面，农业劳动生产率的增长远不及非农业劳动生产率的增长，虽然非农业的企业发展更有一定的机遇和发展空间，但是这样对于流动人口社会融合来说却是加大了融合的难度，因为农业的发展受限于我国的大环境的政策背景，国家要稳步提升农民的生活收入和生活水平，不能操之过急也不能缓之过慢，而非农业企业的发展是根据企业自身的实力和面临的机遇及挑战所决定的，国家提出的构建新发展格局的长远发展规划，各类企业制定新发展目标都要遵循新时代的发展要求，因此，企业的发展对城市建设的作用远大于农业发展对农民生活水平提升的作用[1]。在社会大环境方面，流动人口现有的居住环境与城市人口的居住环境不能相提并论，城市人口的社区服务机构设置得完善且统一，可以充分地保障生活中的方方面面，但是对于流动人口来说，由于工作环境和社会地位的不同，其当地社区对待他们的方式也不一样，政策宣传不及时、媒体引导不充分、社区健康活动设施不完善等问题均存在，社区活动的参与积极性不高，群众的引领带头作用没有得到完全的发挥。

4.2.1　劳动力市场不健全

就业是影响流动人口融入城市生活和发展的直接原因，流动人口的收入水平直接影响他们在城市中的生活质量[2]。由于自身能力的限制，城市中的流动人口就业情况的普遍特征是收入低、工作时间长、工作环境差、社会保障覆盖不完全等。流动人口的就业形势和就业效果不仅与当地的产业结构有着密切的关系，同时也影响着城镇化建设的进程和社会融合的质量。与此同时，社会融合的程度也在反作用于流动人口的就业形势和就业效果。由于户籍制度的影响，我国存在二元分割劳动力市场，一是收入高、制度保障完善、福利待遇好的"主要劳动力市场"，二是工资低、环境差、制度保障不完善的"次要劳动力市场"，两种劳动力市场以它们自己的方式运作，互不牵连，同

①　陆婧．湖南省农村劳动力流动的影响因素研究［D］．长沙：中南林业科技大学，2016．

②　陈华同，彭仁贤．流动人口就业问题研究进展［J］．中国经贸导刊（中），2021（10）：80－86．

样的人在两种不同的劳动力市场中的工作状况和劳动报酬也是截然不同的①，而且就现实情况来说，人们也很难在两个劳动力市场之间自由流动。除此之外，一些发展规模比较大、经济状况比较好的企业在招聘公告中明确要求，应聘者必须有本地户籍。流动人口在激烈的就业竞争市场所面临的挑战是严峻的，迫于户籍制度下的就业市场的排斥，他们中的大多数不得不进入"次要劳动力市场"，填充城市建设中"脏乱累"的工作岗位，而且大多数流动人口没有与用人单位签订正规的劳动合同，也就享受不到城市人口普遍都能享有的社会公共服务保障制度②。

4.2.2 公共服务不完善

政府提供了城市的基本公共服务，其主要目的就是切实保障在城市中生活的公民的基本生活和发展的需求，无论是城市人口还是流动人口，都依法享有公共服务的权利。政府为了有效地促进社会的和谐稳定，从实际情况出发，制定了一系列的政策制度来保障人民依法享有社会公共服务，然而基于流动人口和城市人口的户籍差异，他们在享有的公共服务性方面存在着较大的差异。

在就业培训服务方面，20 世纪 80 年代中期之后，大规模的人口迁移流动对城市的发展造成了很大的压力，流入地政府通过对流动进来的人口采取了一系列歧视性政策来保护城市居民的就业。现在的流动人口虽然在就业的过程中得到了一些政策性的保障，流入城市政府也对流动人口进行了一些相关技能的培训，但是在实际过程中，有关

---

① 杨菊华，王毅杰，王刘飞，等. 流动人口社会融合："双重户籍墙"情景下何以可为？[J]. 人口与发展，2014，20（3）：2－17，64.

② 刘宗顺，林绍良. 我国现行户籍制度下流动人口社会融合问题探究 [J]. 中国集体经济，2015（36）：152－153.

部门对流动人口的相关就业技能培训的内容往往比较基础和单一，实际的应用范围比较小，在政策宣传和执行过程中还存在着很大的问题，主动参加和认真接受培训的流动人口的数量及比例比较低。在就业途径方面，虽然政府已经搭建了为流动人口提供就业信息的数据平台，但是平台提供的就业信息和流动人口的实际情况匹配度不高，而且平台的宣传力度不够高，流动人口的就业途径依旧以通过亲戚朋友介绍为主。在子女教育服务方面，政府应该为流动人口的适龄子女提供必要的教育服务，虽然近些年来政府开始重视流动人口的适龄子女教育问题并已经出台了相关的政策加以保障，但是受限于公共教育资源的缺乏，城市人口子女接受的教育资源和流动人口子女接受的教育资源仍存在相当大的差别。如流动人口子女在公办学校就读的时候可能会因为语言、生活习性方面和城市人口子女有着些许的差别而受到城市学生的嘲笑和歧视，可能会产生心理上的问题，从而容易被同学们孤立，导致性格上的自卑，从而影响到他们的学习成绩，不利于他们的健康成长，也不利于社会的整体发展。教育资源的不合理分配严重影响了流动人口子女的受教育水平。还有各类大型考试的考试政策中的某些规定，如中考、高考的考试所在地必须在户籍所在地进行，这也是对流动人口子女教育的不公平待遇。政府的基本职能是为公民提供基本的社会保障服务，公民依法享有社会保障权，目前在我国实施的"城乡二元社会保障体系"的政策下，流动人口通常只能享受到极小一部分的社会保障服务。在养老保险方面，流动人口养老保险的异地转移比例较低，异地续缴困难，这主要是因为养老保险的异地转移和异地续缴的办理流程比较复杂，绝大部分的流动人口都不愿意办理相关手续进行异地转移。在工伤保险方面，大部分的流动人口所从事的工作都是危险系数比较高的工作，他们缺乏相关的自我保护意识，而且一旦出现问题，他们维权也相当困难。在社保方面，流动人口在生活上和工作上所遇到的风险比城市人口更高和更有不确定性，因为流动人口不能和城市人口一样得到同等的社会保障，这就使得流动人口在生产生活过程中缺乏安全感和归属感，不利于社会的和谐稳定和流动人口的社会融入。

4.2.3　社区支持缺乏

为了更好地促进和支持流动人口在社会中的融合，对于社区来说最重要的是提供必要的保障性工作。亨德森和托马斯认为，社区工作的核心有社会资本、市民社会、能力建设和社会融合。为了减少流动人口在社会融合中的阻碍、加快融合的进程，这需要社区为流动人口提供更多的支持和帮助，让流动人口充分发挥出自身能力[①]。

经济的高质量发展要求和社会的进一步协调稳定使得社区服务也要做出相应的改变。具体是指在流动人口接纳问题上的变化，流动人口彻底完成社会融合的标志是国家社会层面对他们身份的认同，虽然说流动人口可以通过自己的调整完成心理上的角色转变，但是如果在社会和社区层面不能得到认可，以户籍制度为统治的各种社会保障制度不能及时做出调整，他们也很难真正地融入到城市之中。根据有关学者的研究，大部分的流动人口虽然居住在城市的社区之中，但是在日常的生活中，他们与当地居民的交流往来是少之又少。对社区举办的日常活动也不经常参与，与身边的住户和居民的经济差异及地位不同很容易让他们产生心理上的剥夺感，久而久之对城市就丧失了归属感。我国目前关于流动人口在社会融合过程中的社区服务工作还处在发展阶段，社区的整体服务能力不足以支撑社会融合过程中的发展需要，主要表现在城市居民的社区服务方面，社区在举办提升生活质量的活动中，主要是围绕着城市本地居民展开的，很少有把流动人口作

---

① 张利军. 农民工的社区融入和社区支持研究 [J]. 云南社会科学，2006（6）：71 – 75.

为活动的主体。这主要是因为社区把流动人口当作城市中的"过客"，从心理上并没有接纳他们，社区所提供的日常保障也只是一些最基本的服务内容。

4.2.4　文化差异较大

农村与城市除了外在物质上的差别很显著之外，内在的最核心的区别就是文化的不同[①]。农村的生活方式与城市有所不同，大多数生活在农村的流动人口的经历是交杂在人群中的性情、气质和人格上的。当流动人口在城市生活的时候，他们身上所带有的传统的生活和思维方式会与新城市、新身份不同，从而产生心理上的排斥。这就包括了在日常生活中的认知方式和社会格局的差距导致的流动人口很难产生家庭的归属感，因为他们所理解的、所接受的传统文化到城市生活之后变成了"亚文化"，这种难以互相融入的格局会让流动人口变成城市发展的边缘群体。随着流动人口在城市生活的进程，他们的传统农村思维和生活方式会发生一些改变，但是由于家庭环境、受教育程度和长期以来的认知方式的差异都会使得和城市人口有所不同。在这种文化差异之下，社会融合的进程必然会经历这种农村文化向城市文化的过渡，而流动人口便成了这两种文化冲突与碰撞最激烈的群体[②]。

文化因素在社会融合进程中的影响主要表现在语言、习俗等方面，造成文化差异化的原因主要是由于原先生活区域的历史因素、传统观念等，导致现在的人们在生活行为等方面产生较大的争议，

---

① 范宇. 城市化进程中流动群体融入困境研究 [D]. 南宁：广西民族大学，2014.

② 刘芳震，谭宇. 民族地区城市流动人口文化差异与社会融合问题研究——以湖北省恩施州为例 [J]. 湖北民族学院学报（哲学社会科学版），2015，33（4）：41 – 44.

从而造成文化的不同表现形式，对流动人口融入城市生活形成了一定的阻碍。

在风俗习惯方面，风俗习惯是一个民族共同心理感情的表现，属于上层建筑，在社会中产生又在社会中反映出来，深刻地影响着人们生活的各个方面。对于一些少数民族的流动人口，他们有着自己的生活方式，比如在穿着上有的佩戴头巾，在饮食上有的以清真食物为食，性格上有的很热情好客。在这种情况下，这类群体作为流动人口在社会融合的过程中，当地城市都要满足他们生活的需要，如果没有相对应的公共设施保障，他们就有可能离开当地城市，这对城市的多元化发展也是不利的。

在语言交流方面，部分的少数民族拥有自己的语言和文字，有的只拥有自己的语言，各民族都有自己的语言特色，在语音语调、文字使用、情感表达方面都有所不同，这就使得外来人口流入当地或者当地人口流入其他城市生活都会产生语言交流上的障碍，甚至都不愿意进行日常中的沟通与交流，更有可能发生的情况是因为交流而产生语言上的一些误解，从而导致流动人口和当地居民之间产生一些矛盾冲突。不同区域的语言文化上的差异，特别是在方言文化上的不同理解，在一定程度上加剧了流动人口在社会融合过程中的难度①。

4.3　企业方面

流动人口通过企业创造的就业机会在城市中生活，由于企业之间的发展状况不尽相同，造成了我国的劳动力市场存在着不完全统一的

---

① 刘芳震，谭宇. 民族地区城市流动人口文化差异与社会融合问题研究——以湖北省恩施州为例 [J]. 湖北民族学院学报（哲学社会科学版），2015，33（4）：41–44.

特征，从社会层面上来说存在着多层次的劳动力市场，如专业性比较强的人才市场、专业技能要求较低的农民工劳动力市场和城市职工劳动力市场。从制度的认同上来说，人才市场和城市职工劳动力市场属于合法的劳动力市场，统称为"第一劳动力市场"或者"首属劳动力市场"，而农民工劳动力市场被称为"第二劳动力市场"或者"次级劳动力市场"，这样的劳动力市场在劳动者的社会保障、生活福利、工资发放和社会保险等方面的政策都不是很完善，由于城市的管理部门对流动人口就业的种种限制，造成了大部分的流动人口处于"次级劳动力市场"，从而生活和工作在社会的底层，而且大多数的流动人口的就业单位都是一些非正式的部门，这种在非正规单位就业的后果就是享受不到一般正规就业者享有的社会福利，他们所从事的工作主要以辛苦的体力劳动为主，以此维持家庭的生活，收入水平低于城市总体的水平。

4.3.1　劳动者权益缺乏保障

随着我国法治化进程的不断深入，劳动力市场正在朝着规范有序的方向发展，但是存在的一些问题仍不能忽视，如市场管理部门监督不到位、执法部门执行不严格等，同时还存在着各种对劳动者不平等的现象，如一些企业单位没有与劳动就业者签订正式的劳动合同、在发放工资的时候未按照合同执行、加班费未正常发放和没有正常足额缴纳劳动者的社会保险等，劳动者的合法权益受到不公平的对待，这类问题依旧存在于很多企业之中。

有关的社会管理部门没有建立起一套完整的社会人力资源管理制度，从而导致了劳动力市场的管理机制不够完备，运转过程不够协调，而且缺乏基本的社会公共服务，如有关高校毕业生的管理部门，因涉及多个部门的协同管理，导致毕业生的相关信息不能统一处理，有些业务的办理过程过于复杂，加大了就业服务管理的难度①。劳动力市场的运营机制不够完善。企业退出市场的规则不够统一，大部分企业是自动倒闭，依法破产重组的企业很少，这就导致劳动者的权益不能得到保障，在一定范围内存在着招聘虚假宣传和招聘市场管理秩序不规范等行为。公共就业的服务体系不够健全、服务的主动性和功能性不强，服务的质量不高，这与市场中需要高水平的就业服务和人力资源配置服务之间还存在着一定的矛盾。对于整个社会来说，流动人口的平均收入水平低于社会平均水平，是社会中的弱势群体。由于制度体系没有及时调整，流动人口就业困难及合法权益不能得到充分保障。比如农民工工资拖欠现象常见，维权成本很高。一些企业变相收取押金和违约金，一旦工作上出现差错或者主动离开，这些押金和违约金就会被扣除，他们自身权益就会受到侵害。

跨省、跨市农民工的日常生活和工作十分单调，超时和超强度劳动非常普遍，大部分农民工过着工作、吃饭、睡觉三点一线的单调生活。由于农民工就业保障制度不完善，有些用人单位不与农民工签订劳动合同并缴纳社会保险，发生劳动纠纷时农民工的权益得不到保护。劳动环境条件恶劣，安全、卫生缺乏保障，未配置安全保护措施，导致很多农民工患有职业病②。

4.3.2　供求结构不平衡

目前，我国经济正在转化为高质量的发展阶段。在经济高质量发展的时代要求背景下，我国的劳动力市场正在经历着深刻的变化，随

①　张伟东. 我国劳动力市场存在的问题及完善措施［J］. 才智，2015（9）：309.
②　周阳军. 劳动力市场分割下农民工就业问题的研究［J］. 现代商业，2013（26）：271 - 272.

着老年人口的不断增加，人口老龄化的现象越来越严重，劳动力的供给开始出现不足，对于城市的发展建设，城市所需要的是有技术、有能力的"高精尖"人才，而城市中的流动人口的大部分都不属于这一行列，这就形成需求和供给信息不对称的现象。现在我国面临的外部环境比较复杂，投资、出口等带动就业的能力降低，劳动力供求结构性矛盾更加突出。

2018 年以来，河南省的很多企业出现了"招工难、就业难"的两难现象。这是因为许多企业在逐渐降低对低技能岗位的需求，然而现有流动人口中的大多数都属于低技能人员，这就造成了矛盾的局面，虽然河南省已经在着力提高流动人口的就业技能，但是总体而言，其就业技能依旧偏低。流动人口的大多数所从事的工作都是劳动密集型工作，对专业技能的要求不高，不用经过长时间的相关培训，因此也就无法享受产业转型发展过程中带来的好处，由于他们自身能力的限制，其所从事的工作很容易被机器代替，工作稳定性的风险进一步加大，这就可能会降低他们在城市中的生存能力，从而加剧了社会融合进程中的不稳定性。

4.4　个人方面

流动人口的社会融合在个人层面体现的障碍主要表现在自身能力的限制上，由于流动人口与当地城市人口在人生长远规划、受教育水平等方面存在着差别，因此在社会融合的过程中可能存在着流动人口与当地人口在生活上或者工作中互相不接受对方观点的情况，这对加快社会融合的进程也造成了一定的阻碍，客观分析个人层面的阻碍因素将有利于减少社会发展过程中的不利影响。

4.4.1　受教育程度较低

　　流动人口在社会融合的过程中，除了与外部的客观因素有关，还与自身的文化水平有关。由于我国城乡资源分配不均衡，城市中的教育设施条件和师资力量往往高于农村，加上受家庭教育传统观念和高考户籍的限制，农村人群对教育的重视程度往往较低，而且大多数人不能以发展的眼光考虑问题，所以导致流动人口的受教育程度普遍较低。由于自身水平能力的限制，他们中的大多数处于社会的底层，收入不高且形式单一。流动人口受教育程度的高低决定着他们在城市生活幸福感的高低以及工作待遇的层次等级等。受教育程度越高就越容易更好地融入生活，虽然我国早已贯彻实施了九年义务教育，但是随着我国经济实力的突飞猛进，对人才的发展提出了更高的素质要求，这样一来，就凸显出流动人口与当地城市人口在受教育程度上的薄弱之处，大多数流动人口的受教育程度和综合素质水平都不高，相对于受过高水平教育的人，流动人口难以在城市就业的竞争下拥有竞争力。这些问题从一开始的了女教育观念上就开始产生了，现在想做到"立竿见影"地彻底解决需要付出极大的人力、物力、财力的投入，从根本层面上加强教育的投入、制定相关的政策法规、加强基础性设施建设、引导高层次的人才投身教育行业并带领困难群体走出困境才是解决问题的关键所在。

4.4.2　专业技能整体偏低

　　目前，我国的社会分工日益细化，工作的专业性逐渐增强，专业技能对经济社会的发展促进作用更加明显，掌握更多技能的专业型人才对城市的发展建设具有重要的作用，但是由于流动人口的受教育程度并不是很高，也没有参加过一定的专业技能的培训，所以在城市的发展建设过程中流动人口所体现的作用并不是很明显，受限于自身的专业能力，他们所从事的工作只能是一些服务型或者力量型的工作，这些都是满足城市发展运行需要的基础性保障性工作，所以这些工作所能收获的社会经验也不多，专业技能也没有得到大幅度的提升，工作带来的收获也只能满足家庭日常的生活。没有专业技能的优势，不足以让他们在这个城市"站稳脚跟"，这样就影响了城乡协同发展的进程、阻碍了流动人口的社会融合。

4.4.3　家庭整体融入难度增加

流动人口在社会融合的过程中，以家庭为单位的整体流入占了大多数，虽然在一定程度上还没有达到完全融入，但是以家庭为单位的融入难度远大于以个人为单位的融入难度。对于城市的建设发展而言，家庭化的整体融入更有利于推进城市发展；对于流动人口的个人而言，以家庭为单位的整体融入更容易提升生活的满意度，更有利于促进家庭整体生活水平的提升。但是比较困难的一个方面就是家庭的融入需要个人拥有足够的资本，对于流动人口而言，这很难达到，矛盾的所在就在于此。除此之外，家庭的整体融入随之而来的就是家庭成员整体的就业和教育问题。

4.4.4　心理适应性较弱

大多数流动人口都来自经济发展水平较差的地区，他们进入一个城市发展水平较高的地区后，要从流动人口变成城市人口，面临着生活方式、风俗习惯、社会交往等方式的转变。从生活方式来说，他们要从传统的日出而作、日落而息的生活方式转变为高效率、快节奏的城市生活方式①。在这个过程中，他们不仅要快速地适应城市的生活节奏，还要承担城市生活中的教育、医疗等方面的生活成本。从风俗习惯来看，流动人口可能在刚进入新城市生活的时候，面临着一些生活习性、语言交流上的障碍，相对于城市人口来说，他们只是小群体的外来人口，城市人口几乎不可能做出某些调整来适应他们的发展，外来人口能做的只有根据城市人口的生活方式，自己及时地做出一些改变来融入城市生活。这个漫长的过程对城市融合的进程也造成了一定的阻碍。从社会交往的层面来说，进入城市发展的流动人口在与人交往的过程中表现出不主动和交往对象过于单一化的特征，由于自身的身份差异和在新城市生活发展的陌生感，他们几乎除了工作上的交往，很少与城市本地人主动交流。流动人口在工作之余的休闲娱乐方式大多选择与亲戚朋友或者老乡一起吃饭游玩。而与此形成鲜明对比的是，城市本地人大多选择带着孩子短途旅行和进行一些精神生活方面的消费享受。还有一个很重要的因素就是大部分流动人口在城市中生活发展的目的是挣钱，在城市辛苦打拼若干年后，他们还是会选择返回家乡陪伴家人生活。所以，他们在城市中始终保持着一种"过客"的心理状态，加上日常生活中缺少与城市本地人的交流来往，很难形成以城市生活为发展目标的想法，生活的幸福感不高，同时城市本地人也会因为地理区域的原因而对陌生的外来流动人口产生一种心理上的排斥感，长此以往，二者之间也就形成了一条无形的难以跨越的"鸿沟"，从而加大了社会融合的难度。

4.4.5　思维模式不同

思维模式是精神层面的，反映的是参与城市生活的深度，因此，

---

① 王宗康. 城市流动人口社会融合的影响因素与对策分析［J］. 中国管理信息化，2018，21（12）：193－194.

思维模式的最终融入是社会融合的最终标志，反映了流动人口是否能够真正、完全地融入当地城市生活的有效主观标准。从现实情况来说，城乡之间的经济和生活上之间的差异导致的不平等给流动人口的心理上和生活上带来了一系列不平等的感受。由于流动人口将城市本地人口作为参照物来对比，因此在生活的各个方面就会产生相当大的落差感和被剥夺感，这大大阻碍了流动人口在社会融合中的进程①。

人的思维模式会决定他做事的风格和方式，随着长期生活环境的不同，人的思维模式也会存在很大的差别。对于流动人口而言，他们的思维模式与城市当地人的思维模式会存在一些不同，这是长期以来生活环境的差异所造成的，流动人口更多的是想通过自己的努力奋斗带领家庭走向更美好的生活，而城市中的本地人口更多的是想提高生活的体验感和幸福度，让生活中的方方面面更有意义。

对于流动人口来说，进入城市中工作是为了能够拥有更多的机会，通过自己的努力和打拼来改变自身的经济状况和提高家庭的生活质量，现实中他们极少有时间和精力去主动参加社区活动，比如政府部门举办的人才招聘会和就业培训会等。这就无形之中错失了与城市中的其他社会群体交流相处的机会，也打断了融入当地生活、了解当地习俗特色的一种方式。流动人口在生活方式、传统观念、社会认知等方面都有着显著性的特征，他们在这个充满着各种时代机遇和挑战的时代背景下，加上城市快节奏的生活方式，难以得到认同的社会地位，经济收入低下和自身文化素质不高等种种原因，促使流动人口产生孤独感，导致他们缺少生活交流等问题。

---

① 郑娴. 我国流动人口社会融合影响因素与测量的研究述评 [J]. 法制与社会，2015（15）：177 – 178.

第5章 高质量发展背景下中部地区流动人口社会融合实证分析

本章主要基于高质量发展背景，对中部地区流动人口的社会融合现状调查、社会融合水平评价、社会融合水平差异和影响因素进行实证分析。首先，对流动人口社会融合的现状进行调查分析，通过对中部地区的流动人口发放调查问卷获取数据，并对调查数据进行整理和描述性分析，全面准确把握中部地区流动人口社会融合现状。其次，利用调查数据，运用因子分析法，对流动人口社会融合水平进行评价，包括中部地区流动人口整体社会融合，以及从经济、文化、心理和社会关系融合四个方面的融合水平评价。再次，分别对中部六省、三个年龄代际和五种不同职业的流动人口进行细化研究，运用因子分析法计算不同省份、不同代际和不同职业的流动人口的整体社会融合度，以及经济融合、文化融合、心理融合和社会关系融合四个维度的分值，并进行对比和差异分析。最后，通过方差分析，得出影响中部地区流动人口社会融合的主要因素。

5.1 高质量发展背景下中部地区流动人口社会融合现状调查分析

本部分主要针对问卷所收集的数据，对中部地区流动人口社会融合的现状进行分析。首先，分析中部地区流动人口的基本特征，主要从流动人口的性别、年龄、受教育程度、婚姻状况、流动方向以及户籍情况等方面进行了解。其次，将流动人口的社会融合现状具体划分为经济融合、文化融合、心理融合、社会关系融合四个维度，针对每一个维度的融合情况进行现状分析。

5.1.1　问卷设计及数据来源

（1）调查问卷的设计

基于中部地区流动人口社会融合研究内容和实际情况，在参考以往学者的指标体系的基础上设计了中部地区流动人口社会融合的调研问卷，并对流动人口进行了试调查后，最终确定问卷，保证了问卷的可靠性和有效性。

调查问卷由两个大类组成：第一大类，关于被调查者的个人特征情况，包括性别、年龄、户籍所在地、教育水平、婚姻状态、工作岗位等；第二大类，关于流动人口社会融合的调查，包含经济融合、文化融合、心理融合和社会关系融合四部分。其中：经济融合状况，主要包括住房情况、工资收入、工作时间、职业类型、是否签订劳动合同等；文化融合状况，主要包括流动人口对当地语言的掌握程度、对当地风俗习惯和卫生习惯的适应程度、业余交往对象；心理融合状况，主要包括调查流动人口的归属感、认同感、长期居住意愿等；社会关系融合状况，主要包括流动人口社会关系网络、流动人口健康档案的建立情况，流动人口在工作单位或居住地参加活动的次数以及接受健康知识宣传教育的次数等。

（2）数据的来源

为了更好地对中部地区六个省流动人口社会融合的现状和影响因素进行分析，我们开展问卷调查以收集数据。本书采取随机抽样的形式进行调查。在调查的过程中，先借助问卷星平台形成问卷，再借助微信、微博、QQ 等形式对问卷链接进行发放和收集，问卷收集覆盖了山西、河南、安徽、湖北、湖南、江西六个省份，调查涵盖范围较广，问卷收集的数据具有研究意义。共回收问卷 3680 份，其中有效问卷 3655 份。

5.1.2 基本特征分析

调查对象的基本信息如表 5 - 1 所示。为了更加清晰地展现出流动人口的基本信息，这里对数据进行了整理。

表 5 - 1　　　　　　　　　调查对象个人基本信息　　　　　单位:%

指标	具体指标	百分比	有效百分比	累积百分比
性别	男性	53.08	53.08	53.08
	女性	46.92	46.92	100.00
年龄（岁）	18 ~ 22	9.58	9.58	9.58
	23 ~ 27	29.14	29.14	38.72
	28 ~ 32	33.79	33.79	72.51
	33 ~ 37	16.14	16.14	88.65
	38 ~ 42	5.75	5.75	94.40
	43 及以上	5.60	5.60	100.00
所处省份	山西	15.73	15.73	15.73
	河南	16.96	16.96	32.69
	安徽	16.28	16.28	48.97
	湖北	17.37	17.37	66.34
	湖南	17.10	17.10	83.44
	江西	16.56	16.56	100.00
户籍	城镇	59.78	59.78	59.78
	农村	40.22	40.22	100.00

指标	具体指标	百分比	有效百分比	累积百分比
学历	初中及以下	2.60	2.60	2.60
	高中或中专	8.76	8.76	11.36
	大专	13.68	13.68	25.04
	本科及以上	74.96	74.96	100.00
婚姻	未婚	32.01	32.01	32.01
	已婚	64.43	64.43	96.44
	离异	3.01	3.01	99.45
	丧偶	0.55	0.55	100.00
流动方向	省内流动	59.78	59.78	59.78
	跨省流动	40.22	40.22	100.00

第一，从性别情况看，流动人口的男性和女性比例较为均衡。其中，女性的比例为46.92%，男性的比例为53.08%。从调查结果来看，流动人口中男性的数量总体上多于女性。

第二，从年龄情况看，以青壮年为主，流动人口呈现年轻化趋势。其中，18～22岁的占9.58%，23～27岁的占29.14%，28～32岁的占33.79%，33～37岁的占16.14%，38～42岁的占5.75%。42岁以下的受访者累计占比为94.40%。

第三，从所处省份看，各个省份所收集到的数据比例基本相当。其中，山西省占15.73%，河南省占16.96%，安徽省占16.28%，湖北省占17.37%，湖南省占17.10%，江西省占16.56%。

第四，从户籍情况看，城镇户籍的流动人口多于农村户籍的流动人口，分别占59.78%和40.22%。

第五，从学历看，被调查者的受教育程度普遍较高。其中：本科及以上学历占74.96%；初中及以下文化程度占2.60%；高中或中专学历占8.76%；大专学历占13.68%。

第六，从婚姻情况看，流动人口以已婚为主。婚姻状态为已婚的流动人口占比高达64.43%，未婚的流动人口占32.01%，离异的流动人口占3.01%，丧偶的流动人口占0.55%。

第七，从流动方向看，长期以来我国人口流动都是以跨省流动为主要流动方向，但近年来省内流动的比重却逐渐上升。在本次调查中，省内流动人口占59.78%，省外流动人口占40.22%，省内流动人数多于省外流动人数。这可能是因为近年来中部地区经济高速发展，产业结构的变动为各省份带来了更多的就业机会，使得流动人口不用再远途奔波谋生。

5.1.3 流动人口社会融合现状调查分析

5.1.3.1 经济融合情况

流动人口的经济融合是指流动人口在流入地生活时，拥有一份稳定的工作以保证自己可以获得收入来源。流动人口的经济融合情况在一定程度上可以反映出他们在流入地的生活质量和工作情况，这是流动人口在流入地生存的基本保障。此外，流动人口只有获得一份稳定的工作、一定的收入来源以及一个合适稳定的住所，才能保证他们的生存条件，从而促进他们的经济融合。因此，本书主要通过流动人口的住房情况、就业情况、社会保障情况对其经济融合现状进行分析。

（1）住房情况

如图5-1所示，流动人口对于目前所居住的环境呈现出不同的评价，居住环境可以从居住地周围的环境、居住地的地理位置、硬件设施以及居民等方面考虑。其中，近半数的流动人口都对自己的居住环境表示满意，42.41%的流动人口认为自己的居住环境一般，只有8.89%的流动人口对自己的居住环境表示不满意。这可能受到居住条件、周围环境、邻里关系等方面的影响。在这里我们主要探究住房类型对流动人口居住环境满意度的影响。

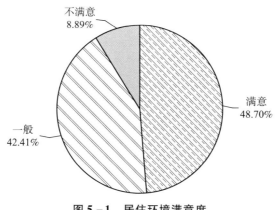

图 5 - 1　居住环境满意度

我们将流动人口的住房情况归为集体宿舍、合租房、单租房、自买房及其他住房类型。如图 5 - 2 所示，居住环境越好，流动人口对居住环境的满意度越高。其中，自买房的流动人口对自己的居住环境满意度最高，住集体宿舍的流动人口对自己居住环境的满意度最低。而租房中，单租房的流动人口满意度要高于合租房的流动人口，这可能是因为我们在生活中比较注意生活的隐私性，更希望可以拥有自己的独立空间。在住房类型为自买房的流动人口中，还有 2.86% 的流动人口对自己的居住环境表示不满意，这可能是因为买房的成本问题，也可能是小区的环境问题。另外，选择其他住房类型的流动人口可能是没有固定的居住地点或者是居住在亲戚家，不可忽略的是其中有 15.38% 的流动人口表示对自己的居住环境不满意。没有合适的住所，不利于流动人口在流入地开展工作，故住房问题是流动人口在流动中遇到的主要问题，也是流动人口在城市经济融合中的一大障碍，影响着流动人口在城市中的生活质量。

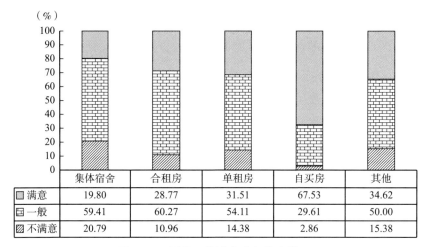

（%）	集体宿舍	合租房	单租房	自买房	其他
□ 满意	19.80	28.77	31.51	67.53	34.62
□ 一般	59.41	60.27	54.11	29.61	50.00
▨ 不满意	20.79	10.96	14.38	2.86	15.38

图 5-2　居住环境满意度与住房情况

通过图 5-2 中的数据我们还可以看出，随着国内流动人口的大量增加，异地买房置业也成了许多人的选择。如今流动人口有半数以上居住的是自买房，这可能与各地的人才新政策有关。近些年中部地区加大了引进人才的力度，加之自身经济发展较好，吸引了不少的人才。如图 5-3 所示，收入和教育程度的提高对购房行为的影响较为明显，呈现正相关关系。数据显示，学历本科以上、月收入 8000 元

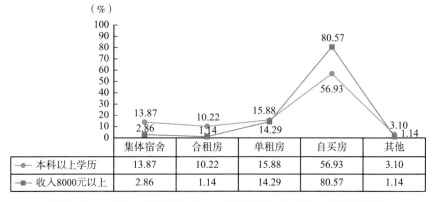

（%）	集体宿舍	合租房	单租房	自买房	其他
● 本科以上学历	13.87	10.22	15.88	56.93	3.10
■ 收入8000元以上	2.86	1.14	14.29	80.57	1.14

图 5-3　本科以上学历和月收入 8000 元以上的流动人口住房情况

以上的流动人口购房比例分别高达 56.93% 和 80.57% 。另外，流动人口住房情况也可能与当地租金情况和购房政策有关。有时租房受到房东的影响较大，从而易导致居住情况不稳定，影响就业及子女升学。自买房属于固定资产，流动人口在当地买房的行为对住房市场影响很大，对当地的楼市更有决定性的影响。除此之外，流动人口的购房行为也可以从侧面反映流动人口在当地的经济融合情况。

（2）就业情况

流动人口在流入地拥有稳定的就业机会和良好的收入，就会具备良好的经济状况。只有当流动人口拥有一定的经济地位后，他们才会积极地同当地的居民进行深层次的交往，更好地促进当地居民对流动人口的社会接纳程度，并促进其他方面的融合。关于流动人口收入问题，如图 5 - 4 所示，月收入 3000 元以下的流动人口仅占 17.1% ，月收入 3001 ~ 5000 元的流动人口的比例为 23.39% ，月收入 5001 ~ 8000 元和 8000 元以上的流动人口的比例分别为 35.57% 和 23.94% 。从数据可以看出，流动人口月工资收入水平总体较高，这可能与调查中高教育水平的流动人口较多有关。另外，收入水平的高低也受到工作类型和工作时间的影响。

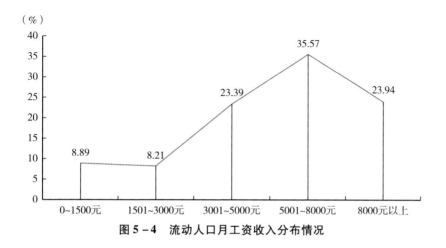

图 5 - 4　流动人口月工资收入分布情况

在劳动时间上，调查数据显示，每周工作 40～44 小时的流动人口占 34.06%，工作 45～48 小时的流动人口占 27.36%，工作 49～56 小时的流动人口占 23.80%，工作 57～63 小时的流动人口占 10.81%，工作 64 小时及以上的流动人口占 3.97%（见图 5-5）。根据《中华人民共和国劳动法》规定，国家实行劳动者每日工作时间不超过 8 小时、平均每周工作时间不超过 44 小时的工时制度。由调查数据可见，65.94% 的流动人口每天需要加班，即每天工作时间超过 8 小时。

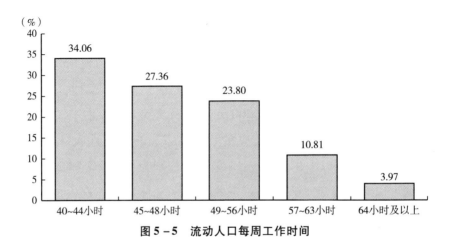

图 5-5　流动人口每周工作时间

关于流动人口职业类型见图 5-6，制造类占 13.13%，营销类占 13.41%，管理类占 33.79%，技术类占 23.12%，服务类占 16.55%。其中，管理类占 1/3，是流动人口从事最多的职业。管理人员的职位较普通工人的职位略高，工资福利也较好，这可能也是造成流动人口中高收入人群较多的原因。

工资收入是影响流动人口对其工作满意度的重要因素之一。同时，流动人口对工作的满意程度也影响其经济融合水平。见图 5-7，无论收入水平如何，总有一部分流动人口对工作表示不满意。但收入越高，流动人口对工作不满意的比例越低，月收入在 8000 元以上的

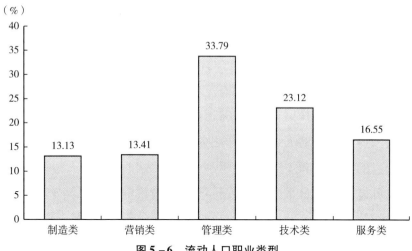

图 5 - 6　流动人口职业类型

仅有 4% 表示对其工作不满意。在流动人口的经济融合过程中，工资收入的水平高低不是流动人口对工作满意度的唯一标准。工作满意度也不会对流动人口的经济融合造成决定性影响。但是，经济收入低和工作不如意仍然是流动人口在流入地的融合过程中不可避免会遇到的困难。当地政府只有解决了流动人口经济方面的困难，实现流动人口在流入地的安居乐业，才更有利于流动人口与流入地之间的社会融合。

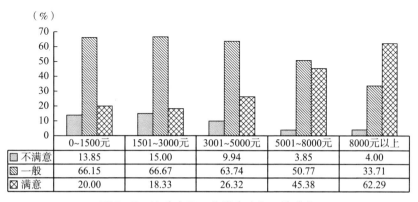

	0~1500元	1501~3000元	3001~5000元	5001~8000元	8000元以上
不满意	13.85	15.00	9.94	3.85	4.00
一般	66.15	66.67	63.74	50.77	33.71
满意	20.00	18.33	26.32	45.38	62.29

图 5 - 7　流动人口工作满意度与工资收入

合理的工作时间可以提高流动人口对工作的满意度，促进流动人口的经济融合。从图 5 - 8 中可以看出，当流动人口的工作时间为 40~44 小时时，对工作满意所占的比例达到 43.78%，此时对工作不满意占 5.22%。由于在收入报酬一定的条件下，流动人口倾向于较短的工作时间，当工作时间高于 64 小时后，流动人口对工作不满意的比例大大提升。流动人口在工作之外的闲暇时间可以自主安排，而当流动人口的工作时间较多时，不利于流动人口与其他人进行社会交往，也可能会对其日常生活的安排造成不愉快的影响。当流动人口的工作时间较少时，流动人口就可以拥有较多的闲暇时间，一方面可以通过社区活动更好地了解并适应当地的风俗习惯，另一方面可以增加流动人口与当地人的交往，增强其归属感。相关调查发现，一个人一周的工作时间若超出 50 小时，其工作效率就会明显降低。如果是因为被调查者自身的原因所导致的工作时间过长，则被调查者应该制订计划提升自己的工作能力和工作效率；如果是因为工作单位的原因所导致的工作时间过长，则工作单位应该改善自己的管理制度，制定激励制度，提高员工工作效率。流动人口的工作时间会对其工作满意度造成影响，进而影响流动人口的社会融合程度。

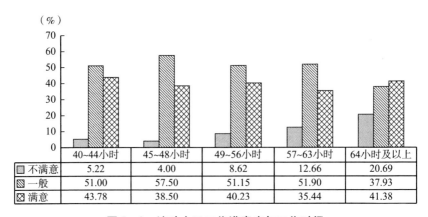

（%）	40~44小时	45~48小时	49~56小时	57~63小时	64小时及以上
不满意	5.22	4.00	8.62	12.66	20.69
一般	51.00	57.50	51.15	51.90	37.93
满意	43.78	38.50	40.23	35.44	41.38

图 5 - 8 流动人口工作满意度与工作时间

如图 5 - 9 所示，不同性别的流动人口所从事的行业类型有所差别。男性在进行行业类型选择时，更偏向管理类和技术类。女性在选择时，更偏向管理类和技术类。调查数据显示，从事管理类和制造类的男性比例分别为 31.96% 和 24.74%，从事管理类和技术类的女性比例为 35.86% 和 21.28%，女性从事制造类工作的比例仅占总数的 9.04%。女性流动人口在制造类行业中人数相对于男性流动人口出现了较大的差异，原因可能是制造业的工作环境和工作性质不太适合女性。

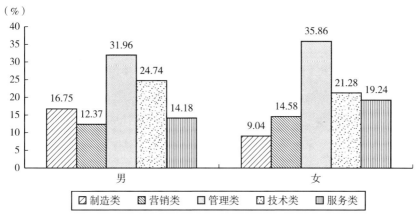

图 5 - 9　不同性别的流动人口从事的工作类型情况

（3）社会保障

流动人口的社会保障情况也是经济融合的重要评判依据。流动人口在工作中是否与雇主签订有效的劳动合同、单位是否为流动人口购买保险等问题都关系到流动人口在流入地的劳动安全保障。保障流动人口的社会权益，维护社会的公平正义，也是促进流动人口社会融合的重要措施之一。对流动人口的劳动合同签订情况进行调查，调查数据显示，83.86% 的流动人口与所在单位签订了劳动合同，只有 16.14% 的流动人口未与单位签订劳动合同（见图 5 - 10）。通过数据我们可以看出，用人单位和人力资源和社会保障部门较好地落实了劳动合同制度，保障了流动人口的合法权益。

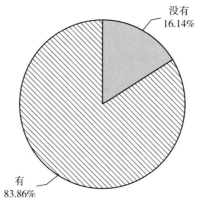

图 5 - 10　流动人口劳动合同签订情况

劳动合同的签订情况也受流动人口自身教育程度的影响。数据显示，受教育水平为初中及以下没有签订劳动合同的比例为 42.11%，而受教育水平为本科及以上的签订劳动合同的比例高达 88.69%。见图 5 - 11，受教育水平越高的员工，签订劳动合同的比例越高。可见，劳动合同的签订比例随着受教育水平的提高而增加，随着受教育水平的降低而减少，受教育水平越高的人越注重劳动合同的签订。劳动合

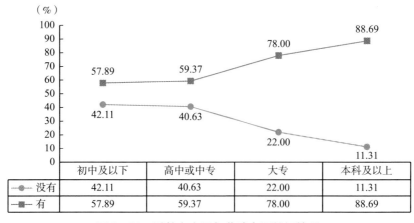

图 5 - 11　受教育水平与劳动合同签订情况

同的签订在劳动者维护自身权益中起到很大的作用，同时也是约束用人单位的重要手段。

　　单位为员工购买保险可以改善员工的生活环境，促进员工职业健康，鼓舞员工士气，增强员工对单位的归属感，从心理和身体两个方面提高流动人口的社会融合度。如图 5 - 12 所示，81.67% 的被调查者表示单位为其购买了保险，但还有 18.33% 表示单位并没有为其购买保险。

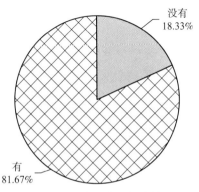

图 5 - 12　单位购买保险情况

　　社会保障制度旨在提高广大社会成员的生活水平，解决社会生活中可能存在的基本保障问题。流动人口社会保障制度满意度调查结果见图 5 - 13，对当地社会保障制度满意的流动人口占 43.50%，而对当地社会保障制度不满意的流动人口占 9.85%，46.65% 的被调查者对当地社会保障制度满意程度为一般。这可能是由于流动人口"流动性强"这一特点，使流动人口难以在某一固定区域建立社保信息。

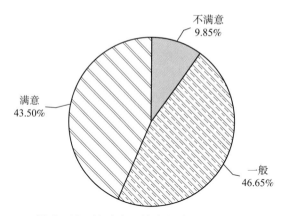

图 5 - 13 流动人口社会保障制度满意度

5.1.3.2 文化融合情况

文化融合的程度代表流动人口与流入地居民的差异消减程度。流动人口在流动的过程中，往往会面临语言习惯、风俗习惯以及卫生习惯等文化方面的差异。所以，流动人口适应当地的生活之前，必须要经历一个再社会化的过程，了解并适应流入地的文化规则和价值观念等。流动人口的文化融合主要指的是流动人口对流入地文化的适应情况。在此，我们从语言习惯、风俗习惯、卫生习惯和业余时间的交流对象四方面来考察流动人口的文化适应的情况。

（1）本地话的掌握程度

对本地话的掌握程度是评价流动人口文化融合的重要指标之一。流动人口对流入地的认同感和归属感在一定程度上受到流动人口对当地方言掌握程度的影响。住在江西省不会江西话，住在河南省不会河南话，住在安徽省不会安徽话，都会让人从内心深处感受到一种城市的排斥和身为外地人的不适感。流动人口对本地话的掌握程度会影响其对流入地的认同情况。如图 5 - 14 所示，48.56% 的流动人口表示自己能够听得懂本地话并且会讲本地话，42.41% 的流动人口表示自己听得懂本地话但是并不会讲，仅有 9.03% 的流动人口表示自己听不懂本地话。流动的生活经历带给了流动人口比较开放的语言态度。

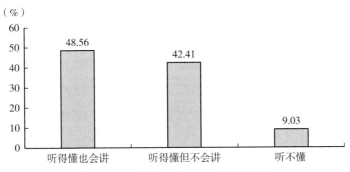

图 5 - 14　流动人口本地话掌握程度

本地话的掌握程度通常与个人的学习能力有关，也与流动人口的来源有关。一个省份的流动人口可以分为跨省流入人口和省内流动人口两大类。如图 5 - 15 所示，听得懂又会讲本地话的省内流动人口比例最多，有 56.68% 。而在省外流动人口中，听得懂也会讲本地话的流动人口仅占 23.16% ，听得懂但不会讲的流动人口占 59.89% ，听

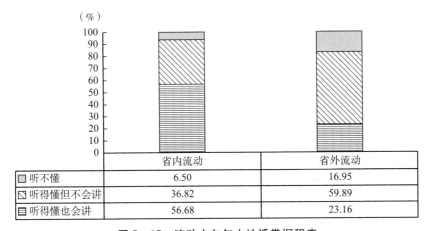

	省内流动	省外流动
☐ 听不懂	6.50	16.95
⧄ 听得懂但不会讲	36.82	59.89
☰ 听得懂也会讲	56.68	23.16

图 5 - 15　流动方向与本地话掌握程度

不懂本地话的流动人口占 16.95%。这可能是因为省内各地区的语言文化比较接近，更方便流动人口进行学习。但是，省内流动中还有 6.50% 的人听不懂本地话，这可能是流入地与户籍地的距离偏大，导致各地区的语言习惯不尽相同，方言相差较大。

语言作为人类交际的重要工具，其前提是人们能够相互理解。语言具有很强的地域性，地域跨越比较大的流动人口，语言差异也比较大，与流入地之间更易出现沟通障碍，更难融入当地生活。对于流动人口来说，方言是流动的乡愁。当流动人口从全国四面八方来到流入地后，往往会因为语言的差异形成了不同的生活群体，而流动人口的生活群体也会影响到他们业余时间的交往对象，从而影响流动人口文化融合的进程。如图 5-16 所示，业余时间与当地人交往的流动人口中，有 96.31% 的流动人口表示可以听得懂本地话，这可能是因为语言不通的流动人口难以与当地人进行交流。

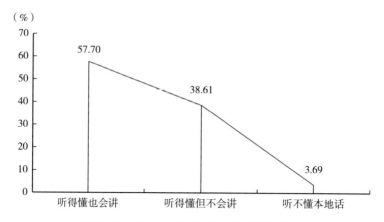

图 5-16　与本地人交往和本地话掌握程度

流动人口对本地话的掌握程度同样也会影响其对本地的适应情况。如图 5-17 所示，对本地话的掌握程度越高，对本地的适应情况也就越好，顺畅的交流可以减少沟通不畅造成的许多问题。相反，流动人口对本地化的掌握程度越低，对本地的生活就会越不适应。调查结果显示，听不懂本地话的流动人口中仅有 57.58% 的人表示可以适应本地生活，另外有 9.09% 的人表示不能适应本地生活。所以，流动人口对本地话的掌握程度影响着流动人口对当地的适应程度。流动人口在学习本地话的过程中，不可避免地会与当地人接触，这也可以促进流动人口与流入地的交流和文化融合。

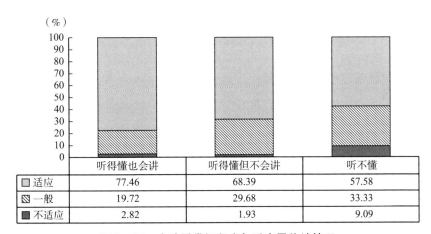

(%)	听得懂也会讲	听得懂但不会讲	听不懂
□ 适应	77.46	68.39	57.58
▨ 一般	19.72	29.68	33.33
■ 不适应	2.82	1.93	9.09

图 5－17　本地话掌握程度与适应居住地情况

（2）生活习俗

流动人口对新环境的适应情况是社会融合的重要方面。我国目前共有 34 个省级行政区和 56 个民族，各地区和各民族的民俗文化不尽相同，内容丰富，形式多样。流动人口来自全国各个地区和各个民族，拥有不同的民风民俗，而中部地区各省也有其独特的民风民俗。所以，流动人口对流入地的风俗习惯和生活习惯的适应程度在一定程度上决定了他们在当地的生活适应性及对当地的文化认同度。从调查数据可以看出，中部地区的流动人口对流入地的风俗习惯和卫生习惯都适应较好，可以增加其在当地生活的适应性，增强文化融合，如图 5－18 所示。

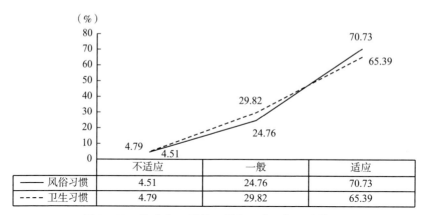

	不适应	一般	适应
—— 风俗习惯	4.51	24.76	70.73
---- 卫生习惯	4.79	29.82	65.39

图 5 - 18　流动人口风俗习惯和卫生习惯适应情况

中国传统文化博大精深，源远流长。千百年沉淀的传统文化对人类的物质生活和精神生活有着深远的影响，人类传承了文化，文化陶冶了人类。民俗文化是传统文化的特色之一，不同地区和民族的民俗文化存在着差异，流动人口特别是少数民族的流动人口在流动过程中可能会因为习惯的不同而遭遇社会和当地居民的偏见，这些障碍都会影响流动人口在流入地的社会融合情况。流动距离越长，流入地和流出地风俗习惯和卫生习惯差异越大，这里我们针对流动方向对流动人口的风俗习惯及卫生习惯的适应情况进行探究。如图 5 - 19 所示，省

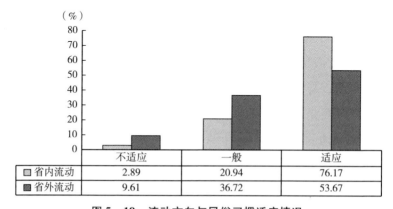

	不适应	一般	适应
□ 省内流动	2.89	20.94	76.17
■ 省外流动	9.61	36.72	53.67

图 5 - 19　流动方向与风俗习惯适应情况

内流动对当地的风俗习惯适应的人数达到 76.17%，高出省外流动人员 22.50% 。相对于省外流动，省内流动的流动人员更容易进行文化方面的融合。

从卫生习惯角度看，如图 5 – 20 所示，流动人口的流动方向与卫生习惯适应情况并没有太大关系。这可能与中部地区各省份的人的卫生习惯较好有关，更利于流动人口对卫生习惯的适应，也有可能是因为流动人口对卫生习惯的适应要求不高，所以都能较好地适应当地的卫生习惯。

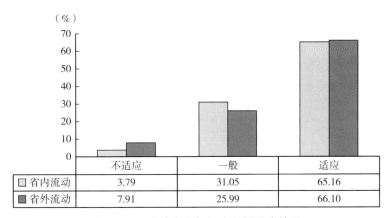

（%）

	不适应	一般	适应
省内流动	3.79	31.05	65.16
省外流动	7.91	25.99	66.10

图 5 – 20　流动方向与卫生习惯适应情况

文化的差异会对人们的交往方式产生影响。文化影响取决于价值观念，也取决于不同的风俗习惯和文化程度。传统民俗实际上是一种道德契约，延伸和加强了人与人在生产和生活中的互助关系，进而促进社区整体道德水平的提高，同时，同地域、同风俗礼仪间的人们由于评价标准的一致，具有亲和性、凝聚力。所以，风俗习惯的适应情况会通过影响人们的交往行为进而影响相处融洽度。如图 5 – 21 所示，对当地风俗习惯适应的流动人口有 82.21% 都与当地人相处得很融洽，几乎没有与当地人相处不融洽的人。而对当地风俗习惯不适应的被调查者中有 51.52% 都会与当地人交往不融洽。

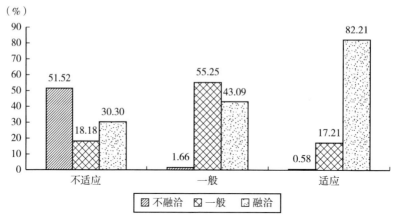

图 5 - 21　风俗习惯适应情况和与当地人相处融洽情况

从卫生习惯角度分析，调查结果如图 5 - 22 所示。其中，对当地卫生习惯适应的流动人口在与当地人相处方面如上文对风俗习惯适应情况和与当地人相处融洽情况的分析较为一致。对当地卫生习惯适应的流动人口中，79.71% 的人都与当地人交往融洽，与前文风俗习惯分析不同的是，对当地卫生习惯不适应的人，也与当地人相处得较为融洽，这可能是因为卫生习惯对人际关系的影响没有风俗习惯的影响大，卫生习惯的差异并不太影响流动人口的人际交往关系。

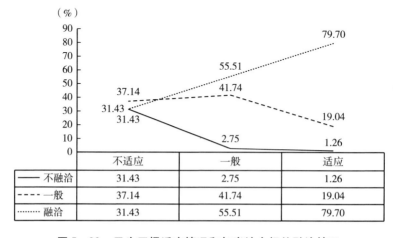

	不适应	一般	适应
—— 不融洽	31.43	2.75	1.26
---- 一般	37.14	41.74	19.04
······ 融洽	31.43	55.51	79.70

图 5 - 22　卫生习惯适应情况和与当地人相处融洽情况

（3）业余时间交往对象情况

流动人口在劳动时间之外拥有着属于自己的业余时间，业余时间的安排也是现代生活方式的重要组成部分，流动人口业余时间的交往对象充分反映了他们对新环境的主观接受态度和客观适应情况，也会影响他们的融合过程。如图5-23所示，有63.06%的流动人口表示自己业余时间的主要交往对象为本地人，有19.02%的流动人口表示自己在业余时间是与其他流动人口相处的，9.99%的流动人口业余时间的交往对象是自己的老乡，另外有7.93%的流动人口表示自己在业余时间很少与人来往。流动人口业余时间的交往对象会同时受到时间和空间的影响。

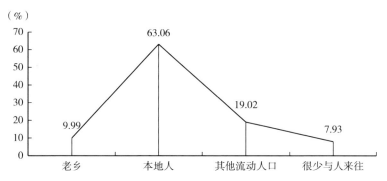

图5-23　流动人口业余时间交往对象情况

流动人口的社交圈子会影响他们对当地信息的获取，而流动人口业余时间的交往对象决定了其交流圈。目前，社区中的邻里关系是由一个互动密切、情感交流全面的社会群体组成的，"远亲不如近邻""房前屋后，经久相处，友好往来"等景象是社区居民之间的交往状态。所以，社区居民之间所形成的社会大多都是所谓的"熟人社会"，面对面的交流会使人与人之间的互动变得频繁，交往内容更加丰富，更容易建立信任机制，从而营造良好的社区氛围。但是这种"熟人社会"交往的半径和交往空间较小,容易形成"我属群体",但是这样的交流可以使流动人口具有较为强烈的心理归属感。如图 5 – 24 所示,业余时间交往对象的不同会使流动人口对流入地适应情况产生差异。业余时间交往对象为本地人的流动人口适应流入地生活的比例最高,占比 75.70%;很少与人来往的流动人口仅有 55.17% 表示可以适应流入地的生活。在不适应流入地生活的数据中可以看出,业余时间与老乡交流的流动人口占比最高,比例为 10.96%。数据显示流动人口与本地人接触越多,对当地的生活适应情况越好。

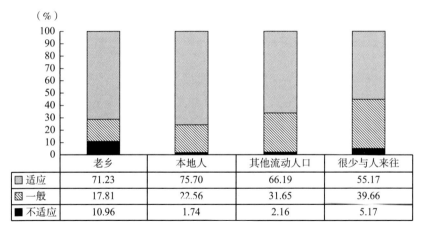

(%)	老乡	本地人	其他流动人口	很少与人来往
□适应	71.23	75.70	66.19	55.17
▨一般	17.81	22.56	31.65	39.66
■不适应	10.96	1.74	2.16	5.17

图 5 – 24 流动人口业余时间交往对象情况与适应居住地情况

5.1.3.3 心理融合情况

在对流动人口的社会融合研究中,不单要考虑流动人口在经济和文化等外在方面的融合,更要考虑其心理融合程度。心理融合主要涉及两个方面,一是流动人口对新的社会群体或社会环境的认同,二是新的社会群体和社会环境对流动人口的接纳。流动人口在进入新环境后,他们在心理和情感上对于自己的身份和归属问题有不同的反应。

选择认同自己在原来社会群体中的身份，并保持对原有社会群体的归属感，或者选择建立起自身对于流入地新社会环境身份的认同与归属。后者的选择才是真正的融合。这里主要从流动人口的身份认同程度、对流入地的归属感和长期居留意愿以及流入地社会接纳程度四个方面进行心理融合现状分析。

（1）身份认同

流动人口的心理认同主要指流动人口对于自己身份的认同及对新环境城市社会生活的评价。流动人口的身份认同是指其与本地人以及家乡人之间的心理距离，和对流入地以及家乡的归属感。在对中部地区的流动人口调查中发现，46.10% 的流动人口认同自己已经属于流入地本地人，但还有 16.01% 的流动人口并不认同自己是本地人，这可能与流动人口的流动方向、居住时间等方面有关，如图 5 – 25 所示。

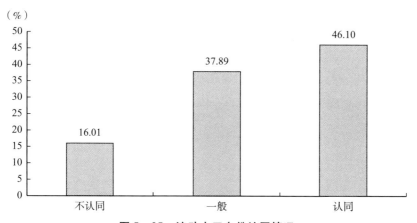

图 5 – 25 流动人口身份认同情况

流动人口的身份认同会受到诸多因素的影响。我们在这里主要分析流动人口的流动方向和在流入地的居住时间对其身份认同的影响。图 5 – 26 显示跨省流动的自我身份认同度低于省内流动的自我身份认同度。其中，省内流动的自我身份认同度为 52.53%，是跨省流动自我身份认同度的 2 倍。

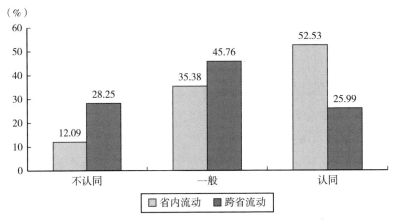

图 5 - 26　流动方向与身份认同情况

　　从图 5 - 27 我们可以看出，居住时间和自我身份认同存在正相关关系。在流入地居住的时间越久，流动人口对自己的身份的认同度越高，反之，不认同度越高。图 5 - 27 中所展示的具体数据显示，居住 11 年及以上的流动人口，认同自己是本地人的占 71.79%，不认同的仅占 4.64%，居住半年至两年的流动人口，不认同自己是当地人的流动人口占 34.94%，认同的占 12.05%，这与居住 11 年及以上的比例恰好相反。造成这种现象可能的原因有两点：一是因为居住的时间越

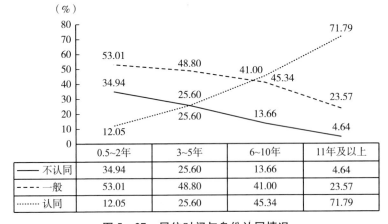

	0.5~2年	3~5年	6~10年	11年及以上
不认同	34.94	25.60	13.66	4.64
一般	53.01	48.80	41.00	23.57
认同	12.05	25.60	45.34	71.79

图 5 - 27　居住时间与身份认同情况

长，流动人口对当地语言的掌握就会越熟练，生活方式、日常行为乃至文化心理、价值观念都与当地的居民趋同，更容易实现身份认同；二是随着居住时间的增加，流动人口与当地居民的社会关系网络就会越复杂，与当地居民的交流就越深入，越有利于促进当地人从心理层面接纳流动人口，从而实现流动人口身份认同。

（2）归属感

一个人的归属感主要是从心理层面感受的，也是最为深层次的感受。归属感的有无直接影响着流动人口对流入地的态度。只有他们在流入地具有一定程度的认同感和归属感时，才真正意味着他们开始逐步融入新的社会环境，接受流入地的文化、生活方式和价值观念。这是社会融合的最高层次。如图 5－28 所示，婚姻状态会影响到流动人口对于居住地的归属感。整体来看，丧偶的流动人口对流入地的归属感最高，占 75.00%，但由于丧偶的被调查者数量不多，所以不具有太大的参考价值。66.67% 的已婚流动人口表示自己对流入地有归属感，高于未婚的流动人口。这可能是由于已婚的流动人口整体上趋于稳定化、家庭化，对已婚人士而言，家庭成员的工作、学习受居住地影响比较大，从而使已婚流动人口对居住地有较强的归属感。离异的流动人口归属感最低，这可能是因为离异的流动人口最终的居住地还会受到婚姻对象的影响，具有较大的不确定性。

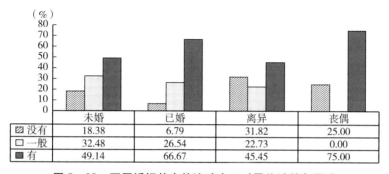

（%）	未婚	已婚	离异	丧偶
没有	18.38	6.79	31.82	25.00
一般	32.48	26.54	22.73	0.00
有	49.14	66.67	45.45	75.00

图 5－28　不同婚姻状态的流动人口对居住地的归属感

如图 5 - 29 所示，不同性别的流动人口对于归属感的感受程度也是不同的。55.67% 的男性表示对流入地有归属感，65.89% 的女性表示对流入地有归属感；而选择没有归属感的流动人口中，男性所占比例为 11.34%，女性占 11.37%。数据显示，女性流动人口对居住地有归属感的比例要更高一些，这可能是因为此次调查中女性流动人口的婚姻状态大多是已婚，而女性的家庭归属感较高，所以比较容易对居住地产生归属感。

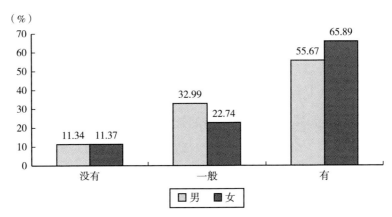

图 5 - 29　不同性别的流动人口对居住地的归属感

（3）长期居留意愿

流动人口的长期居留意愿虽然不代表其一定会在流入地长期居留，但在一定程度上可以作为衡量流动人口心理融合的指标之一。如图 5 - 30 所示，64.98% 的流动人口愿意在当地长期居留，只有7.52% 的流动人口不愿意长期在当地居留，还有 27.50% 的流动人口对是否在当地长期居留没有明确的态度。流动人口的长期居留意愿会受到性别、流动方向和住房状态等因素的影响。

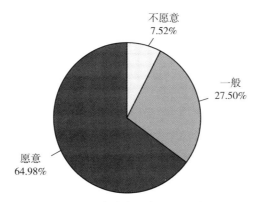

图 5 – 30　流动人口长期居留意愿

如图 5 – 31 所示，适应本地生活的流动人口中，表示愿意长期居留在居住地的比例为 74.10%，只有 4.57% 的流动人口表示不愿意长期居留于此。从这个数据来看，对流入地生活适应的流动人口更能接受在当地长期居留，说明这部分的流动人口更容易与流入地进行社会融合。不适应本地生活的流动人口中，仅有 4.57% 的流动人口表示愿意在当地长期居留，这可能是因为工作、家庭方面的原因，也有可能是因为当地的人才政策较为吸引人，增加了一部分流动人口的居留意愿。

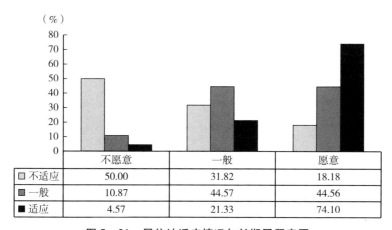

(%)	不愿意	一般	愿意
不适应	50.00	31.82	18.18
一般	10.87	44.57	44.56
适应	4.57	21.33	74.10

图 5 – 31　居住地适应情况与长期居留意愿

性别的不同也会影响流动人口对流入地的居留意愿。从图 5 - 32 可以看出，不同性别的长期居留意愿的调查结果与不同性别的归属感调查结果相似，男性流动人口愿意长期在流入地居留的比例低于女性，这也许能够说明归属感和长期居留意愿有密切关系。

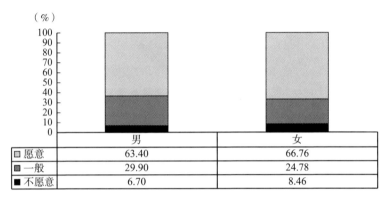

（%）	男	女
□ 愿意	63.40	66.76
▨ 一般	29.90	24.78
■ 不愿意	6.70	8.46

图 5 - 32　不同性别的流动人口与长期居留意愿

流动距离很可能会导致不同类型的流动人群在流入地的感受、融入城市并长期居留意愿的差异。图 5 - 33 表明，67.51% 的省内流动人口都表示愿意在流入地长期居留，仅有 6.68% 的省内流动人口表示不愿意长期居留，而省外流动人口长期居留的比例为 57.06%，不

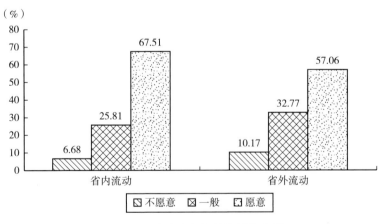

图 5 - 33　流动方向与长期居留意愿

愿意居留的比例为 10.17%，这可能与中国人的故土情结有关，省内的流动人口就流动距离而言，比省外流动人口更有优势，有些省内流动的人员会有家乡情怀。

从上述分析可以看出，流动人口的经济特征也是影响其长期居留意愿的重要因素。这里我们从住房情况来分析经济特征对流动人口长期居留意愿的影响。如图 5－34 所示，长期居留意愿情况中拥有自己住房的自买房的流动人口更愿意长期居留，占 79.22%，仅有 3.12% 的流动人口没有长期居留意愿。这比较符合传统"有房才有家"的观念，流动人口更愿意生活在有自己房子的城市。对于租房和住集体宿舍的流动人口而言，单租房的流动人口相比于合租房和住集体宿舍的流动人口更愿意长期居留此地，单租房的流动人口对自己居住环境的满意度要高于合租房以及住集体宿舍的流动人口。

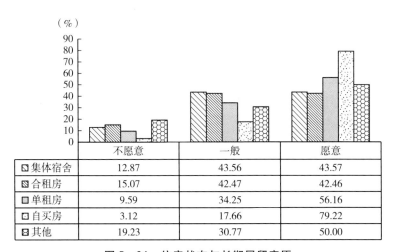

	不愿意	一般	愿意
集体宿舍	12.87	43.56	43.57
合租房	15.07	42.47	42.46
单租房	9.59	34.25	56.16
自买房	3.12	17.66	79.22
其他	19.23	30.77	50.00

图 5－34　住房状态与长期居留意愿

（4）社会接纳

心理融合不但代表流动人口愿意融入新环境，也代表新环境愿意接纳外来者。马斯洛的需求层次理论认为，当人们满足自身的生理需求、安全需求和社交需求后，会逐步产生尊重需求，更期盼获得他人的尊重和社会的承认。所以，流入地的社会接纳度也会影响流动人口的社会融合。在对"您感觉当地人尊重您吗?"这一问题的调查时发现，有64.57%的流动人口认为在日常交往中，本地人对其较为尊重，有31.60%的流动人口感觉当地人对自己的态度一般，只有3.83%的流动人口认为在日常交往中当地人对自己较为不尊重，如图5-35所示。

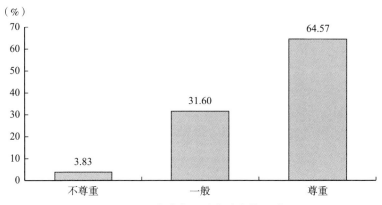

图 5 - 35　流动人口对当地人的评价

尊重是相互的。当地人对流动人口的接纳度正向影响流动人口为所在社区的发展奉献时间和精力的意愿。如图5-36所示，当流动人

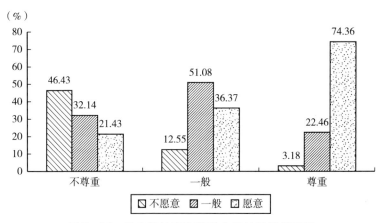

图 5 - 36　社会接纳度和流动人口社区奉献意愿

口认为当地人尊重自己时，74.36%的流动人口愿意为社区的发展奉献自己的一分力量，只有3.18%的流动人口不愿意，这可能与工作类型和工作时间相关。但当流动人口感觉当地人对自己不尊重的时候，46.43%的流动人口倾向于不愿意为社区的发展奉献时间和精力。

5.1.3.4　社会关系融合情况

社会关系的实质是人与人关系的变化发展。流动人口与流入地的社会关系融合程度越高、社会关系网络越丰富，越容易提高流动人口的长期居留意愿，越容易实现流动人口社会融合。在这里主要通过流动人口与当地人的社会关系网络、在单位或社区参加活动的次数、接受的健康知识宣传教育次数以及健康档案的建立等方面进行社会关系融合现状分析。

（1）社会关系网络

流动人口与本地人的通婚意愿是流动人口社会关系融合的直接表现。如图5-37所示，流动人口在迁入地同本地户籍人口的通婚意愿较高。69.08%的流动人口表示愿意与本地户籍人口通婚，23.12%的流动人口对与本地人通婚的态度一般，7.80%的流动人口表示不愿意

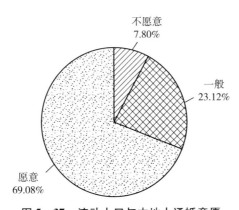

图5-37　流动人口与本地人通婚意愿

同本地人通婚。从总体来看，人口流动使得其社会关系网络逐渐扩展，人们的婚姻意愿与行为会因地域、年龄、户籍以及居住时间的差异而各具特色。

从图 5-38 可以看出，流动人口居住时间与通婚意愿呈正相关关系，在当地居住的时间越长的流动人口越能接受与本地人通婚。当流动人口在当地居住 11 年及以上时，流动人口愿意与本地人通婚的比例为 78.21%。而当流动人口在流入地的居住时间为 0.5~2 年时，仅有 53.01% 的流动人口愿意与本地人通婚。这可能是因为在当地居住的时间久的流动人口，对当地的生活方式和风俗习惯的适应性更高，这可能会增加婚姻的稳定性，有利于家庭生活美满。

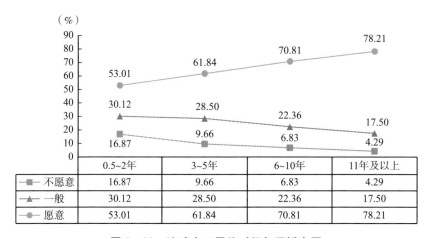

	0.5~2年	3~5年	6~10年	11年及以上
不愿意	16.87	9.66	6.83	4.29
一般	30.12	28.50	22.36	17.50
愿意	53.01	61.84	70.81	78.21

图 5-38 流动人口居住时间与通婚意愿

在对"您遇到困难会向邻居求助吗？"这一问题的调查时发现，超过半数的流动人口表示偶尔会向邻居求助，32.97% 的流动人口在遇到困难时会向流动人口求助，但是还有 12.17% 的流动人口表示遇到困难时并不会向邻居求助，如图 5-39 所示。这可能是因为流动人口因为工作原因，业缘关系很难形成，他们的社会关系依然依赖以前的社会关系，与现在所属社区居民进行交往较少，彼此之间并不是很熟悉，在遇到困难时不好意思求助。

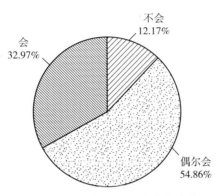

图 5 - 39　流动人口遇到困难求助意愿

（2）社区或单位参与活动次数

流动人口远离自己原有的生活状态，进入到其他城市以谋求更好的发展，这种城市陌生感容易造成流动人口对自己身份的模糊，产生"过客"心理。但当流动人口在流入地达到一定的经济水平后，积极进行社会交往活动是其认可自己所在城市的生活并适应新环境的一种积极表现。

从图 5 - 40 我们可以看出，近二分之一的流动人口都在一年之内参加过 1～3 次社区或单位举办的活动，但是没有参加过活动的流动人口占 11.08%。这可能是因为工作时间的原因所导致的流动人口未能参加活动，也可能是因为流动人口的单位或所在社区较少举办活动，另外，单位或社区举办的活动的主题也会影响流动人口参与活动的积极性。参加活动次数在 4～6 次、7 次及以上的比例分别是 29.96%、10.94%。活动的举办有利于促进流动人口与本地人深层次的交流，传递社会温暖，促进流动人口社会融合。

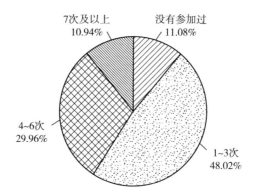

图 5 – 40　流动人口活动参与次数情况

　　流动人口参加活动的情况会也受到对活动的了解程度的影响。如图 5 – 41 所示，当对活动足够了解时，44.94% 的流动人口表示会参加，关于参加的具体频率，可能会受到工作时间的影响。而对活动不了解的流动人员有 61.48% 从不参加社区活动，这可能与社区的宣传不到位有关。

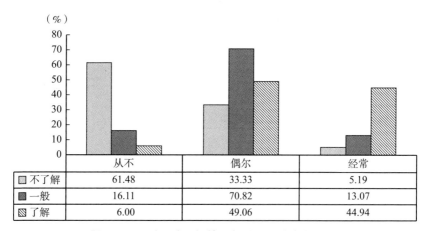

	从不	偶尔	经常
不了解	61.48	33.33	5.19
一般	16.11	70.82	13.07
了解	6.00	49.06	44.94

图 5 – 41　对活动了解情况与社区活动参与程度

（3）接受健康知识宣传教育次数

　　保障流动人口的健康状态需要培养其健康意识，让流动人口在日常生活中养成健康生活的方式。快速发展的社会不但带给了人们高质量的生活，也带来了相应的生活压力，所以在日常生活中需要学会释放压力，呵护身体健康和心理健康。如图 5 - 42 所示，有 17.65% 的流动人口表示从未接受过社区或者单位的健康知识宣传教育，51.16% 的流动人口表示自己一年之内接受过 1 ~ 3 次健康知识宣传教育，另外接受健康知识宣传教育次数为 4 ~ 6 次、7 次及以上的比例分别是 23.53%、7.66%。从中我们可以看出，超过半数的流动人口都表示接受过 1 ~ 3 次健康知识宣传教育，这表明目前中部地区社区对流动人口的健康知识的宣传比较到位，能够吸引人们的注意力。

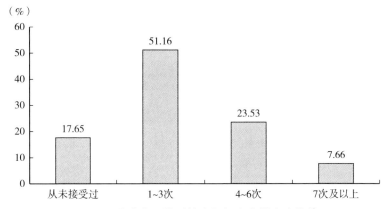

图 5 - 42　流动人口接受健康知识宣传教育次数情况

（4）健康档案建立情况

流动人口健康档案的建立可以帮助社区对流动人口的健康状况进行统一化管理，也可以促进流动人口增强健康意识、提高健康水平。从图 5 - 43 可以看出，已经建立健康档案的流动人口的比例为58.14%，但是还有近半数的流动人口未建立健康档案，其中，没有建立健康档案的流动人口和没有听说过健康档案的流动人口分别占19.42%、22.44%，这可能与社区的宣传和流动人口的健康意识有关。社区应该加强健康知识宣传教育，对健康档案进行宣传，加强流动人口的健康意识和建档意识，促进流动人口健康发展。

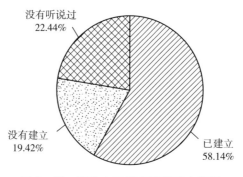

图 5 – 43　流动人口健康档案建立情况

5.2　高质量发展背景下中部地区流动人口社会融合水平评价

在高质量发展的理念下，结合国内外学者对于社会融合理论研究和流动人口社会融合评价体系的研究成果，在保证数据获得和指标效度的情况下，构建中部六省流动人口社会融合程度的评价指标体系。基于流动人口社会融合调查数据，运用因子分析法测算中部地区流动人口社会融整体水平和心理融合、文化融合、社会关系融合和经济融合四个维度水平。

5.2.1　评价指标选取

社会融合内涵丰富，包含多项内容，且具有动态性，即不同个体、群体和文化之间适应和同化的过程。国内外学者对于社会融合的测量持有不同的观点与方法，多为考察单一代理变量或综合变量，诸如对迁入城市的满意度和预期、个体的身份认同等。这种单一性测度方法易操作，但也容易遗漏社会融合的多种复杂信息，以至于所测结果可能存在偏误。本书基于国内外学者对社会融合理论和社会融合指标体系的研究，结合中部地区省情构建流动人口社会融合的综合指标体系，对社会融合进行量化处理。测量社会融合度，一方面能够整体把握中部地区流动人口社会融合的水平；另一方面能够作为因变量，进一步探寻影响流动人口社会融合的主要因素。

本书针对中部地区六省流动人口社会融合评价体系的构建，选取 12 项指标，并根据其不同程度，分为 3 级赋值量化处理，如对于工作和生活环境是否满意，回答为"不满意""一般""满意"。具体情况如表 5 - 2 所示，所有题项均为 3 个程度的选项，且程度和分值呈正相关关系，方便后续因子分析的计算。

表 5 - 2　　　　　　中部地区六省流动人口社会融合评价指标选取

指标	具体指标	选项及赋值情况
X_1	您所在单位与您是否签订了劳动合同	1 = 没有，2 = 不清楚，3 = 有
X_2	您所在单位是否为您购买保险	1 = 没有，2 = 不清楚，3 = 有
X_3	您对自己的工作是否满意	1 = 不满意，2 = 一般，3 = 满意
X_4	您对自己的居住环境是否满意	1 = 不满意，2 = 一般，3 = 满意
X_5	您对当地的社会保障制度是否满意	1 = 不满意，2 = 一般，3 = 满意
X_6	您对本地生活的适应情况	1 = 不适应，2 = 一般，3 = 适应
X_7	您对本地日常生活的适应情况	1 = 不适应，2 = 一般，3 = 适应
X_8	您与本地人是否相处融洽	1 = 不融洽，2 = 一般，3 = 融洽
X_9	您对本地风俗习惯的适应情况	1 = 不适应，2 = 一般，3 = 适应
X_{10}	您遇到困难会向邻居求助吗	1 = 不会，2 = 偶尔会，3 = 会
X_{11}	您是否了解本地社区活动的情况	1 = 不了解，2 = 一般，3 = 了解
X_{12}	您是否经常参与本地社区志愿活动	1 = 从不，2 = 偶尔会，3 = 经常

5.2.2 因子分析

(1) 变量检验

在构建指标体系后,本书参照杨菊华(2015)的做法,使用因子分析法测算流动人口社会融合水平,所用数据均符合因子分析综合评价的应用条件(林海明等,2019)。如表5-3所示,KMO统计检验值达0.786>0.5,接近0.8,远超度量标准,说明数据适合做因子分析。同时,Bartlett球形度检验的结果显示,近似卡方值为2474.415,且显著性为0.000,说明结果显著。以上数据说明本书的指标具有强烈相关性,为后续因子分析提供了坚实的数据基础。

表5-3 KMO 和 Bartlett 检验

KMO 统计检验		0.786
Bartlett 球形度检验	近似卡方	2474.415
	自由度	66
	显著性	0.000

(2) 主成分分析

通过对本书设立的具有12个题项的流动人口社会融合评价指标体系进行主成分分析,得到4个主成分(初始特征值大于1),且特征值分别为3.808、1.646、1.379和1.003,各成分特征值如图5-44所示。

基于变量的原始信息,对主成分进行加权分析以便测量社会融合的程度。主成分的权重大小是依据其方差贡献率来计算的。当前 k 个主成分的累积方差贡献率超过50%时,表明这 k 个主成分可以用来代表原始数据的足量信息,可以用来分析和解决实际问题。在进行 SPSS 分析时,如表5-4所示,提取选择4个因子,累计方差贡献率达到

65.302%，说明选取4个因子足以体现并解释样本中关于流动人口社会融合的原始信息。

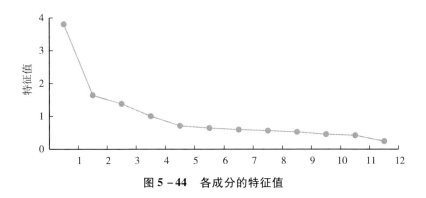

图5-44 各成分的特征值

表5-4 总方差解释

成分	总计	初始特征值方差百分比	累积百分比	总计	提取载荷平方和方差百分比	累积百分比
F_1	3.808	31.732	31.732	3.808	31.732	31.732
F_2	1.646	13.716	45.448	1.646	13.716	45.448
F_3	1.379	11.495	56.944	1.379	11.495	56.944
F_4	1.003	8.359	65.302	1.003	8.359	65.302
F_5	0.712	5.930	71.232			
F_6	0.645	5.373	71.232			
F_7	0.596	4.965	76.605			
F_8	0.566	4.714	81.570			
F_9	0.525	4.375	86.284			
F_{10}	0.455	3.790	90.659			
F_{11}	0.422	3.519	97.968			
F_{12}	0.244	2.032	100.000			

注：提取方法为主成分分析法。

（3）因子命名

本书采用 Kaiser 标准化的正交旋转法，使各因子系数进行旋转变换，向 0 和 1 靠近，便于为因子进行分类、命名和解释。在 5 次迭代后，本次旋转表现出收敛，如表 5 - 5 所示，形成各题目和 4 个主成分因子的载荷值。本书将每列载荷值接近于"1"的题项划分到统一因子之下，最终形成 4 个因子。

表 5 - 5　　　　　　　　旋转后社会融合因子成分矩阵

原始变量	新因子及命名			
	心理融合（F_1）	文化融合（F_2）	社会关系融合（F_3）	经济融合（F_4）
您对本地风俗习惯的适应情况	0.806	0.012	0.132	0.003
您与本地人是否相处融洽	0.725	0.279	0.066	0.019
您对本地日常生活的适应情况	0.681	0.334	- 0.005	0.128
您对本地卫生习惯的适应情况	0.658	- 0.003	0.236	0.075
您对自己的工作是否满意	0.115	0.781	0.160	0.102
您对当地的社会保障制度是否满意	0.089	0.754	0.183	0.100
您对自己的居住环境是否满意	0.247	0.680	0.129	0.232
您是否经常参与本地社区志愿活动	0.023	0.117	0.814	0.087
您是否了解本地社区活动的情况	0.207	0.142	0.766	0.090
您遇到困难是否会向邻居求助	0.147	0.177	0.686	- 0.067
您所在单位与您是否签订了劳动合同	0.101	0.150	0.075	0.913
您所在单位是否为您购买保险	0.045	0.195	0.014	0.905
特征值	2.232	1.955	1.879	1.771
方差贡献率（%）	18.597	16.291	15.657	14.757
累计方差贡献率（%）	78.597	34.888	50.545	65.302

如表 5 - 5 所示，"您对本地风俗习惯的适应情况""您与本地人是否相处融洽""您对本地日常生活的适应情况"和"您对本地卫生习惯的适应情况"这四个变量在 F_1 因子上具有较高的载荷值，分别为 0.806、0.725、0.681 和 0.658，又由于这四个变量涉及的是流动人口的心理评价，因此将 F_1 命名为心理融合。"您对自己的工作是否满意""您对当地的社会保障制度是否满意"和"您对自己的居住环境是否满意"这三个变量在 F_2 因子上具有较高的载荷值，分别为 0.781、0.754 和 0.680，又由于这三个变量涉及的是流动人口的文化评价，因此将 F_2 因子命名为文化融合。"您是否经常参与本地社区志愿活动""您是否了解本地社区活动的情况"和"您遇到困难是否会向邻居求助"这三个变量在 F_3 因子上具有较高的载荷值，分别为 0.814、0.766 和 0.686，又由于这三个变量涉及的是流动人口的社会关系评价，因此将 F_3 因子命名为社会关系融合。"您所在单位与您是否签订了劳动合同"和"您所在单位是否为您购买保险"这两个变量分别在 F_4 因子上呈现数值为 0.913 和 0.905 的载荷值，这些变量体现出流动人口的经济情况，因此将 F_4 因子命名为经济融合。

根据上述分析，将各公共因子命名，如表 5 - 6 所示。

表 5 - 6　　　　　　　　　各公共因子命名

公共因子	F_1	F_2	F_3	F_4
载荷指标	心理融合	文化融合	社会关系融合	经济融合
因子命名	X_6, X_7, X_8, X_9	X_3, X_4, X_5	X_{10}, X_{11}, X_{12}	X_1, X_2

5.2.3　评价结果

根据因子得分系数矩阵（见表 5 - 7）给出的系数和原始变量的

标准化值，可以计算每个观测量的各因子的得分，并据此对观测量进行进一步的分析。

表 5 - 7 因子得分系数矩阵

因子	F_1	F_2	F_3	F_4
X_1	- 0.006	- 0.121	0.011	0.563
X_2	- 0.038	- 0.065	- 0.030	0.549
X_3	- 0.105	0.501	- 0.052	- 0.107
X_4	- 0.012	0.379	- 0.069	- 0.003
X_5	- 0.117	0.482	- 0.029	- 0.101
X_6	0.315	0.091	- 0.146	- 0.008
X_7	0.345	0.053	- 0.096	- 0.069
X_8	0.433	- 0.167	- 0.015	- 0.023
X_9	0.338	- 0.185	0.072	0.032
X_{10}	- 0.033	- 0.007	0.391	- 0.086
X_{11}	- 0.007	- 0.093	0.442	0.023
X_{12}	- 0.110	- 0.085	0.499	0.033

注：提取方法为主成分分析法。

旋转后的因子得分表达式如下：

$$F_1 = - 0.006X_1 - 0.038X_2 - 0.105X_3 - 0.012X_4 - 0.117X_5 + 0.315X_6$$
$$+ 0.345X_7 + 0.433X_8 + 0.338X_9 - 0.033X_{10} - 0.007X_{11} - 0.110X_{12}$$
$$(5 - 1)$$

$$F_2 = - 0.121X_1 - 0.065X_2 + 0.501X_3 + 0.379X_4 + 0.482X_5 + 0.091X_6$$
$$+ 0.053X_7 - 0.167X_8 - 0.185X_9 - 0.007X_{10} - 0.093X_{11} - 0.085X_{12}$$
$$(5 - 2)$$

$$F_3 = 0.011X_1 - 0.030X_2 - 0.052X_3 - 0.069X_4 - 0.029X_5 - 0.146X_6$$
$$- 0.096X_7 - 0.015X_8 + 0.072X_9 + 0.0391X_{10} + 0.442X_{11} + 0.499X_{12}$$
$$(5 - 3)$$

$$F_4 = 0.563X_1 + 0.549X_2 - 0.107X_3 - 0.003X_4 - 0.101X_5 - 0.008X_6$$
$$- 0.069X_7 - 0.023X_8 + 0.032X_9 - 0.086X_{10} + 0.023X_{11} + 0.033X_{12}$$

$$(5-4)$$

根据王崇彩（2010）的因子得分计算法，中部地区六省流动人口社会融合程度综合得分公式如下：

$F = (F_1 \times$ 相应的方差贡献率 $+ F_2 \times$ 相应的方差贡献率 $+ F_3 \times$

相应的方差贡献率 $+ F_4 \times$ 相应的方差贡献率）/累积方差贡献率

即 $F = (0.18597F_1 + 0.16291F_2 + 0.15657F_3 + 0.14757F_4)/0.6530$

$$(5-5)$$

为直接反映流动人口社会融合状况，本书将上述方法得到的所有因子得分、综合得分均进行 100 分标准转换，换算公式如下：

$$S = (F_i - \min(F_i)) \times 100/(\max(F_i) - \min(F_i)) \quad (5-6)$$

式中，S 表示百分制得分值，F_i 为第 i 个研究对象的原得分值，将 SPSS 中获得的数据放在 Excel 表格中进行计算，经过处理之后每个指标的取值区间为 [0，100]，综上可得中部地区六省流动人口社会融合程度综合得分（见表 5-8）。

表 5-8　　　　　　　　　流动人口社会融合程度综合得分

维度	均值	标准差
心理融合（F_1）	71.79	16.32
文化融合（F_2）	56.66	18.17
社会关系融合（F_3）	50.70	19.70
经济融合（F_4）	67.94	24.59
社会融合程度（F）	73.63	17.70

如表 5-8 所示，中部地区流动人口的心理融合程度均值为

71.79，标准差为 16.32；经济融合程度均值为 67.94，标准差为 24.59。由数据可知，中部地区六省流动人口在经济和心理融合程度较好，说明中部地区的流动人口有较强的经济适应能力，也反映了经济因素是驱动人口流动的重要原因，同时流动人口对自己选择的流动地点在心理上也存在一定积极性，愿意了解和接纳流入地。文化融合程度均值为 56.66，标准差为 18.17，文化得分与当地的风俗习惯息息相关，说明中部地区的流动人口对流入地生活与文化习惯满意度处在一个适中的程度，不抗拒融入当地文化，但也未能很好融入当地人文环境中。社会关系融合程度均值为 50.70，标准差为 19.70，说明中部地区的流动人口在参与公共事务与社会活动时存在一定的消极性，不能较好适应本地行为。中部地区流动人口整体社会融合程度均值为 73.63，超过了百分制及格线，且标准差为 17.70，说明中部地区流动人口社会融合情况处于较为中等的融合状态，但由于个体的受教育水平等之间存在的一些差异，使得流动人口间不同维度的融合情况仍有所差距。

5.3　高质量发展背景下中部地区流动人口社会融合水平差异分析

基于高质量发展背景下中部地区六个省份流动人口的社会融合情况，可以发现中部地区六个省份流动人口整体社会融合水平为中等，但具体的各个省份、年龄代际和不同职业的流动人口的社会融合情况仍需进一步分析。因此，本书从收集的样本数据中，对不同的省份区域、代际群体和职业类型重新进行整理划分，并对其进行相应的分析，分析出高质量发展背景下中部地区流动人口社会融合水平差异，以期对后续影响流动人口社会融入水平的因素探究进行整体感知。

5.3.1　流动人口社会融合水平省份差异分析

中部地区从北向南自西向东分别是：山西省、河南省、安徽省、湖北省、湖南省和江西省。山西省号称煤炭大省，河南省是农业大省，安徽省是商业大省，湖北省是交通便利的省份，湖南省和江西省是红色大省，井冈山秋收起义，还有毛泽东故居等众多的红色教育和旅游基地都位于湖南省和江西省。中部地区以全国 10.7% 的土地，承载全国 28.1% 的人口，创造全国约 20% 的 GDP，是我国的人口大区、经济腹地和重要市场，在中国地域分工中扮演着重要角色。作为人口大区，中部地区六个省份的流动人口社会融合的情况也存在一定差异。

（1）山西省流动人口社会融合水平分析

运用因子分析法，对山西省的数据进行处理，最终得到山西省流动人口社会融合的四个维度以及综合得分，如表 5 - 9 所示。

表 5 - 9　　　　　　山西省流动人口社会融合程度综合得分

维度	均值	标准差
心理融合（F_1）	71.66	18.28
文化融合（F_2）	63.29	19.84
社会关系融合（F_3）	67.48	27.10
经济融合（F_4）	52.14	21.37
社会融合（F）	66.53	20.75

从表中数据可以看出，山西省的流动人口心理融合程度为 71.66 分（标准差 = 18.28），文化融合程度为 63.29 分（标准差 = 19.84），社会关系融合程度为 67.48 分（标准差 = 27.10），经济融合程度为 52.14 分（标准差 = 21.37）。这一结果说明山西省的心理融合程度最

高，山西省的流动人口从心理上认可流动地，其次是文化融合和社会关系融合，山西省的流动人口能够较好地接受当地的文化，并能与当地人友好相处，最后是经济融合，相较于其他三个维度，经济融合的分值偏低，说明山西省的流动人口经济适应能力不强，还需进一步提升。通过各个因子得分的标准差可以看出各维度融合的内部差异比较大，说明山西省的流动人口对各个维度的融合程度存在着很大分歧。整体来看，在百分制评分下，总体的社会融合程度为 66.53 分（标准差 = 20.75），说明当前山西省流动人口的社会融合程度尚可，但内部个体评价差异较大，整体的社会融合有很大提升空间，想要达到较高水平的社会融合依然存在很多需要关注的问题。

（2）河南省流动人口社会融合水平分析

运用因子分析法对河南省的数据进行处理，最终得到河南省流动人口社会融合的四个维度以及综合得分，如表 5 - 10 所示。

表 5 - 10　　　　　　　河南省流动人口社会融合程度综合得分

维度	均值	标准差
心理融合（F_1）	66.38	22.24
文化融合（F_2）	49.27	24.27
社会关系融合（F_3）	57.68	26.95
经济融合（F_4）	54.86	20.24
社会融合（F）	64.75	18.24

从表中数据可以看出，河南省的流动人口心理融合程度为 66.38 分（标准差 = 22.24），文化融合程度为 49.27 分（标准差 = 24.27），社会关系融合程度为 57.68 分（标准差 = 26.95），经济融合程度为 54.86 分（标准差 = 20.24）。这一结果说明河南省的心理融合程度较高，河南省的流动人口从心理上较为认可流动地，其次是社会关系融

合和经济融合，河南省的流动人口的经济适应能力尚可，与当地人的社会关系较一般，需要进一步加强。最后是文化融合，相较于其他三个维度，经济融合的分值较低，说明河南省的流动人口对当地的文化并不能完全认同，可能存在一定的偏见。整体来看，在百分制评分下，总体的社会融合程度为 64.75 分（标准差 = 18.24），说明当前河南省流动人口的社会融合程度处于一般偏好水平，应注重流动人口的文化、经济和社会关系融合，同时流动人口内部评价差异较大，需要对当地的流动人口给予更多的关注，为其解决各方面问题，进一步提升社会融合水平。

（3）安徽省流动人口社会融合水平分析

运用因子分析法对安徽省的数据进行处理，最终得到安徽省流动人口社会融合的四个维度以及综合得分，如表 5 - 11 所示。

表 5 - 11　　　　　　　　安徽省流动人口社会融合程度综合得分

维度	均值	标准差
心理融合（F_1）	54.51	19.19
文化融合（F_2）	52.49	23.75
社会关系融合（F_3）	78.72	23.64
经济融合（F_4）	68.84	20.37
社会融合（F）	66.50	25.41

从表中数据可以看出，安徽省的流动人口心理融合程度为 54.51 分（标准差 = 19.19），文化融合程度为 52.49 分（标准差 = 23.75），社会关系融合程度为 78.72 分（标准差 = 23.64），经济融合程度为 68.84 分（标准差 = 20.37）。这一结果显示出安徽省社会关系融合程度较好，经济融合程度也很可观，说明安徽省的流动人口经济适应能力较强，与当地人与社区的关系很好，能够较好地融入当地，拥有良

好的社会关系。但心理融合和文化融合方面分值较低，说明安徽省的流动人口从心理上并未完全认可当地的文化，内部差异比较大，说明安徽省的流动人口个体间的融合程度存在着很大分歧。整体来看，在百分制评分下，总体的社会融合程度为 66.50 分（标准差 = 25.41），说明当前安徽省流动人口的社会融合程度处于一般偏好水平，应注重当地流动人口的心理和文化融合，使其真正融入流动地，从而促使社会融合程度提升。

（4）湖北省流动人口社会融合水平分析

运用因子分析法对湖北省的数据进行处理，最终得到湖北省流动人口社会融合的四个维度以及综合得分，如表 5 - 12 所示。

表 5 - 12　　　　　　　　湖北省流动人口社会融合程度综合得分

维度	均值	标准差
心理融合（F_1）	72.27	22.64
文化融合（F_2）	60.46	20.98
社会关系融合（F_3）	55.80	19.80
经济融合（F_4）	81.88	21.07
社会融合（F）	64.08	24.69

从表中数据可以看出，湖北省的流动人口心理融合程度为 72.27 分（标准差 = 22.64），文化融合程度为 60.46 分（标准差 = 20.98），社会关系融合程度为 55.80 分（标准差 = 19.80），经济融合程度为 81.88 分（标准差 = 21.07）。这一结果显示湖北省经济融合程度很好，当地的流动人口经济能够完全贴合，且适应性很强，有较高的经济收入和工作保障。心理融合程度也很好，说明湖北省的流动人口从心理上能够很好地认可流入地，有一定的归属感。相对其他两个方面的融合情况，湖北省流动人口的文化融合程度尚可，社会关系融合较

差一些，说明当地的流动人口对文化仍有一定的不认可，且与当地人和社区的沟通交流并不太顺畅。通过各个因子得分的标准差可以看出个体间评价差异较大，说明湖北省的流动人口个体间的融合程度评价意见存在两极化。整体来看，在百分制评分下，总体的社会融合程度为 64.08 分（标准差 = 24.69），说明当前湖北省流动人口的社会融合程度处于偏好水平，在保持较好经济和心理融合的同时，应注重当地流动人口的文化和社会关系融合，提升整体的社会融合度。

（5）湖南省流动人口社会融合水平分析

运用因子分析法对湖南省的数据进行处理，最终得到湖南省流动人口社会融合的四个维度以及综合得分，如表 5 - 13 所示。

表 5 - 13　　　　　　　湖南省流动人口社会融合程度综合得分

维度	均值	标准差
心理融合（F_1）	74.02	21.83
文化融合（F_2）	58.56	22.52
社会关系融合（F_3）	56.53	22.52
经济融合（F_4）	63.64	22.17
社会融合（F）	71.03	23.44

从表中数据可以看出，湖南省的流动人口心理融合程度为 74.02 分（标准差 = 21.83），文化融合程度为 58.56 分（标准差 = 22.52），社会关系融合程度为 56.53 分（标准差 = 22.52），经济融合程度为 63.64 分（标准差 = 22.17）。这一结果显示湖南省的心理融合程度很好，说明湖北省的流动人口从心理上能够很好地认可流入地，有一定的归属感。经济融合程度也尚可，说明当地的流动人口能够适应当地的经济收入和保障制度。相对其他两个方面的融合情况，湖北省流动人口的文化融合和社会关系融合程度稍弱一些，说明当地的流动人口对文

化的认可度有待提升，且与当地人和社区的沟通交流需进一步加强。通过各个因子得分的标准差可以看出湖南省的流动人口个体间的融合程度评价意见存在一定的差异。整体来看，在百分制评分下，总体的社会融合程度为 71.03 分（标准差 = 23.44），说明当前湖南省流动人口的社会融合程度较好，但个体间评价差异较大，需进一步给予关注。

（6）江西省流动人口社会融合水平分析

运用因子分析法对江西省的数据进行处理，最终得到江西省流动人口社会融合的四个维度以及综合得分，如表 5 - 14 所示。

表 5 - 14 　　　　　　　江西省流动人口社会融合程度综合得分

维度	均值	标准差
心理融合（F_1）	58.06	22.08
文化融合（F_2）	50.63	25.06
社会关系融合（F_3）	68.31	20.58
经济融合（F_4）	72.39	21.74
社会融合（F）	82.02	12.39

从表中数据可以看出，江西省的流动人口心理融合程度为 58.06 分（标准差 = 22.08），文化融合程度为 50.63 分（标准差 = 25.06），社会关系融合程度为 68.31 分（标准差 = 20.58），经济融合程度为 72.39 分（标准差 = 21.74）。这一结果显示江西省经济融合程度很好，当地的流动人口经济能够完全贴合，且适应性很强，有较高的经济收入和工作保障。社会关系融合程度也很高，说明江西省的流动人口与当地人相处融洽，与社区的沟通交流较为顺畅。相对其他两个方面的融合情况，江西省流动人口的心理融合程度尚可，文化融合较差一些，说明当地的流动人口在心理上部分认可自己属于归属地，但对当地的文化接受程度并不高，需要进一步提升与加强。通过各个因子

得分的标准差可以看出个体间评价差异较大，说明江西省的流动人口个体间的融合程度评价意见存在两极化。整体来看，在百分制评分下，总体的社会融合程度为 82.02 分（标准差 = 12.39），说明当前江西省流动人口的社会融合程度很好，在保持较好经济融合和社会关系融合的同时，应注重当地流动人口的文化和心理融合，关注个体间的较大差异评价，使整体的社会融合向更好的程度发展。

（7）中部地区六省流动人口社会融合水平差异分析

综合中部地区山西、河南、安徽、湖北、湖南和江西六个省份的社会融合程度四个维度及综合得分，如表 5 - 15 所示。

表 5 - 15　　　　　　　中部地区六省流动人口社会融合程度综合得分

省份	心理融合（F_1）	文化融合（F_2）	社会关系融合（F_3）	经济融合（F_4）	社会融合（F）
山西省	71.66	63.29	67.48	52.14	66.53
河南省	66.38	49.27	67.68	54.56	64.75
安徽省	54.51	52.49	78.72	68.84	66.50
湖北省	72.27	60.46	55.78	81.88	64.08
湖南省	74.02	58.56	56.53	63.64	71.03
江西省	58.06	50.63	68.31	72.39	82.02

根据表中数据，江西省的总体社会融合得分最高，为 82.02 分，属于较高水平的社会融合；湖南省社会融合得分为 71.03 分，说明当地流动人口的社会融合水平处于中等水平；山西省、安徽省、河南省和湖北省四省的得分比较接近，分别是 66.53 分、66.50 分、64.75 分和 64.08 分，说明四省社会融合情况尚可，但整体融合水平较低，仍需进一步加强对其流动人口社会融合的关注。

六个省份在社会融合的心理、文化、社会关系和经济四个维度也存在一定的差异性。第一，心理融合方面。随着社会的发展，人们不只是注重经济方面的外在融合，更加注重深层次的心理融合。从调查数据可以看出，湖南省的得分为 74.02 分，当地的流动人口心理融合程度最高，其次是湖北省和山西省，两省的心理融合得分都在 70 分以上，说明这三个省份的流动人口在心理上比较认可流动地，对流动地具有一定的心理依赖感和归属感。随后是河南省，其流动人口心理融合得分为 66.38 分，属于一般偏好，最后是江西省和安徽省，这两个省份的心理融合得分均为 30 多分，并未达到及格线，说明当地流动人口心理上较不贴合流动地，归属感较差，需要政府对当地的流动人口给予更多的关注，促进流动人口的心理融合。第二，文化融合方面。文化融合指的是流动人口从流出地流出到流入地对其文化的适应程度。从调查数据看出，六个省份的文化融合得分都不是很高，其中只有山西省和湖北省的得分达到及格线，说明这两省的流动人口对流动地的文化有一定了解，且有部分接受与认可，但程度较为一般。湖南省、安徽省、江西省和河南省的心理融合得分都在及格线以下，尤其是江西和河南两省的得分较低，说明这四个省份的流动人口对当地的文化认识较少、认可度较低，同时可能是由于江西省和河南省的流动人口对当地的文化存在一定的偏见，导致文化融合程度较差。总体来说，中部地区六个省份文化融合程度都不是很好，需要向当地流动人口加强文化宣传教育，增强文化自信，尤其是江西和河南两省更要注重文化方面的融合程度，促进高质量的文化发展。第三，社会关系融合方面。流动人口在流入地的社会关系网络越丰富，就会越减小其在流入地拥有的社会资本与流出地资本之间的差异，就越倾向于在城市落户，越容易实现社会融合。从调查数据可以看出，安徽省得分最高，为 78.72 分，说明安徽省的流动人口与当地人和社区相处关系良好，具有较高水平的社会关系融合。其次是江西省、河南省和山西省，得分均在 68 分左右，表示这三个省份的流动人口能够与流动地的人群友好相处，对社区活动也有一定的了解，但程度只是一般偏好。最后是湖南省和湖北省，得分为 56 分左右，低于及格线，表明这两个省份的流动人口与当地人和社区关系较为一般，并不太好，需要增加与当地人群的交流，进一步融入其中。第四，经济融合方面。经济融合是流动人口在新的城市生活，拥有一份相对稳定的工作，并且能够获得一定的经济收入。从调查数据可以看出，湖北省的经济融合得分为81.88，是较高程度的融合，说明流动人口在湖北省的工作相对适应度很好，有一定的稳定收入和工作制度保障。其次是江西省，分值也较高，为72.39分，说明江西省的流动人口经济融合程度较好，但仍有很大的提升空间。随后是安徽省和湖南省，分值在60～70分，是一般偏好的经济融合水平。最后是河南省和山西省，经济融合水平较差，分值在60分以下，说明这两省的流动人口经济收入和社会保障程度不高，不能达到流动人口的满意水平，经济融合程度需要进一步提升。

5.3.2　流动人口社会融合水平代际差异分析

"代际"是由国外学者提出的概念，是以历史事件和时间的划分设定标准。在社会学中，"代"是指出生于同一年代，受相同且重大的历史事件的持续影响下成长起来的一群人[①]。出生于同一年代的群体，其生活经历、行为方式及思想观念较为相似；而不同代际群体在社会心理、日常生活行为等方面存在显著差异[②]。在与流入地进行社会融合的过程中，新生代的流动人口会比老生代的流动人口更容易融合，而老生代的流动人口更容易回流，社会融合程度可能较低[③]。

---

① 张华，刘哲达，殷小冰. 中国跨省流动人口回流意愿的空间差异及影响因素 [J]. 地理科学进展，2021，40（1）：73-84.

② Lyons S, Kuron L. Generational Differences in the Workplace: A Review of the Evidence and Directions for Future Research [J]. Journal of Organizational Behavior, 2014 (1): 71-75.

③ 王心蕊，孙九霞. 旅游发展背景下农村劳动力回流迁移研究——影响因素与代际差异 [J]. 旅游学刊，2021，36（4）：58-69.

随着时间的推移，这种两代划分方式存在越来越多的问题。新生代流动人口在 2020 年的年龄跨度已达到 0～40 岁，人数的增多也使得其内部也呈现了明显的分化，"90 后"一代已然与其他流动人口的社会融合方式发生了分歧，这一现象也引起了学者们的关注，并有学者提出了新的划分方式。有些学者（段成荣、马学阳，2011）认为流动人口按代际划分为老一代、中生代和新生代三代；杨菊华等（2016）将 1980 年前出生的定义为老生代，1980～1990 年出生的定义为中生代，1990 年后出生的定义为新生代。本书借鉴了杨菊华等（2016）的划分标准，将中国代际群体划分为老生代、中生代和新生代，即截至 2022 年，年龄在 18～33 岁的定义为新生代流动人口，年龄在 33～42 岁的定义为中生代流动人口，年龄在 42 岁以上的定义为老生代流动人口，据此来具体研究中部地区三个代际流动人口的社会融合情况。

（1）老生代流动人口社会融合水平分析

运用因子分析法对老生代流动人口的数据进行处理，最终得到老生代流动人口社会融合的四个维度以及综合得分，如表 5－16 所示。

表 5－16　　　　　　老生代流动人口社会融合程度综合得分

维度	均值	标准差
心理融合（F_1）	68.12	31.25
文化融合（F_2）	53.59	27.62
社会关系融合（F_3）	54.17	26.04
经济融合（F_4）	59.17	19.72
社会融合（F）	66.90	25.80

从表中数据可以看出，中部地区老生代的流动人口心理融合程度为 68.12 分（标准差 = 31.25），文化融合程度为 53.59 分（标准差 = 27.62），社会关系融合程度为 54.17 分（标准差 = 26.04），经济融合

程度为 59.17 分（标准差 = 19.72）。这一结果显示老生代的心理融合
程度稍好一些，得分为 68.12 分，老生代可能随着流动时间的增加，
在流入地生活时间长，慢慢对流入地城市产生依赖，但标准差值较
大，说明个体间意见差异较大。其次是经济融合，分值为 59.17，接
近及格水平，说明老生代的流动人口经济收入有一定程度的保障，但
并未能达到满意水平。最后是社会关系融合和文化融合，分值均在 54
左右，得分较低，说明老生代的流动人口在文化和社会关系融合的程
度并不高，可能由于老生代人群对家乡过于依赖，对新城市的文化认
可度不高，与当地人接触也不多。整体来看，在百分制评分下，总体
的社会融合程度为 66.90 分（标准差 = 25.80），说明当前中部地区老
生代流动人口的社会融合程度一般偏好，但四个维度的融合方面还是
不太理想，需要给予老生代流动人口群体更多的关注，使老生代群体
的社会融合向更好程度发展。

（2）中生代流动人口社会融合水平分析

运用因子分析法对中生代流动人口的数据进行处理，最终得到中
生代流动人口社会融合的四个维度以及综合得分，如表 5 - 17 所示。

表 5 - 17　　　　　　　中生代流动人口社会融合程度综合得分

维度	均值	标准差
心理融合（F_1）	74.85	19.49
文化融合（F_2）	55.08	22.57
社会关系融合（F_3）	56.71	20.33
经济融合（F_4）	68.06	19.96
社会融合（F）	71.01	21.09

从表中数据可以看出，中部地区中生代的流动人口心理融合程度
为 74.85 分（标准差 = 19.49），文化融合程度为 55.08 分（标准差 =

22.57），社会关系融合程度为56.71分（标准差＝20.33），经济融合程度为68.06分（标准差＝19.96）。这一结果显示中生代的心理融合程度较好，得分为74.85，中生代为"80后"，对新事物的接受程度相较于老生代稍好，随着在流入地生活时间的加长，会对流入地产生一定的归属感。其次是经济融合，分值为68.06，说明中生代的流动人口在经济收入方面好一些，社会保障制度能够基本满意。最后是社会关系融合和文化融合，分值均在56左右，得分较低，说明中生代的流动人口在文化和社会关系融合的程度稍差，可能中生代人群对流入地的文化认可度不高，对社区举办的活动了解也不多。整体来看，在百分制评分下，总体的社会融合程度为71.01分（标准差＝21.09），说明当前中部地区中生代流动人口的社会融合程度较好，中生代流动人口愿意融入城市，成为流入地城市的一员。

（3）新生代流动人口社会融合水平分析

运用因子分析法对新生代流动人口的数据进行处理，最终得到新生代流动人口社会融合的四个维度以及综合得分，如表5－18所示。

表5－18　　　　　　　　新生代流动人口社会融合程度综合得分

维度	均值	标准差
心理融合（F_1）	71.73	16.16
文化融合（F_2）	56.90	18.90
社会关系融合（F_3）	50.60	19.92
经济融合（F_4）	66.33	25.13
社会融合（F）	72.30	18.05

从表中数据可以看出，中部地区新生代的流动人口心理融合程度为71.73分（标准差＝16.16），文化融合程度为56.90分（标准差＝18.90），社会关系融合程度为50.60分（标准差＝19.92），经济融合

程度为 66.33 分（标准差 = 25.13）。这一结果显示新生代的心理融合程度较好，得分为 71.73 分，新生代为"90 后"，对新事物的接受程度较高，同时年纪较小，受家乡文化影响时间较短，能够在心理上融入新的城市。其次是经济融合，分值为 66.33，说明新生代的流动人口在经济收入方面一般偏好，社会保障制度能够基本满意。随后是文化融合，分值为 56.90，分数在及格线以下，说明新生代流动人口对当地的文化接受度不太高，可能是因为新生代是个性独立的一代，坚持自己的想法。最后是社会关系融合，分值为 50.60，可能由于新生代员工并不愿意与当地人接触过多，且对社区活动也不会过多关注，热衷于自己喜欢的事情。整体来看，在百分制评分下，总体的社会融合程度为 72.30 分（标准差 = 18.05），说明当前中部地区新生代流动人口的社会融合程度中等，新生代流动人口个性鲜明，对新城市的接纳度较高，愿意成为流入地城市的一员。

（4）老生代、中生代与新生代流动人口社会融合水平差异分析

运用因子分析法对中部地区老生代、中生代与新生代流动人口的数据进行处理，最终得到老生代、中生代与新生代流动人口社会融合的四个维度以及综合得分，如表 5－19 所示。

表 5－19　　老生代、中生代与新生代流动人口社会融合程度综合得分

分类	心理融合（F_1）	文化融合（F_2）	社会关系融合（F_3）	经济融合（F_4）	社会融合（F）
老生代	68.12	53.59	54.17	59.17	66.90
中生代	74.85	55.08	56.71	68.06	71.01
新生代	71.73	56.90	50.60	66.33	72.30

根据表中数据，在百分制评分下，中部地区新生代流动人口的总体社会融合得分最高，为 72.30 分，属于中等水平的社会融合；其次是中生代，得分为 71.01 分，说明当地流动人口的社会融合水平较

好；最后是老生代，得分为 66.90 分，说明老生代流动人口的社会融合情况一般偏好，仍有较大提升空间。

　　三个年龄代际的流动人口在社会融合的心理、文化、社会关系和经济四个维度也存在一定的差异性。第一，心理融合方面。许多研究表明，流动人口长期居住在外面，因此他们的身份认同和自我评估含糊不清。流入地城市把他们当成"外地人"，流出地把他们当成"客人"，于是他们沦落为没有归属感的"边缘人"。根据得分显示，中部地区的流动人口大部分认为自己已经是本地人了，其中：中生代分数最高，为 74.85 分，新生代得分为 71.73 分，老生代得分较低，为 68.12 分。第二，文化融合方面。流动人口在流入地往往面临不同地方的文化差异，原流出地从小养成的文化习惯、价值观念和行为习惯，因不熟悉新的文化规则和实践，可能产生流入地不适应的问题。从调查数据可以看出，三个年龄代际的流动人口文化融合得分都在 60 分以下，说明在潜意识里流动人口还是会受家乡文化的影响，对新城市的文化接受程度不高。第三，社会关系融合方面。从调查数据可以看出，三个年龄代际的流动人口社会关系融合得分都在 60 分以下，尤其是新生代流动人口的得分只有 50.60 分，说明三个年龄代际的流动人口与当地人的交往不多，且社区活动参与情况不佳。第四，经济融合方面。签订劳动合同是劳动者权益的重要保障之一，流动人口签订固定劳动合同的比例越低、流动性越高，形成稳定的劳资关系的难度就越大，这不利于劳动技能的获得，也不利于经济方面的融合。从调查数据可以看出，中生代和新生代流动人口的经济融合略好一些，经济收入和劳动保障能够得到满足，但老生代的经济融合水平稍低，可能由于老生代的流动人口拥有长期稳定工作的占少数，经济收入不稳定，固定劳动合同签订的也较少，无法实现较好的经济融合。

5.3.3　流动人口社会融合水平职业差异分析

据流动人口监测数据显示，来自农村的流动人口的比例为70.43%，受教育年限较短，受教育程度较低，而较低的受教育程度使他们在劳动市场处于劣势地位，较多地从事一些收入较低的体力劳动，职业地位普遍较低。同时，较低的收入影响着他们在当地的经济融合，较低的职业地位、较差的生活环境、较高的生活支出往往会使他们产生疲惫感，这会降低他们在当地长期居留的意愿。很多流动人口的流动目的是获得一份好的收入，带回家补贴家用或改善家人生活。对于职业地位较低的流动人口而言，城市的繁华不过是过眼云烟，那"生于斯，长于斯"的家乡才是最终的归属（李荣彬和袁城，2013）。相比之下，较高的职业地位会使流动人口感受到一种身份的优越感，职业地位越高，他们在日常的工作生活中会受到更多的尊重，社会关系网络也会更发达，更有利于他们实现身份的转变（潘泽泉和邹大宽，2016）。另外，较高的职业地位也就意味着较高的工资收入和福利待遇，可以促进他们与当地的经济融合，更好地进行社会融合（孙学涛等，2016）。由此可以发现，流动人口因其所从事的职业不同，其社会融入情况也会产生较大差异。本书将进一步分析中部地区流动人口在制造类、营销类、管理类、技术类和服务类五种不同类型职业中的社会融合状况。

（1）制造类职业流动人口社会融合水平分析

制造类职业是指按照市场要求，通过制造过程，转化为可供人们使用和利用的大型工具、工业品与生活消费产品的行业。运用因子分析法对中部地区制造类职业流动人口的数据进行处理，最终得到制造类职业流动人口社会融合的四个维度以及综合得分，如表5-20所示。

表 5 – 20　　　　　　　　制造类职业流动人口社会融合程度综合得分

维度	均值	标准差
心理融合（F_1）	54.07	24.69
文化融合（F_2）	72.23	21.69
社会关系融合（F_3）	70.77	21.98
经济融合（F_4）	75.43	24.57
社会融合（F）	73.36	19.38

从表中数据可以看出，中部地区制造类职业的流动人口心理融合程度为 54.07 分（标准差 = 24.69），文化融合程度为 72.23 分（标准差 = 21.69），社会关系融合程度为 70.77 分（标准差 = 21.98），经济融合程度为 75.43 分（标准差 = 24.57）。这一结果显示制造类职业的流动人口心理融合程度较差，得分仅为 54.07 分，对流入地的归属感不强，在心理上未能完全认同流入地城市。其次是经济融合、文化融合和社会关系融合，这三个维度得分均在 70 分以上，其中经济融合得分高达 75 分以上，说明中部地区制造类职业的流动人口较为满意自己的经济收入，社会保障体系也能达到较高水平，经济融合水平较高。文化融合和社会关系的程度也很好，说明制造类职业的流动人口大多能认可新城市的文化，也愿意与当地人接触，愿意为社区服务贡献自己的力量。整体来看，在百分制评分下，总体的社会融合程度为 73.36 分（标准差 = 19.38），说明当前中部地区制造类职业的流动人口的社会融合程度处于中等水平，多数人都能顺利融入当前流动城市，但对于制造类职业的流动人口，需要更加关注心理方面的问题，使其加强对新城市的认可度，进一步提升心理融合的程度。

（2）营销类职业流动人口社会融合水平分析

营销类职业是个人和集体通过创造产品和价值，并同别人自由交换产品和价值，来获得其所需所欲之物的一种社会和管理过程，具体的工作岗位一般分为市场类、销售类、客服类。运用因子分析法对中部地区营销类职业流动人口的数据进行处理，最终得到营销类职业流动人口社会融合的四个维度以及综合得分，如表 5 – 21 所示。

表 5 – 21　　　　　　营销类职业流动人口社会融合程度综合得分

维度	均值	标准差
心理融合（F_1）	70.77	17.61
文化融合（F_2）	54.55	21.14
社会关系融合（F_3）	55.88	23.98
经济融合（F_4）	68.31	27.32
社会融合（F）	63.80	22.65

从表中数据可以看出，中部地区营销类职业的流动人口心理融合程度为 70.77 分（标准差 = 17.61），文化融合程度为 54.55 分（标准差 = 21.14），社会关系融合程度为 55.88 分（标准差 = 23.98），经济融合程度为 68.31 分（标准差 = 27.32）。这一结果显示中部地区营销类职业的流动人口心理融合程度较好，得分为 70.77 分，属于较高水平的心理融合，且标准差较小，多数营销类流动人口在心理上认可新城市，有一定的归属感。其次是经济融合得分为 68.31 分，说明营销类流动人口能有稍好一些的经济收入与社会保障，经济融合程度一般偏好。最后是社会关系和文化两个方面的融合，得分均在 55 分左右，说明营销类职业的流动人口对新城市的文化认可度不高，与当地人的接触和社会活动参与较少，并不能很好地融入其中。整体来看，在百分制评分下，总体的社会融合程度为 63.80 分（标准差 = 22.65），说明当前中部地区营销类职业的流动人口的社会融合程度处于一般偏好水平，多数人都能较为顺利地融入当前流动城市，但对于营销类职业的流动人口，需要更加关注社会关系和文化方面的问题，促进他们对

新城市文化的了解，增加社区活动的普及与开展，使其参与其中，进一步提升文化和社会关系的融合程度。

（3）管理类职业流动人口社会融合水平分析

管理类职业有三个类型：第一，管物的岗位，如库管、仓库保管员和出纳等；第二，管事的岗位，如行政、人事、财务、助理和后勤等人员的岗位；第三，管人的岗位，如部门负责人或小组负责人等。运用因子分析法对中部地区管理类职业流动人口的数据进行处理，最终得到管理类职业流动人口社会融合的四个维度以及综合得分，如表5-22所示。

表5-22　　　　　　　管理类职业流动人口社会融合程度综合得分

维度	均值	标准差
心理融合（F_1）	74.16	16.89
文化融合（F_2）	71.52	22.42
社会关系融合（F_3）	49.89	22.47
经济融合（F_4）	48.89	20.20
社会融合（F）	76.73	18.38

从表中数据可以看出，中部地区管理类职业的流动人口心理融合程度为74.16分（标准差=16.89），文化融合程度为71.52分（标准差=22.42），社会关系融合程度为49.89分（标准差=22.47），经济融合程度为48.89分（标准差=20.20）。这一结果显示中部地区营销类职业的流动人口心理和文化融合程度较好，得分均在70分以上，属于较高水平的融合，且标准差较小，可能由于多数管理类流动人口受教育程度较高，拥有较好的工作和福利待遇，对新事物的接受能力较强，因此在心理和文化上较易认可新城市，有一定的归属感。但社会关系和经济融合的得分较低，均为50分以下，说明管理类流动人

口可能并不愿意过多与人交流，由于工作原因也较少参与社区活动，同时对自己的工作存在不满现象。整体来看，在百分制评分下，总体的社会融合程度为 76.73 分（标准差 = 18.38），说明当前中部地区营销类职业的流动人口的社会融合程度处于中等水平，且标准差较小，说明个体间意见差异不大，大多数管理类流动人口都能很好融入新城市，但社会关系和经济融合程度较差，需要给予更多关注。

（4）技术类职业流动人口社会融合水平分析

技术类职业的广义理解是指拥有特定的专业技术（不论是否得到有关部门的认定），并以其专业技术从事专业工作，并因此获得相应利益的人。运用因子分析法对中部地区技术类职业流动人口的数据进行处理，最终得到技术类职业流动人口社会融合的四个维度以及综合得分，如表 5 - 23 所示。

表 5 - 23　　　　　技术类职业流动人口社会融合程度综合得分

维度	均值	标准差
心理融合（F_1）	73.56	19.88
文化融合（F_2）	59.54	22.99
社会关系融合（F_3）	53.06	21.83
经济融合（F_4）	75.37	24.63
社会融合（F）	68.68	18.91

从表中数据可以看出，中部地区技术类职业的流动人口心理融合程度为 73.56 分（标准差 = 19.88），文化融合程度为 59.54 分（标准差 = 22.99），社会关系融合程度为 53.06 分（标准差 = 21.83），经济融合程度为 75.37 分（标准差 = 24.63）。这一结果显示中部地区技术类职业的流动人口经济融合得分为 75.37 分，属于高程度的经济融合，说明技术类的流动人口收入普遍较高，且对自己的工作和社会保

障制度比较满意。其次是心理融合得分为 73.56 分，属于较高水平的心理融合，且标准差较小，说明多数技术类流动人口在心理上认可新城市，有一定的归属感。最后是社会关系和文化两个方面的融合，得分均在 60 分以下，说明技术类职业的流动人口对新城市的文化认可度有待提升，且与当地人的接触和社会活动参与较少，并不能很好地融入其中。整体来看，在百分制评分下，总体的社会融合程度为 68.68 分（标准差 = 18.91），说明当前中部地区技术类职业的流动人口的社会融合程度处于一般偏好水平，多数人都能较为顺利地融入当前流动城市，个体间相对评价差异不大，但需要加强对社会关系与文化两个方面的融合。

（5）服务类职业流动人口社会融合水平分析

服务类职业是指生产和销售服务商品的生产部门和企业的集合，在国民经济核算的实际工作中一般将服务业视同第三产业，但在流动人口研究中多看作较为基础的服务类工作。运用因子分析法对中部地区服务类职业流动人口的数据进行处理，最终得到服务类职业流动人口社会融合的四个维度以及综合得分，如表 5 – 24 所示。

表 5 – 24　　　　　　服务类职业流动人口社会融合程度综合得分

维度	均值	标准差
心理融合（F_1）	73.60	19.27
文化融合（F_2）	50.36	23.87
社会关系融合（F_3）	49.66	22.78
经济融合（F_4）	65.72	31.45
社会融合（F）	56.47	21.62

从表中数据可以看出，中部地区服务类职业的流动人口心理融合程度为 73.60 分（标准差 = 19.27），文化融合程度为 50.36 分（标准差 = 23.87），社会关系融合程度为 49.66 分（标准差 = 22.78），经济

融合程度为65.72分（标准差＝31.45）。这一结果显示中部地区服务类职业的流动人口心理融合程度较好，得分为73.60分，属于较高水平的心理融合，且标准差较小，说明多数服务类流动人口在心理上认可新城市，有一定的归属感。其次是经济融合得分为65.72分，说明服务类职业的流动人口经济融合程度一般偏好，较为认可自己的工作与收入，但标准差较大，个体间评价存在一定的差异。最后是社会关系和文化两方面的融合，得分均在50左右，说明服务类职业的流动人口对新城市的文化认可度较低，与当地人的接触和社会活动参与较少，并不能很好地融入其中。整体来看，在百分制评分下，总体的社会融合程度为56.47分（标准差＝21.62），说明当前中部地区营销类职业的流动人口的社会融合程度处于一般偏差水平，可能由于服务类职业多为低端职业，会受到当地人的偏见，且工资收入和福利待遇不能得到保障，离职成本较低，不利于流动人口实现身份转变，影响其融入到新城市。

（6）不同职业类型流动人口社会融合水平差异分析

运用因子分析法对中部地区制造类、营销类、管理类、技术类和服务类五种不同类型职业流动人口的数据进行处理，最终得到不同职业类型流动人口社会融合的四个维度以及综合得分，如表5－25所示。

表5－25　　　　　不同职业类型流动人口社会融合程度综合得分

职业类型	心理融合（F_1）	文化融合（F_2）	社会关系融合（F_3）	经济融合（F_4）	社会融合（F）
制造类	54.07	72.23	70.77	75.43	73.36
营销类	70.77	54.55	55.88	68.31	63.80
管理类	74.16	71.52	49.89	48.89	76.73
技术类	73.56	59.54	53.06	75.37	68.68
服务类	73.60	50.36	49.66	65.72	56.47

　　根据表中数据，在百分制评分下，中部地区管理类职业流动人口的总体社会融合得分最高，为 76.73 分，属于较高水平的社会融合；其次是制造类职业，得分为 73.36 分，说明当地流动人口的社会融合水平中等；随后是技术类和营销类职业，得分在 60~70 分，说明这两类职业的流动人口的社会融合处于一般偏好的水平；最后是服务类职业，得分为 56.47 分，说明服务类职业的流动人口社会融合情况偏差，可能是职业偏见的原因，需要给予更多的关注。

　　中部地区不同职业类型的流动人口在社会融合的心理、文化、社会关系和经济四个维度也存在一定的差异性。第一，心理融合方面。管理类、服务类、技术类和营销类职业的流动人口得分均在 70 分以上，说明这四类职业的流动人口都能够在心理上对流入城市产生认同，并有意愿融入新城市。但制造类职业的流动人口心理融合程度较差，得分只有 54.07 分，说明该类职业的流动人口对新城市心理上的认可度较低，融入意愿不强。第二，文化融合方面。制造类和管理类职业的流动人口得分较高，均在 70 分以上，说明这两类职业的流动人口对新城市的文化接受程度较高，其次是技术类、营销类和服务类职业的流动人口，三类职业的得分均在 60 分以下，说明这三类职业的流动人口较不能认同当地的新文化，尤其是服务类职业得分较低，有可能是这三类职业流动性强，工作的流动人口难以在一个新城市久居，导致文化接受程度较低。第三，社会关系融合方面。制造类职业的流动人口融入程度最好，能够友好地与当地人交流，并参与当地社区活动。其余的四个类型职业得分都较低，可能由于这四类职业较专注自己的工作与生活，与当地人和社区接触较少，导致社会关系融合程度不高，其中营销类和服务类职业得分低于 50 分，可能由于职业原因，得到当地的尊重较少，从而使从事这两类职业的流动人口不能很好地融入流入地城市。第四，经济融合方面。制造类和技术类职业的流动人口融入水平较高，说明这两类职业收入和工作制度都能得到保障，达到大多数人都满意的水平。其次是营销类和服务类职业，得分在 65 ~ 70 分，属于稍好程度的经济融合，说明这两类职业的流动人口收入也能基本达到满意。最后是管理类职业，该类流动人口的经济融合得分较低，可能由于管理职业类流动人口对经济收入追求较高，未能达到满意状态。

5.4 高质量发展背景下中部地区流动人口社会融合的影响因素分析

本章主要通过分析中部地区六省社会融合现状产生的原因，探究流动人口在社会融合进程中的影响因素，并提出高质量发展背景下促进中部地区六省流动人口社会融合的有效路径，推动中部地区高质量发展。研究首先对调查所获取数据进行处理，建立衡量流动人口社会融合的指标体系。其次通过 SPSS 26.0 软件，针对流动人口的个人特征、经济、文化、心理、制度、社区六个方面对社会融合的影响进行方差分析，得到对社会融合度有显著性影响的因素。最后对方差分析结果进行线性回归分析，探究中部地区流动人口社会融合的影响因素。

5.4.1 数据处理

本书选取由因子分析所得的流动人口社会融合度作为因变量，选取性别、年龄、受教育程度、居住时间等个人因素，工资收入、工作时间、住房类型等经济因素，本地话掌握程度、风俗习惯适应程度、业余时间交往对象等文化因素，归属感、社会接纳程度、长期居留意愿等心理因素，户籍、居住证、保险等制度因素，劳动合同、健康知识宣传教育、活动参加次数等社区因素作为自变量，见表 5 - 26。为了便于分析，对问卷选项进行赋值处理。针对性别问题，男性赋值为1，女性赋值为0，对于流动人口的年龄、受教育程度、工作时间、业余时间交往对象问题，分别赋值"1~4"，对于住房类型、居住时间、月收入分别赋值"1~5"，满意度"不满意""一般""满意"三个测量等级分别赋值"1~3"。其中，赋值不代表数值的大小，仅代表不同的水平。

表5–26　　　　中部地区流动人口社会融合方差分析的自变量

一级指标	二级指标	问卷调查的内容
个人因素	性别	性别
	年龄	年龄
	受教育程度	受教育程度
	居住时间	您在流入地居住时间为多久
经济因素	工资收入	您的月收入是多少
	工作时间	您每周工作时间是多久
	住房类型	您的住房类型是以下哪种
文化因素	本地话掌握程度	您本地话掌握程度为
	风俗习惯适应程度	您对本地风俗习惯的适应情况为
	业余时间交往对象	您业余时间交往对象通常是谁
心理因素	归属感	您在目前城市是否有归属感
	社会接纳程度	在日常交往中，您感觉当地人尊重您吗
	长期居留意愿	您愿意长期居留在这里吗
制度因素	户籍	您的户籍所在地为
	居住证	您是否有居住证
	保险	您所在单位是否为您办理保险
	劳动合同	您所在单位是否和您签订劳动合同
社区因素	健康知识宣传教育	您在当地接受过的健康知识宣传教育次数
	活动参加次数	您在单位或居住地参加活动的次数

5.4.2　方差分析概述

这里以问卷所获取的数据为研究数据,就流动人口的个人、经济、文化、心理、制度以及社区六个方面对流动人口社会融合度的影响程度进行方差分析。如表 5 – 27 所示,通过 SPSS 26.0 计算出统计量 F 的值后,根据给定的显著性水平 a,在 F 分布表中查找分子自由度为 $k-1$、分母自由度为 $n-k$ 的相应临界值 F_a,若 $F > F_a$ 或 $P < a$,拒绝原假设 H_0,表示某一因素的不同水平之间存在显著性差异,也就是所检验的自变量对因变量有显著影响。

表 5 – 27　　　　　　　　　　方差分析

差异源	平方和 SS	自由度 df	均方	F 值	P 值	F 临界值
组间（因素影响）	SSA	$k-1$	MSA	MSA/MSE		
组内（误差）	SSE	$n-k$	MSE			
总计	SST	$n-1$				

另外通过方差分析结果的显示,可以得到因素与因变量社会融合度之间的关系是显著的。组间平方和（SSA）直接测量了自变量对于因变量的影响效果,只要组间平方和的值不等于零,就表明两个变量之间存在关系,但是不能表示是否显著。这里可以用组间平方和占总平方和的比例大小 R^2 来反映,即:

$$R^2 = SSA/SST \qquad (5-7)$$

其平方根 R 就可以用来测量自变量与因变量之间的关系强度[1]。平方根 R 的绝对值越接近于 1,表示自变量与因变量之间的关系强度越高。

---

[1]　邹祎. SPSS 软件单因素方差分析的应用 [J]. 价值工程,2016,35 (34):219 – 222.

5.4.3 方差分析结果

5.4.3.1 个人因素方差分析结果

本书将流动人口的性别、年龄、受教育程度以及居住时间等个人特征作为方差分析的自变量，将流动人口的社会融合度作为方差分析的因变量，探究流动人口个人因素对其社会融合度的影响。

（1）性别

由表 5 – 28 可知，$F = 2.939 < F_a = 3.854246$，$P > 0.001$，即不同性别的流动人口之间没有显著差异，这表明流动人口的性别因素的不同水平对其社会融合的影响不显著。这可能是因为随着新时代的发展，女性慢慢地成为受教育主体，使男女之间的性别差异越来越小，所以流动人口的性别对其社会融合度没有显著差异。

表 5 – 28　　　　　　　性别对于社会融合度的方差分析结果

差异源	平方和 SS	自由度 df	均方	F 值	P 值	F 临界值
组间	918.347	1	918.347	2.939	0.087	3.854246
组内	227762.305	729	312.431			
总计	228680.651	730				

（2）年龄

由表 5 – 29 可知，$F = 7.522 > F_a = 2.226458$，$P < 0.001$，这两种情况都说明了流动人口不同年龄之间的差异是显著的，表明年龄对流动人口的社会融合度有显著影响。另外，$R^2 = SSA/SST = 11278.312/228680.651 \approx 0.05$，$R \approx 0.22$。

表 5 - 29　　　　　　　年龄对于社会融合度的方差分析结果

差异源	平方和 SS	自由度 df	均方	F 值	P 值	F 临界值
组间	11278.312	5	2255.662	7.522	0.000	2.226458
组内	217402.340	725	299.865			
总计	228680.651	730				

数据显示流动人口的年龄与社会融合程度之间的关系强度为 22%，可以看出年龄与社会融合的关系强度并不高。造成这种结果可能有两方面的原因：一是随着年龄的增长，流动人口的自身阅历也会增加，流动的生活经历带给了流动人口比较开放的生活态度；二是对于年轻人来说他们的学习能力较强，端正的学习态度会促进对流入地的适应程度。

（3）受教育程度

由表 5 - 30 可知，$P < 0.001$，即不同的受教育程度之间的差异是显著的，表明流动人口的受教育程度对社会融合有显著影响。另外，$R^2 = SSA/SST = 16142.496/228680.651 \approx 0.07$，$R \approx 0.26$。

表 5 - 30　　　　　　　受教育程度对于社会融合度的方差分析结果

差异源	平方和 SS	自由度 df	均方	F 值	P 值	F 临界值
组间	16142.496	3	5380.832	18.405	0.000	2.617153
组内	212538.156	727	292.350			
总计	228680.651	730				

数据显示流动人口的受教育水平与社会融合程度之间的关系强度为 26%。这可能是因为流动人口的受教育程度越高，其专业知识和工作能力就会越强，越容易获得自己心仪的工作和薪酬福利，拥有更好的职业发展规划，从而对当地产生长期居留意愿和归属感。

（4）居住时间

由表 5 – 31 可知，$P < 0.001$，即不同的居住时间之间的差异是显著的，这表明流动人口的居住时间对社会融合有显著影响。另外，$R^2 = SSA/SST = 16289.565/228680.651 \approx 0.07$，$R \approx 0.26$。

表 5 – 31　　　　　居住时间对于社会融合度的方差分析结果

差异源	平方和 SS	自由度 df	均方	F 值	P 值	F 临界值
组间	16289.565	3	5429.855	18.586	0.000	2.617153
组内	212391.086	727	292.147			
总计	228680.651	730				

这表明流动人口的居住时间与社会整合度之间有 26% 的关系，关系强度不高。居住时间越长，流动人口在流入地的社会网络就越丰富，与当地人的交流就越深入，越会促进流动人口对流入地的归属感，进而增强社会融合度。但同时他们也会遇到更多深入的问题，例如在福利待遇、居住条件、学习培训和子女入学等方面与本地人之间的差异，降低了居住时间对社会融合度的影响程度。

5.4.3.2　经济因素方差分析结果

对于流动人口而言，流动人口的流动原因与经济因素密切相关，稳定的收入、合理的工作时间以及合适的住处与流动人口社会融合度的提升有着良性互动的关系。这里选取流动人口的工资收入、工作时间以及住房类型为自变量进行分析。

（1）工资收入

由表 5 – 32 可知，$F = 37.683 > F_a = 2.384199$，$P < 0.001$，即流动人口之间的工资收入水平差异是显著的，表明流动人口的工资收入对其进行社会融合有显著影响。另外，$R^2 = SSA/SST = 39315.726/$

$228680.651 \approx 0.17$，$R \approx 0.41$。

表 5-32　　　　　　　　工资收入对于社会融合度的方差分析结果

差异源	平方和 SS	自由度 df	均方	F 值	P 值	F 临界值
组间	39315.726	4	9828.931	37.683	0.000	2.384199
组内	189364.925	726	260.833			
总计	228680.651	730				

以上数据显示，工资收入的高低与社会融合程度之间的关系强度为 41%。说明流动人口的工资收入会影响流动人口的社会融合度，工资收入越高，其社会融合情况越乐观。就业和收入一直是导致人口流动的一个重要原因，稳定的工资收入可以使流动人口减少很多烦恼，有利于改善流动人口的经济融合和心理融合情况。

（2）工作时间

由表 5-33 可知，$F = 3.450 > F_a = 2.384199$，$P < 0.001$，即不同的工作时间之间的差异是显著的，表明流动人口的工作时间对其进行社会融合有显著影响。另外，$R^2 = SSA/SST = 4266.048/228680.651 \approx 0.019$，$R \approx 0.14$。

表 5-33　　　　　　　　工作时间对于社会融合度的方差分析结果

差异源	平方和 SS	自由度 df	均方	F 值	P 值	F 临界值
组间	4266.048	4	1066.512	3.450	0.008	2.384199
组内	224414.603	726	309.111			
总计	228680.651	730				

以上数据显示，工作时间的长短与社会融合程度之间的关系强度仅为 14%，关系强度较低。这可能是因为流动人口在工作中也有机会

去了解当地的文化，与当地人有更多的接触机会。这也可能与工作的类型和工资收入有关系。

（3）住房类型

由表5-34可知，$F = 36.714$，$P < 0.001$，即住房类型不同的流动人口之间的差异是显著的，这表明流动人口的住房类型对社会融合有显著影响。另外，$R^2 = SSA/SST = 38475.321/228680.651 \approx 0.19$，$R \approx 0.44$。

表5-34　　　　　住房类型对于社会融合度的方差分析结果

差异源	平方和 SS	自由度 df	均方	F 值	P 值	F 临界值
组间	38475.321	4	9618.830	36.714	0.000	2.384199
组内	190205.330	726	261.991			
总计	228680.651	730				

以上数据显示，流动人口的住房类型与社会融合程度之间的关系强度为44%。合适的住房条件会增加流动人口的生活幸福感，其社会融入度也会大大提升。但是基于实际情况，流动人口对于住房的环境要求才是最为关键的，而房子的是否拥有不是决定性因素。

5.4.3.3　文化因素方差分析结果

流动人口的文化融合主要指的是流动人口对流入地文化的适应情况。这里选取流动人口对流入地语言的掌握程度、风俗习惯适应程度和业余时间交往对象作为自变量分析。

（1）本地话掌握程度

由表5-35可知，$P < 0.001$，即本地话的掌握程度之间的差异是显著的，表明流动人口对本地话掌握的程度与他们的社会融合有显著关系。另外，$R^2 = SSA/SST = 13635.953/228680.651 \approx 0.06$，$R \approx 0.25$。

表 5 – 35　　　　本地话掌握程度对于社会融合度的方差分析结果

差异源	平方和 SS	自由度 df	均方	F 值	P 值	F 临界值
组间	13635.953	2	6817.976	23.081	0.000	3.008094
组内	215044.699	728	295.391			
总计	228680.651	730				

以上数据显示，本地话的掌握程度与社会融合度之间的关系强度为 25%。说明流动人口对于流入地的语言的掌握程度影响着流动人口的社会融合度，即对当地语言掌握得越好，就越容易与本地人交流，其社会融合情况会越乐观。同时，由于大多数流动人口是省内流动，语言掌握这方面情况会相对容易，所以本地化掌握程度与社会融合度的关系强度不高。

（2）风俗习惯适应程度

由表 5 – 36 可知，$P < 0.001$，即流动人口对风俗习惯适应程度之间的差异是显著的，表明流动人口对流入地风俗习惯的适应程度与社会融合之间存在显著关系。另外，$R^2 = SSA/SST = 64829.772/228680.651 \approx 0.28$，$R \approx 0.53$。

表 5 – 36　　　　风俗习惯适应程度对于社会融合度的方差分析结果

差异源	平方和 SS	自由度 df	均方	F 值	P 值	F 临界值
组间	64829.772	2	32414.886	144.021	0.000	3.008094
组内	163850.879	728	225.070			
总计	228680.651	730				

以上数据显示，流动人口对流入地的风俗习惯适应程度与社会融合度之间的关系强度为 53%。即流动人口对流入地的风俗习惯的适应程度越高，社会融合度就会越高。风俗习惯作为我国传统文化中的一

部分，具有很鲜明的区域性和排他性。每个区域都拥有着不同的风俗习惯，会潜移默化地影响流动人口与本地人的交往。流动人口对流入地的风俗习惯越适应，就越容易产生归属感，形成长期居留意愿，从而影响社会融合。

（3）业余时间交往对象

由表5－37可知，$P < 0.001$，即流动人口业余时间不同的交往对象之间的差异是显著的，表明业余时间交往对象与社会融合之间存在显著关系。另外，$R^2 = SSA/SST = 22249.864/228680.651 \approx 0.097$，$R \approx 0.31$。

表 5 - 37   业余时间交往对象对于社会融合度的方差分析结果

差异源	平方和 SS	自由度 df	均方	F 值	P 值	F 临界值
组间	22249.864	3	7416.621	26.120	0.000	2.617153
组内	206430.787	727	283.949			
总计	228680.651	730				

以上数据显示，流动人口业余时间交往对象的不同与其社会融合度之间的关系强度为31%。根据现状描述分析可知，业余时间交往对象为本地人的流动人口更容易适应本地生活，文化融合情况会更好一些。交往对象的选择直接关系着流动人口的社会关系网络，影响着流动人口的融合进程。

5.4.3.4　心理因素方差分析结果

流动人口的社会融合不仅包括经济融合和文化融合，也包括心理融合。但是流动人口的心理融合受到很多方面的影响，需要长时间探索积累。这里我们以流动人口的归属感、流入地的社会接纳程度以及流动人口的长期居留意愿作为自变量进行方差分析。

（1）归属感

由表 5-38 可知，$F=130.282$，$P<0.001$，表明对流入地归属感不同的流动人口之间的差异是显著的，即归属感与社会融合之间存在显著关系。另外，$R^2=SSA/SST=60275.319/228680.651\approx0.26$，$R\approx0.50$。

表 5-38　　　　归属感对于社会融合度的方差分析结果

差异源	平方和 SS	自由度 df	均方	F 值	P 值	F 临界值
组间	60275.319	2	30137.659	130.282	0.000	3.008094
组内	168405.333	728	231.326			
总计	228680.651	730				

以上数据显示，流动人口对流入地的归属感与社会融合度之间的关系强度为 50%。也就是说流动人口对流入地的归属感越强，其社会融合度受影响越大。流动人口对流入地的归属感取决于其他融合方面的影响，它们之间相互依赖并发挥作用。其中，流动人口对企业的归属感直接影响着其经济融合度，流动人口对于居住地的归属感直接影响着社会关系融合度。

（2）社会接纳程度

由表 5-39 可知，$F=101.128$，$P<0.001$，表明流入地对流动人口的社会接纳程度不同所造成的差异是显著的，即社会接纳程度与社会融合度之间存在显著关系。另外，$R^2=SSA/SST=49719.816/228680.651\approx0.22$，$R\approx0.47$。

表 5-39　　　　社会接纳程度对于社会融合度的方差分析结果

差异源	平方和 SS	自由度 df	均方	F 值	P 值	F 临界值
组间	49719.816	2	24859.908	101.128	0.000	3.008094
组内	178960.835	728	245.825			
总计	228680.651	730				

以上数据显示流入地对流动人口的社会接纳程度与流动人口的社会融合度之间的关系强度为47%。这说明流入地对流动人口的社会接纳程度越高，越有利于流动人口进行社会融合。流入地的社会接纳强调的是当地政府和居民对流动人口接纳的重要性，社会接纳能够更有效地帮助流动人口以自身价值观和目标的方式在流入地行动，促进流动人口的社会交往和心理健康，可以快速、有效地帮助流动人口进行社会融合。

（3）长期居留意愿

由表5-40可知，$F = 108.564 > F_a = 3.008094$，即不同长期居留意愿之间的差异是显著的，这表明长期居留意愿对流动人口的社会融合度有显著影响。另外，$R^2 = SSA/SST = 52535.573/228680.651 \approx 0.23$，$R \approx 0.48$。

表5-40　　　　　长期居留意愿对于社会融合度的方差分析结果

差异源	平方和 SS	自由度 df	均方	F 值	P 值	F 临界值
组间	52535.573	2	26267.786	108.564	0.000	3.008094
组内	176145.079	728	241.958			
总计	228680.651	730				

以上数据显示，流动人口的长期居留意愿与社会融合度之间的关系强度为48%。长期居留意愿代表流动人口未来一段时间的安排。流动人口的心理融入在社会融合中起关键作用。只有流动人口内心深处想要融入当地，才能积极地做出促进社会融合的行动，提升社会融合度。

5.4.3.5　制度因素方差分析结果

一些切实有力的制度能够对流动人口的生活、工作等方面起到一个保障的作用，使其能够安心并且乐意融入流入地。这里选取流动人口的户籍情况、居住证的办理情况、保险的办理情况以及劳动合同的签订情况为自变量进行方差分析。

（1）户籍

由表 5 – 41 可知，$F = 52.330$，$P < 0.001$，表明不同户籍的流动人口之间的差异是显著的。另外，$R^2 = SSA/SST = 15316.040/228680.651 \approx 0.07$，$R \approx 0.26$。

表 5 – 41　　　　　户籍对于社会融合度的方差分析结果

差异源	平方和 SS	自由度 df	均方	F 值	P 值	F 临界值
组间	15316.040	1	15316.040	52.330	0.000	3.854246
组内	213364.612	729	292.681			
总计	228680.651	730				

以上数据显示，流动人口的户籍类型与社会融合度之间的关系强度为 26%，关系强度不高。这可能是因为无论是城镇户籍还是农村户籍，都会有流动人口。他们的流动原因不一定相同，比如一部分流动人口是为了追求更高的经济收入，一部分流动人口是为了追求更高的社会地位，从而实现自己的人生价值，所以户籍与社会融合度的关系需要综合考虑。

（2）是否办理居住证

由表 5 – 42 可知，$P < 0.001$，即是否办理居住证之间的差异是显著的，这表明居住证的办理情况对流动人口的社会融合度有显著影响。另外，$R^2 = SSA/SST = 9945.683/228680.651 \approx 0.04$，$R \approx 0.20$。

表 5 – 42　　　　　是否办理居住证对于社会融合度的方差分析结果

差异源	平方和 SS	自由度 df	均方	F 值	P 值	F 临界值
组间	9945.683	1	9945.683	33.147	0.000	3.854246
组内	218734.968	729	300.048			
总计	228680.651	730				

以上数据显示，流动人口居住证的办理情况与社会融合度之间的关系强度为20%。从数据可以看出流动人口与社会融合程度的关系强度不高。居住证的拥有关系着流动人口能否享有公平的待遇，对其社会融合进程起着一定作用。但是基于实际情况，居住证的办理存在一定的门槛，比如学历的要求，这会在一定程度上阻碍社会融合进程。

（3）是否办理保险

由表5-43可知，$P < 0.001$，即单位是否为流动人口办理保险之间的差异是显著的，这表明保险的办理情况对流动人口的社会融合度有显著影响。另外，$R^2 = SSA/SST = 65924.108/228680.651 \approx 0.29$，$R \approx 0.54$。

表5-43　　　　　是否办理保险对于社会融合度的方差分析结果

差异源	平方和 SS	自由度 df	均方	F 值	P 值	F 临界值
组间	65924.108	1	65924.108	295.280	0.000	3.854246
组内	162756.543	729	223.260			
总计	228680.651	730				

以上数据显示，流动人口是否办理保险与社会融合度之间的关系强度为54%。保险的办理对于流动人口是一种间接的保护，能够让流动人口有一种安全感。但是由于一些传统观念的影响，部分流动人口不能够充分认识到保险的重要性。所以，社区进行保险知识的宣传很重要，让流动人口认识到办理保险的必要性，依法享受社会保险待遇，也是促进社会融合的一个有效过程。

（4）是否签订劳动合同

由表5-44可知，$P < 0.001$，即是否签订劳动合同之间的差异是显著的，这表明劳动合同的签订情况对流动人口的社会融合度有显著影响。另外，$R^2 = SSA/SST = 76646.795/228680.651 \approx 0.34$，$R \approx 0.58$。

表 5 – 44　　是否签订劳动合同对于社会融合度的方差分析结果

差异源	平方和 SS	自由度 df	均方	F 值	P 值	F 临界值
组间	76646.795	1	76646.795	367.520	0.000	3.854246
组内	152033.856	729	208.551			
总计	228680.651	730				

以上数据显示，流动人口是否签订劳动合同与社会融合度之间的关系强度为 58%。这是与社会融合度关系最强的一个因素。流动人口是否与单位签订劳动合同，又取决于其工作性质、工作单位。对于年长的农民工来说，他们有些从未听说过劳动合同。而对于较为年轻的流动人口来说，他们的流动性通常较强，通常签订就业协议。

5.4.3.6　社区因素方差分析结果

社区是流动人口进行社会融合的平台之一，流动人口在这里可以接触到更多的本地人，更加近距离地去了解本地文化。这里选取流动人口一年内参加的健康知识宣传教育次数、参加社区或单位活动的次数作为自变量，流动人口社会融合度作为因变量，进行方差分析。

（1）参加健康知识宣传教育次数

由表 5 – 45 可知，$P < 0.001$，即是否签订劳动合同之间的差异是显著的，这表明劳动合同的签订情况对流动人口的社会融合度有显著影响。另外，$R^2 = SSA/SST = 35064.394/228680.651 \approx 0.15$，$R \approx 0.39$。

表 5 – 45　　参加健康知识宣传教育次数对于社会融合度的方差分析结果

差异源	平方和 SS	自由度 df	均方	F 值	P 值	F 临界值
组间	35064.394	3	11688.131	43.887	0.000	2.617153
组内	193616.257	727	266.322			
总计	228680.651	730				

以上数据显示，流动人口参加健康知识宣传教育的次数与社会融合度之间的关系强度为39%。参加健康知识宣传教育次数的不同，对流动人口社会融合也是具有影响的。一方面，健康知识宣传教育会影响健康档案的建立，建立健康档案有利于社区进行系统管理，对于流动人口的基本情况进行把握，从而能够在突发事件发生时，及时做出有效回应。另一方面，健康知识宣传教育可以促进流动人口注重身心健康发展，提前预防各种疾病问题。

（2）活动参加次数

由表5-46可知，$P<0.001$，即不同的活动参加次数之间的差异是显著的，这说明活动参加次数对于流动人口的社会融合度具有显著影响。另外，$R^2 = SSA/SST = 36402.293/228680.651 \approx 0.13$，$R = 0.40$。

表5-46　　　　活动参加次数对于社会融合度的方差分析结果

差异源	平方和 SS	自由度 df	均方	F 值	P 值	F 临界值
组间	36402.293	3	12134.098	45.879	0.000	2.617153
组内	192278.358	727	264.482			
总计	228680.651	730				

以上数据显示流动人口参加社区或单位活动的次数与社会融合度之间的关系强度为40%。参加活动是流动人口了解流入地的文化和与本地人交流的过程，在这个过程中，可以帮助流动人口深入了解当地的风土文化，开阔视野，与当地人深入交流，对于他们的社会融合过程至关重要。结合以上分析可知，经常参加活动的流动人口以及经常参加健康知识宣传教育的流动人口，更容易适应本地的生活，其社会融合度也更高。

综上所述，流动人口的社会融合度会受到诸多因素的影响，在探究其影响因素时，应该综合考虑分析。从以上的方差分析结果可知，性别对流动人口的社会融合没有显著影响，年龄、受教育水平、在流入地居住时间等因素对社会融合度有显著影响，但是不强烈。劳动合同的签订情况，保险的购买情况，流入地社会接纳程度等因素会对社会融合度具有显著影响。另外，比较各个因素与社会融合度之间的关系可以得知，心理因素与社会融合之间的关系强度最高，制度因素与社区因素其次，个人因素与社会融合度的关系强度最低。

5.4.4 影响因素回归分析

这里以方差分析得到的显著性影响因素作为自变量，流动人口社会融合程度作为因变量，构建线性回归模型分析：

$$Y = \beta_1 X_1 + \beta_2 X_2 + \beta_3 X_3 + \beta_4 X_4 + \cdots + \beta_n X_n \qquad (5-8)$$

其中，Y 代表社会融合度；X_1，X_2，X_3，$\cdots$，X_n 为各个影响社会融合度的自变量。

如表 5-47 所示的相关性矩阵，矩阵中的 Y 为因变量流动人口社会融合度，X_1、X_2、$\cdots$、X_{18} 为自变量，分别对应流动人口的年龄、受教育程度、居住时间、工资收入、工作时间、住房性质、本地话掌握程度、风俗习惯适应程度、业余时间交往对象、归属感、社会接纳程度、长期居留意愿、户籍、居住证、保险购买情况、劳动合同签订情况、健康知识宣传教育和活动参加次数。数据显示，自变量与因变量之间相关系数的显著性水平均小于 0.05，通过了显著性检验，表明自变量与因变量之间的关系较为紧密。

表 5 - 47

相关性矩阵

变量	Y	X_1	X_2	X_3	X_4	X_5	X_6	X_7	X_8	X_9	X_{10}	X_{11}	X_{12}	X_{13}	X_{14}	X_{15}	X_{16}	X_{17}	X_{18}
Y	1.000	0.000	0.000	0.000	0.000	0.001	0.000	0.000	0.000	0.000	0.000	0.000	0.000	0.000	0.000	0.000	0.000	0.000	0.000
X_1	0.000	1.000	0.000	0.000	0.000	0.041	0.000	0.001	0.346	0.051	0.003	0.479	0.000	0.000	0.069	0.003	0.003	0.319	0.000
X_2	0.000	0.000	1.000	0.458	0.000	0.000	0.119	0.037	0.000	0.320	0.052	0.001	0.000	0.000	0.001	0.000	0.000	0.000	0.001
X_3	0.000	0.000	0.458	1.000	0.000	0.120	0.000	0.000	0.000	0.001	0.000	0.000	0.000	0.000	0.000	0.001	0.000	0.040	0.001
X_4	0.000	0.000	0.000	0.000	1.000	0.001	0.000	0.000	0.001	0.001	0.000	0.000	0.000	0.000	0.000	0.000	0.000	0.000	0.001
X_5	0.001	0.041	0.000	0.120	0.001	1.000	0.218	0.002	0.004	0.471	0.221	0.025	0.071	0.040	0.154	0.010	0.012	0.438	0.397
X_6	0.000	0.000	0.119	0.000	0.000	0.218	1.000	0.000	0.000	0.000	0.000	0.016	0.000	0.000	0.000	0.000	0.000	0.006	0.000
X_7	0.000	0.001	0.037	0.000	0.000	0.002	0.000	1.000	0.000	0.000	0.000	0.000	0.000	0.000	0.000	0.003	0.011	0.002	0.000
X_8	0.000	0.346	0.000	0.000	0.001	0.004	0.000	0.000	1.000	0.001	0.000	0.000	0.000	0.000	0.000	0.069	0.003	0.001	0.000
X_9	0.000	0.051	0.320	0.001	0.000	0.471	0.000	0.000	0.001	1.000	0.000	0.014	0.000	0.000	0.000	0.022	0.000	0.059	0.000
X_{10}	0.000	0.003	0.052	0.000	0.000	0.221	0.000	0.000	0.000	0.000	1.000	0.000	0.000	0.001	0.000	0.000	0.000	0.000	0.000
X_{11}	0.000	0.479	0.001	0.000	0.000	0.025	0.016	0.000	0.000	0.014	0.000	1.000	0.000	0.025	0.000	0.011	0.000	0.000	0.000
X_{12}	0.000	0.000	0.000	0.000	0.000	0.071	0.000	0.000	0.000	0.000	0.000	0.000	1.000	0.000	0.000	0.000	0.000	0.000	0.000
X_{13}	0.000	0.000	0.000	0.000	0.000	0.040	0.000	0.000	0.000	0.000	0.001	0.025	0.000	1.000	0.000	0.000	0.000	0.002	0.000
X_{14}	0.000	0.069	0.001	0.000	0.000	0.154	0.000	0.000	0.000	0.000	0.000	0.000	0.000	0.000	1.000	0.000	0.000	0.000	0.000
X_{15}	0.000	0.003	0.000	0.001	0.000	0.010	0.000	0.003	0.069	0.022	0.000	0.011	0.000	0.000	0.000	1.000	0.000	0.003	0.000
X_{16}	0.000	0.003	0.000	0.000	0.000	0.012	0.000	0.011	0.003	0.000	0.000	0.000	0.000	0.002	0.000	0.000	1.000	0.001	0.000
X_{17}	0.000	0.319	0.000	0.040	0.000	0.438	0.006	0.002	0.001	0.059	0.000	0.000	0.000	0.002	0.000	0.003	0.001	1.000	0.000
X_{18}	0.000	0.000	0.001	0.001	0.001	0.397	0.000	0.000	0.000	0.000	0.000	0.000	0.000	0.000	0.000	0.000	0.000	0.000	1.000

如表 5 - 48 所示的方差分析统计结果，8 个模型的方差检验 F 值分别为 122.351、129.724、…、198.681。同时，8 个模型的显著性检验的 P 值均为 0.000，表示 8 个回归模型的整体解释变异量达到显著水平，即所预测的所有自变量中至少有一个自变量达到了显著性水平。另外，数据表明所建立的回归方程通过检验，方程均有效且自变量与因变量社会融合之间存在线性关系。

表 5 - 48　　　　　　　　　方差分析统计结果

模型		平方和	自由度	均方	F	显著性
1	回归	172811.50	18	9600.638	122.351	0.000
	残差	55869.17	712	78.468		
	总计	228680.70	730			
2	回归	172809.30	17	10165.250	129.724	0.000
	残差	55871.33	713	78.361		
	总计	228680.70	730			
3	回归	172788.10	16	10799.260	137.955	0.000
	残差	55892.58	714	78.281		
	总计	228680.70	730			
4	回归	172738.10	15	11515.870	147.184	0.000
	残差	55942.54	715	78.241		
	总计	228680.70	730			
5	回归	172651.00	14	12332.220	157.593	0.000
	残差	56029.60	716	78.254		
	总计	228680.70	730			
6	回归	172533.60	13	13271.810	169.481	0.000
	残差	56147.09	717	78.308		
	总计	228680.70	730			
7	回归	172326.80	12	14360.570	182.967	0.000
	残差	56353.85	718	78.487		
	总计	228680.70	730			

续表

模型		平方和	自由度	均方	F	显著性
8	回归	172071.20	11	15642.840	198.681	0.000
	残差	56609.44	719	78.734		
	总计	228680.70	730			

如表 5 - 49 所示的回归系数，回归系数 t 检验都显示为显著，容差分别为 0.844、0.734、0.815、0.572、0.762、0.604、0.955、0.435、0.414、0.737、0.693，都远大于 0，以及 VIF 值分别为 1.186、1.363、1.227、1.750、1.312、1.656、1.047、2.300、2.413、1.356、1.444，即各变量的方差膨胀系数 VIF 值均介于 1 ~ 10。另外，在进行线性回归分析时，采用后退法将对因变量没有显著影响的自变量逐一剔除。由分析结果可知，自变量之间不存在多重共线性问题。最后从表中可以得到标准化的回归方程：

$Y = -0.044 \times$ 居住时间 $+0.067 \times$ 工资收入 $+0.327 \times$ 风俗习惯适应程度
$\qquad +0.203 \times$ 归属感 $+0.150 \times$ 社会接纳 $+0.062 \times$ 长期居留意愿
$\qquad +0.076 \times$ 居住证 $+0.236 \times$ 保险购买情况 $+0.241 \times$ 劳动合同签订
$\qquad +0.142 \times$ 健康知识宣传教育参与次数 $+0.066 \times$ 活动参加次数

(5 - 9)

表 5 - 49　　　　　　　　　　回归系数[a]

模型	未标准化系数		标准化系数	t	显著性	相关性			共线性统计	
	B	标准误差	Beta			零阶	偏	部分	容差	VIF
（常量）	-40.071	2.558		-15.666	0.000					
居住时间	-0.732	0.340	-0.044	-2.154	0.032	0.232	-0.080	-0.040	0.844	1.186
工资收入	0.996	0.321	0.067	3.098	0.002	0.409	0.115	0.057	0.734	1.363

续表

模型	未标准化系数		标准化系数	t	显著性	相关性			共线性统计	
	B	标准误差	Beta			零阶	偏	部分	容差	VIF
风俗习惯适用程度	10.333	0.649	0.327	15.929	0.000	0.528	0.511	0.296	0.815	1.227
归属感	5.210	0.629	0.203	8.290	0.000	0.513	0.295	0.154	0.572	1.750
社会接纳	4.737	0.670	0.150	7.075	0.000	0.466	0.255	0.131	0.762	1.312
长期居留意愿	1.743	0.672	0.062	2.594	0.010	0.478	0.096	0.048	0.604	1.656
居住证	2.143	0.538	0.076	3.985	0.000	0.209	0.147	0.074	0.955	1.047
保险购买情况	10.799	1.286	0.236	8.394	0.000	0.537	0.299	0.156	0.435	2.300
劳动合同签订情况	11.599	1.386	0.241	8.372	0.000	0.579	0.298	0.155	0.414	2.413
健康知识宣传教育参与次数	3.051	0.466	0.142	6.551	0.000	0.360	0.237	0.122	0.737	1.356
活动参加次数	1.417	0.478	0.066	2.968	0.003	0.373	0.110	0.055	0.693	1.444

注：a. 因变量：流动人口社会融合度。

综上可知，密切影响流动人口社会融合的变量有 11 个，即居住时间、工资收入、风俗习惯适应程度、归属感、社会接纳、长期居留意愿、居住证、保险购买情况、劳动合同签订情况、健康知识宣传教育参与次数以及活动参加次数。由系数的正负可以看出，影响因素与社会融合度之间呈现正向或者负向关系，由影响因素系数的大小可以看出其对社会融合度的影响程度。比如从标准化后的回归方程可以得知，签订劳动合同的系数为 0.241，这说明在固定其他变量时，流动人口劳动合同的签订情况每变化一个单位，平均而言，社会融合度就会变化 0.241 个单位，其他变量的系数同理。

除了以上因素外，流动人口的受教育程度、工作时间、本地话掌握程度、业余时间交往对象以及住房类型对社会融合也有着一定的影响作用。流动人口的受教育程度越高，其专业知识和工作能力就会越强，越容易获得自己心仪的工作和薪酬福利，拥有更好的职业发展规划，从而对当地产生归属感，促进他们的社会融合。流动人口的工作与其工作时间有着密切的关系，合理的工作时间可以提高员工的幸福感。流动人口对本地话的掌握程度影响着他们的社会关系网络，熟练掌握本地话可以帮助流动人口与当地居民深入交流，减少他们融合过程中的阻碍，所以，流动人口对本地话的掌握程度对社会融合度的影响是存在的。另外，住房类型会影响到流动人口的居住满意度和长期居留意愿，所以，住房类型也会对流动人口的社会融合度产生影响。

第6章　发达国家流动人口社会融合的实践经验分析

国际上，美国、英国、德国等发达国家的流动人口社会融合主要表现为国际移民和流动人口的融合。

6.1　美国移民社会融合的实践经验分析

目前，国际上移民的社会模式主要有教育主导型、公共政策主导型、宗教和商业主导型三种。美国是以教育为主导的融合模式，奥斯卡·汉德林提出美国在推进移民社会融合的同时，创建了以教育为导向的新型社会治理的新范式，并塑造了"北美难民""强盛美国"的传奇。张运红和冯增俊（2014）指出，美国经过两百多年的发展，已经形成了一套以教育为主的移民融入社会的实践模型。欧洲是以公共政策为主导的社会融合模式，杨菊华和贺丹（2017）指出，欧洲和美国在社会融合方面存在着差异，欧洲在政府政策的作用下，提倡"各美其美"的价值观，是一种"自上而下"的实践性融合模式。有的地区以商业为主导，温国砫（2012）认为非洲商人融入广州的途径主要有两种：地域融入和商业融入。

6.1.1　美国移民社会融合的模式

美国是社会融合规模最大、最成功的移民国家。美国政府一贯奉行的就是在世界范围内招募高科技和高创新人才。史学家奥斯卡·汉德林（Oscar Handlin，1971）认为，"美国历史就是一部移民史"。美国自立国以来，至少经历了三次大规模的移民运动，在这三次移民运动中，移民所涉及的社会融入问题日益突出。纵观美国社会的移民融合模式，大致分为融冰模式、糖融化模式和扩散模式①。

（1）融冰模式

通过这种移民融合的方式，移民逐步地融入美国的主流社会。起初，大部分的移民在宗教、文化、价值观、种族观念和生活方式上都与美国的主流社会十分相似。所以，随着移民在融入美国的过程中，他们并没有对美国的主流社会造成实质性的影响，正如冰雪消融一般。在这种模式中，整个社会的融入都比较顺利。美国立国之后，来自英国的移民大多属于这种模式。实际上，据盎格鲁归同论提出的观点，这种融合模式在当时是由绝大多数盎格鲁 – 撒克逊白人形成的，本质上具有排他性，或是一种非英国移民的"强迫融合"。

（2）糖融化模式

这种融合方式所针对的是那些不同于美国本地人的移民，他们随着移民进入美国社会而发生了翻天覆地的变化，并在某种程度上对美国的主流社会造成了冲击。他们内部的部分文化传统在与美国主流文化碰撞的过程中被吸收和消化，但这种文化影响冲击并不大。因此，它在融合过程中相对平稳。在美国南北战争期间，法国人与斯堪纳维

---

① 伍斌. 当代美国外来移民融入主流社会的困境 ［J］. 民族研究，2019（2）：24 – 37，139 – 140.

亚人的融合过程可以归入这个范畴。这种融合模式尊重融合对象，既有"强制融合"的特征，又有"自然融合"的特征，是两者结合的产物。

（3）扩散模式

在这种模式下，移民虽然生活在美国社会中，但他们和美国的主流社会相互分离并无交集，被美国社会视为"外者"。移民群体即便没有主动融合的意向，但随着他们和主流社会的接触，被动融合的效应仍在缓慢地发生着，如化学分子扩散一般，尽管融入缓慢，但却是在不断地进行着。这种模式下的移民群体大多数是以华人为主的有色种族移民。

在美国的移民历史上，不同的融合方式并非在时空上简单地呈现为线性存在，而是相互影响，共同作用，合力构成了美国移民文化。不同的融合方式只是对不同的种裔群体在融合上的侧重点有所不同。

6.1.2　美国社会融合实践的评估与监测

随着西方国家社会融合实践的推进，社会融合程度的评估与监测也愈加完善。社会融合指标能够用来衡量社会融合程度。美国的俄勒冈州阳光系统指标成为现阶段美国用来测量移民社会融合的重要指标。该指标有三个战略目标，每个战略目标有 2～3 个维度，每个维度又会分为多个层级。第一个战略目标是让所有人能够平等地拥有就业机会，此战略目标下分为两个维度，分别是经济水平与教育程度。第二个战略目标是全民健康服务和社区参与，此战略目标下分为三个维度，分别是公民参与、社会支持与公共安全。第三个战略目标是健康、可持续发展的环境，此战略目标下分为两个维度，分别是社区发展和环境。具体如表 6－1 所示。

表 6 - 1   美国俄勒冈州阳光系统指标

| 平等地拥有就业机会 | | 全民健康服务和社区参与 | | | 健康、可持续发展的环境 | |
经济水平	教育程度	公民参与	社会支持	公共安全	社区发展	环境
1. 经济量 2. 经济能力 3. 经济成本 4. 收入 5. 国际化	1. 年级幼儿园 2. 高中学 3. 技能发展 —	1. 参与 2. 税收 3. 公共部门 4. 文化 —	1. 健康 2. 保护 3. 贫困 4. 独立生存	1. 犯罪 2. 紧急预防 — —	1. 增长管理 2. 基础设施 3. 住房 — —	1. 空气 2. 水 3. 土地 4. 植物和原始生物 5. 户外娱乐

资料来源：肖子华，徐水源. 人口流动与社会融合理论、指标与方法 [M]. 北京：社会科学文献出版社，2017.

6.1.3　促进美国移民社会融合的原因

身份认同美国移民融合的过渡。在美国南北战争之后，欧洲人向美国移民的热潮再次兴起，而且规模不断增大，据当时美国人口普查的结果，1910 年国外出生人口达到 1350 万人，其中 87% 为欧洲人[①]。然而，在融合为美国公民的数据中，融合率在成人男子中还不到 50%，而且大部分并不想成为美国公民。此外，在美国境内，大量不会使用英语的移民，从始至终就不把自己当成美国人。这让美国的主流社会非常担忧"同质性"这个国家性问题，进而导致美国身份认同陷入两难境地。移民文化与美国文化是两种完全不同的、充满着冲突与斗争的文化。美国社会吸收移民文化的精华部分和积极因素，摒弃了与美国社会发展相冲突的成分，达到了一种融合的均衡状态。居住在美国的移民寻找身份认同感是为了以逃避异族的困惑和通往未来幸福的道路。从发展的角度来看，身份认同与世界的发展相同，是超越

---

①　OFCENSUS U. Thirteenth census of the United States taken in the year 1910. Statistics for Maryland. Containing statistics of population, agriculture, manufactures, and mining for the state, counties, cities, and other divisions [D]. Reprint of the Supplement for Maryland, 1913.

种族的，是实现人与人的平等、协调和尊敬。因此，认同在移民的社会融合中起着自上而下的作用。

教育认同是美国移民融入社会的重要保证。教育主导移民社会融合实践模式是二战后形成的，以其特有的教育作用，对于实现民族发展与社会安定有着重大的现实意义。

（1）满足美国高科技发展对人才的需求

这种以教育为导向的移民融入社会的方式，既符合知识经济时代对高质量人才的需求，又与美国大力发展高科技、以科教兴国的政策不谋而合。在此背景下，美国不但吸引了大批高质量的人才，而且以教育为手段，不断地提升移民技术水平，帮助他们抓住美国不断变化的社会发展机遇，为他们持续就业、选择更合适的发展领域打下了坚实的基础。

（2）以文明和民主的方式实现归化移民的社会融合

美国把以教育为导向的移民社会管理作为一项重要的制度创新。这既符合国际上尊重人权的大势，又可藉由教育提升人类的生存能力，进而使移民拥有更好的生活，增进其社会融合。移民更容易理解和接受通过教育传递科学知识的方式，从而渗透到国家法律法规和民族文化中。移民可以很轻易地消除他们对现行美国社会体制的反抗，从而在认同的基础上逐步达到自觉的顺从。移民更有可能对美国价值观的"异化"转向"归化"。在以教育为先导的过程中，一只"无形的手"正在推动着移民的融入。

（3）通过教育提高移民的就业能力和社会参与

教育增强了移民的就业能力，促进了移民社会参与教育，成为美国移民社会的治理方式。生产技能培训成为移民实现就业、稳定生活、融入社会的重要环节。从 1981 年到 1990 年，大约有 730 万移民进入美国，重点开展英语素养培训和农业农民工培训相关项目。成人教育可以帮助他们解决就业问题。美国对移民的成人教育着眼于培养具有高技能的劳动力、技能人才，增强外来人口的经济参与性、市场竞争能力，为他们融入美国社会奠定了良好的基础。

综上所述，当代美国外来移民融合受阻，是移民的自身特征与美国社会环境因素的综合结果。因此，美国政府通过加强移民的制度认同、身份认同、教育认同，从而促进外来移民的社会融合。

6.1.4　美国现代化进程中农民群体社会融合的特征

（1）社会融合平稳推进

人口可以在没有法律限制的情况下自由移动。在美国，除了交通不便和缺乏资金等原因，从乡村到城镇的迁移几乎没有任何阻碍。当然，由于美国的工业发展，美国的交通运输业得到了飞速的发展，铁路和公路网络遍布全国，因此，农村流动人口社会融合的客观问题就集中在资金上。

（2）政府的社会管理通过教育间接干预

第一，政府对农户就业培训提供了政策和法律上的支撑。美国制定了较为完备的农民职业培训法规，对国家和联邦政府的责任、受训对象、实施程序、资金来源等问题作出了明确的规定。

第二，政府提供资金支持。为欠发达地区及弱势人群制定训练方案，让其能够得到训练及维持生计的补助，提高其就业率。联邦政府的培训经费主要来源于失业保险金，外加美国财政预算的3%。

第三，打通培训机构与企业的联系。为了使农民的训练更有针对性，更能满足市场的需要，美国政府在协会、企业、工人和社区学院等多个部门之间，采取了多种形式，并以多种方式加以推动。

第四，规范培训资金的使用。美国部分地区采用了"培训券"制度，与"教育券"制度相似，合格的受训者先向政府申请"培训券"，再到培训市场申请培训，经考试合格者获得毕业证书，再交还"培训券"。这种新型的职业技术教育模式，不仅可以推动职业技术教育市场的健康发展，而且可以有效地激发农民的职业技术教育热情。

第五，提供劳动力市场信息服务。1994年，美国推出了"一站式服务"的概念，从原来简单地提供就业辅导和咨询，扩展到为求职者提供自学、培训设施、推荐培训项目等全方位的服务。

尽管很少有政府直接介入美国农民的社会融入，但美国政府却无时无刻不在对其进行着管理和调节，通过教育干预这只"看不见的手"，美国政府遵循了流动人口社会融合的客观规律，为农民在经济上融入城市社会提供了全方位的人力资本支持。从这个方面来讲，美国在农村社会治理上取得了很大的成就，而这种成就正是美国农民能够成功地融入到农村社会中的一个重要保证。

（3）工业与农业互动双赢式和谐发展

美国地多人少，无论是在工业化还是在农业现代化进程中，都存在着劳动力短缺的问题，但美国在现代化进程中，并没有以农业为代价来实现工业化进程，反而表现出了一种工农业协调发展的良好态势。究其根源，农民的转移是在农业劳动生产率提高的基础上实现的，同时也与美国大规模引入外来人口有直接关系。实际上，美国的许多教育和训练项目都是直接用于农业，或者说得更确切些，用于现代化的大型农场，所以，从农业生产中转移出来的劳动力并非全都离开了农业。正因如此，美国的农业不但没有因为快速的农村劳动力迁移而衰退，反而一直保持着高速增长，并且和工业化一起推动着美国的经济进入了一个健康的发展轨道，这也是美国农民能够成功融入社会的一个主要原因。

6.2 英国移民社会融合的实践经验分析

二战结束后，英国和欧洲各国一样，为了重振英国的经济，英国政府开始大量地从海外引进廉价的劳工，大量的移民涌入了英国。据当时的资料显示：在 1955 年，有 35200 名外国移民进入了英国；在 1960 年，这个数字上升到了 58050 人；在 1956~1960 年的 5 年里，在印度和巴基斯坦的移民中，有近 200000 人在英国定居下来；在 1965 年末，几乎有 65 万名移民在英国定居下来。大量的移民进入英国，使它从单一的白种人社会，变成了多文化、多民族的社会，这一现象所造成的影响巨大且广泛，令人侧目[①]。大规模的移民短时间涌入英国，这给移民聚集地区社会服务与资源造成了很大的压力。在许多城市出现了住房短缺、粮食短缺、严重失业等现实问题。所以，如何使外来移民更好地融入英国的主流社会，就成了英国政府必须正视的问题。为了让外来移民更好地融入英国社会，促进社会的融合，政府采取了各种政策和措施。

最初，英国政府对待移民的主要政策是同化政策。比如，"血液改造"移民的方式包括与外来人口之间的通婚等。于是，这些移民就慢慢地丧失或者抛弃了他们原来的身份，最后彻底地融入到英国的主流社会。20 世纪 60 年代后，英国政府逐渐开始从移民同化政策转向以多元文化主义为核心的移民政策，多元文化主义开始成为英国学术界关注的焦点。1966 年，时任英国政府内政大臣的罗伊·詹金斯（Roy Jenkins）提出，融合并不意味着移民放弃自己的民族文化和传统，并在融合的定义中引入了相互宽容的氛围，在承认文化多样性的

---

① 于明波. 战后英国有色人种移民问题研究述评 [J]. 史学月刊, 2021 (3): 118–128.

基础上给予移民平等的机会和待遇。这也是被后人称为移民的"融合说"。大部分的学者都是赞同"融合说"的。其中，帕特森在此基础上否定了英国是一个单质社会，提出要把同化转化为文化多元化，从而推动最后的民族一体化，其基础是在保证文化多样性的前提下，以及在互相容忍和互相认可的情况下获得平等的机会。在回顾英国移民融合历史的基础上，希罗（1991）提出"融合"和"多元文化"并行不悖，是解决民族矛盾的最佳途径。古尔本（Gulburn，1988）在此基础上，探讨了英国社会中多文化因素对民族关系的作用。他认为，从 20 世纪 60 年代开始，多元文化已经成为意识形态中一种势不可当的力量。推动多元文化也为解决民族冲突和外来移民在英国主流社会中的融合作出了贡献。潘纳伊（2011）从历史学的角度来看，英国的多元性是一种源远流长的文化，它可以追溯到 19 世纪初的英国。当前一些主流学者之所以乱用多元文化主义的概念，主要是因为移民问题处理不当会造成英国社会规范的破坏。潘纳伊在多维度分析英国社会时，无论是经济、饮食或音乐，都显示出移民和多文化的重要性，以及有着深厚历史渊源的多元文化主义的存在，即移民造就了英国。移民学者乔安娜·福米纳（2010）指出，英国的多文化政策类似于后殖民主义时期的移民所导致的文化多元化现象，并赞同大部分研究人员关于从 20 世纪 50 年代开始，英国的移民问题及有关政府的政策日益"种族化"的看法，而多文化政策是管理移民并创建一个多元化社会的"最佳途径"。

近年来，学者们对多元文化主义政策质疑的呼声越来越高。在当代英国政治话语中，"多元文化"逐渐变成了"大移民"消极影响的标志。萨姆·本内特（2018）等在回顾过去数十年英国多文化的基础上，指出从 21 世纪开始，英国公共部门中关于移民融入问题的政策逐渐发生了变化。新自由主义主张"自给自足"，拒绝政府援助，这一思潮在世界范围内的蔓延促使了移民融合由多文化向新同化论的发展。

　　英国主流的移民融合指标是"OPA"（Opportunity for All）指标，这也是目前在英国国家层面使用得比较早、较为成熟的社会融合指标之一。1999 年 9 月，英国政府工作和养老金署在"机会人人共享"规划中提出了一套用以监测应对贫困和社会排斥方略所获得的进步指标。该计划根据生命周期和区域分组将指标分为四组：儿童和青年组、工作年龄组、老年组和社区组。每一组都有几个指标，具体如表 6 - 2 所示。

表 6 - 2　　　　　　　　　　　　英国 OPA 指标

分组	指标
儿童和青年组	1. 无业家庭子女数 2. 低收入（相对低收入、绝对低收入、持续低收入） 3. 年轻孕妇（辍学、失业或未培训的年轻孕妇，未婚妈妈） 4. 在贫困地区发展良好的孩子增加比例 5. 第二重要阶段（11 岁）的素养 6. 素养（16 岁素养，低于最低要求的学校） 7. 19 岁至少有一个二级证书 8. 上学情况 9. 被照看孩子的改善 10. 2～10 岁的肥胖儿童 11. 16～18 岁在学人数 12. 婴儿死亡率 13. 非故意受伤严重程度 14. 抽烟率（怀孕妇女、11～15 岁孩子） 15. 在儿童保护中的再注册数 16. 低于符合体面标准的住房 17. 临时居住的家庭
工作年龄组	1. 就业率 2. 弱势群体的就业率 3. 失业家庭的成年人数 4. 在工作年龄时未取得二级及以上国家资格证书的人员 5. 和收入相关的收益周期 6. 低收入（相对低收入、绝对低收入、持续低收入） 7. 吸烟率（全体成年人、社会经济范围的体力劳动者） 8. 由于自杀和模糊性受伤导致的死亡率 9. 失眠人数 10. 16～24 岁的药物使用（A 类毒品的使用，频繁使用任何非法药物）

分组	指标
老年组	1. 低收入（相对低收入、绝对低收入、持续低收入） 2. 为非正式养老金奉献的人数 3. 对非正式养老金不断做奉献的人数 4. 对犯罪的畏惧 5. 对未来寿命的预测 6. 独自生活的服务（接受大量的家庭照料，任何社会服务） 7. 低于符合体面标准的住房
社区组	1. 低收入地区的就业情况 2. 低收入地区的犯罪情况 3. 低于平均住房面积的住房 4. 出生预期寿命 5. 第二阶段（11 岁）的素养差 6. 无消费燃料能力的用户 7. 低收入地区交通事故死亡人数

资料来源：李春霞，陈霏，黄匡时 . 融入筑城：中国西部流动人口社会融合研究［M］. 北京：九州出版社，2013.

（1）建立顺畅的劳动力转移机制

消除阻碍劳动力迁移的各种因素，能够最大限度地降低失业率，减轻贫穷。英国为降低结构性失业率，建立了基础教育、职业教育、高等教育"三位一体"的教育体系，减少结构性失业。英国高等教育在工业化和城镇化的推动下蓬勃发展。随着工业化、城市化进程的加快，英国的高等教育得到了迅速的发展。19 世纪英国涌现出一批杰出的科学家和学者，极大地推动了科技进步。20 世纪初期，大学毕业生的数量已达 2 万人。英国保持公共资源的可及性和基本公共服务的均等化，消除劳动力转移障碍。英国通过提供廉价通勤火车票，逐步建立和完善城市交通网络，形成廉价交通体系，提供便利的交通条件，大大降低了工人就业的流动成本。

（2）提高城市治理水平

在工业化和城市化的早期，城市人口迅速增长，而城市的承载力却不够大，城市的供求关系出现了严重失衡，由此引发了一系列的社会问题，如住房短缺、医疗卫生状况恶化、公共环境遭到破坏、道德水准下降、犯罪率上升等，英国政府被迫加强城市管理。

（3）树立包容性的价值取向

要在英国社会树立包容性的价值观，首先要摒弃与他人对抗的思想和与其他国家极化的思维，摆脱狭隘思想的束缚，凝聚共同感和族群感，这才是推动移民社会一体化的重要一环。英国人内心的"他者"意识是基于不同与对立而产生的，这势必会造成英国人的孤立和双方关系的进一步恶化。所以，要达成社会融合的目的，最关键的一步就是要从内部树立起一种包容的价值观，并尊重彼此的文化。

（4）完善国民教育课程方式

作为人们日常生活的主要载体，语言对移民的融入起到了不可忽视的推动作用。但是，因为英语水平的限制，这些外国人的休闲方式大多局限在日常生活的私人层面。若不能与主流大众进行良好的交流，不理解和认同对方的文化，将会产生更多的误会、隔阂，乃至情感上的焦虑与憎恨，最终加大了双方的内心距离。对此，英国政府采取了一系列激励措施，营造了一个有利于外来移民和本地居民相互影响的良好社会环境。

综上所述，英国政府通过建立顺畅的劳动力流转机制、民生建设改进城市管理、树立包容性的价值观取向、完善教育培养方式等方式，促进国外移民与本土主流社会的融合。

6.3　德国移民社会融合的实践经验分析

德国是欧盟主要的成员国之一，在移民历史上有着举足轻重的地位，也是仅次于美国的世界第二大移民输入国。德国第一次移民潮出现在二战初期至1950年早期。二战期间，德国大批中青年男子阵亡，这使得二战结束后，德国的经济发展出现了严重的劳动力短缺问题。当时的移民多为东欧各国及战争中遭受迫害的难民①。第二波移民潮是 1950～1973 年的石油危机期间，此时的移民主要是以客籍劳工为主，因此在这个阶段德国的经济增长很快，对劳动力的要求也很高。德国是以雇佣劳工的形式，从土耳其和意大利这样的工业落后地区掠夺劳动力。石油危机爆发后，德国对移民实行了紧缩的准入政策，因此其数量大规模减少，政府为了安抚客籍劳工，允许这些劳工的家属前来团聚。这便是从石油危机开始后，一直持续到 1985 年左右的第三次移民潮，这时的移民潮被视为家庭聚集式移民。东欧剧变以及苏联解体的时期是第四次移民潮，冷战结束使得东欧国家的人们纷纷向德国迁移，以寻求庇护。直到 20 世纪 90 年代，德国移民的社会融入还面临着如下问题：一方面，国外劳工的到来为德国提供了需要的劳动力；另一方面，国外劳动力的意识形态和文化不能很好地融入德国本土，也不被德国本土所接受。因此，其成为德国政府亟待解决的一大难题。

　　作为欧洲经济与政治的头部国家，德国是难民安置的首要选择。尤其是默克尔政府对难民问题所持的一种公开态度，更是促使难民大量流入德国。据官方公布的数据显示，2015 年，德国接到的难民申请书高达 110 万份，德国的 8200 万人口中，有 1600 万人是移民，有 700 万是外籍人，有 900 万为有移民背景的德籍人，而在 5 岁以下的孩子中，有 35.4% 是移民身份。截至 2020 年，德国已经有 2230 万移民，占整个德国人口的 27.2%，这是一个非常庞大的数字。这些数据已经充分地表明了德国已经成为真正意义上的移民国家。从以上几点来看，德国移民的社会融合情况不理想。受各种因素的影响，德国主流社会移民之间的分歧感对他们的社会融合产生了负面影响。

---

　　① 岳伟，邢来顺. 移民社会的文化整合问题与统一后联邦德国文化多元主义的形成 [J]. 史学集刊，2012（3）：16-23.

6.3.1 德国移民服务机制特点

随着移民数量的增加，德国的社会结构发生了变化，带来了一系列社会问题，促使德国从上到下对移民的社会融入给予足够的关注，并在此基础上发展出了一套独特的促进移民融入的服务体系。

（1）营造文化氛围

第一，积极营造有利于移民社会融合的"欢迎文化"。在德国社会广泛宣传和树立引进外来移民利大于弊的观念，并努力将这种思想转化为国民的共识，让德国人能以一种开放的、宽容的态度，信任、包容移民，并能与他们和睦相处。

第二，积极引导移民自身参与融合。德国政府在推动移民融入社会的过程中，不再把自己定位为"管理者"和"帮助者"，而要发挥移民自己的主动性和主动性，将移民纳入政府和民间组织，从而提高他们对社会的参与程度和对德国社会的认同感，从而提高他们对德国的认同感。内务部每年为 12 个新的移民团体划拨 100 万欧元。

第三，积极调动和充分发挥社会力量的作用。德国政府广泛借助科研机构、民间社团以及具有宗教背景的慈善团体等，提供项目资金支持，帮助各种民间组织和社会团体在移民融合工作中发挥作用，帮助移民进入劳动力市场。德国联邦人口研究中心一个很重要的研究方向就是移民问题研究：一是关于移民的界定；二是流出德国的人都是什么人；三是流入的人即德国移民的社会经济状况，特别是那些从外国来到德国的人在劳动市场上的就业状况。

（2）采取措施

第一，提供咨询。拨款设立了 1000 个新移民服务中心，向新移民提供咨询，帮助新移民尽快适应新环境和生活。联邦政府每年提供 2500 万欧元，资助各类社会组织，为外国人提供入学、考试、实习和求职等方面的咨询服务。

第二，开办语言培训班。联邦政府每年投入 2.5 亿欧元，组织新移民进行 600 小时德语学习以及 60 小时德国风俗习惯文化学习，加快新移民在德国的社会融入。2005 年，德国通过立法将参加语言班作为义务性要求，语言班包括 60 小时德育课程和 60 小时生活课程，将德国的政治、经济、法律、文化等方面的知识介绍给移民者。2005 年以来，德国新增的移民人数达到了 100 万。

第三，向新移民提供最低生活保障。德国将大量税收用于公共服务和社会保障，其中的一项重要用途就是直接发放救济津贴，救助外来无业新移民，以保证他们最基本的生存条件。

6.3.2　加强德国安全法制教育

（1）关注人的安全地位

德国是一个崇尚人文主义的国家，在移民政策上，政府的态度也是相当开放。但是，在人口众多的情况下，移民所能享受到的和平与自由却是相当有限。德国移民在融入社会时所面对的重大障碍，包括不同文化价值观念间的矛盾，以及对薪水和福利的担忧。这些都表明，人类的安全状况受到了破坏和威胁。因此，我们必须关注人们的安全状况，这与解决移民融入社会的问题有着密切的关系。每位移民都有其基本的权利与责任，这不仅表现在移民能够与各种不同的文化价值观念共存，还表现为对政府合法性的认同，以及对国家主导思想与运作制度的确认。人的安全感是建立在这种环境之上的。

（2）规范安全诉求渠道

德国移民群体较为特殊，他们的生活背景迥异，既有高科技人才，也有外籍工人，在选择目的地时，对自己的安全感的要求是他们进行理性思考的一个考量。为此，德国政府不仅应当关注移民融入后所产生的消极后果，还应该关注移民寻求自身安全道路的规范性。这种标准化不是针对德国移民群体，而是代表了一般标准。该标准能够被德国的主流社会及移民团体所接受并得到承认。在此基础上，我们也应该认识到"规范"并不代表"一无所求"，一套完善的申诉制度必须经过理性的思考与设计，以使各方利益最大化。

（3）促进国家安全与国际安全的联动性

在德国移民中，难民占了很大一部分，德国移民问题不仅是一国之事，更是一种非传统的全球安全问题。从国家安全的角度来看，移民是一种新型的社会群体，需要在政治、经济、文化等方面融入主流社会，但鉴于德国政府最初更注重移民的经济效益，而忽略了其他方面的融合，对国家的安全造成了冲击。因此现阶段，德国政府在制定移民政策时，就已经将维护国家安全作为先决条件。从国际层面来说，德国移民群体与国际局势的变化有着很大的关系。在关注本国问题的同时，不可能完全割裂开他国。因此，德国政府在管理移民融合时更加注重国家安全与国际安全的联系。

（4）顶层设计移民教育

移民教育的顶层设计保障了移民教育的发展，促进了移民的融合[①]。德国移民教育的总体规划主要有两大特征：一是强调多元文化融合，二是重视文化的多样性。其目的不仅是为了确保各国的文化生态具有生命力与张力，而且是为了进一步加强和巩固以国家为主体的民族成员的文化心理认同。德国在移民教育方面的经验可以概括为两个方面：一是注重顶层设计，二是明确政府的职责。在顶层设计上，采用了联邦、州政府和地方政府三级责任制度。在次级规划中，目标是按照个人需求来制定的。在制定教育政策的整体政策时，每个学校部门

---

① 李海峰. 浅论多元文化背景下的德国移民教育［J］. 教育文化论坛，2019，11（2）：46 – 52，136.

都包括移民。除此之外，把语言教育摆在突出位置，重视价值和知识的双重功能。引进社会支持系统，鼓励移民家属参加融合教育，通过设立家庭培训计划，让其家庭成员在提升自身的同时更好地相互支持。

综上所述，德国政府通过坚持移民法治建设的基本方向构建法律体系、关注移民的安全地位、为移民提供安全诉求的规范渠道、促进国家安全与国际安全、注重移民教育体系的构建等方面来促进国外移民与德国本土主流社会的融合。

第7章 高质量发展背景下促进流动人口社会融合的路径选择

　　流动人口社会融合度的高低与政府、社会、企业等主体关系密切。对于政府来说，流动人口社会融合度可以反映一个地方的发展程度，同时流动人口高社会融合度也能为城市带来新鲜"血液"，提供更多的劳动力。对于社会来说，流动人口社会融合度能够体现社会氛围和文化融合度。对于企业来说，流动人口社会融合度关乎企业的发展，同时也能够丰富企业员工结构。对于个人来说，流动人口社会融合度直接关系到流动人口的基本生活保障和就业质量。

　　加强流动人口的社会融合，既有利于提高城市对外来人口的包容性，又有利于改善和提升社会治理和公共服务的能力，对流动人口在城市中获得各种平等的权利具有正向的促进作用，从而有利于流动人口更好地享有城市发展的成果。促进流动人口在社会发展中的社会融合，其问题的关键在于解决建立在流动人口身份制度上的难题，让流动人口在生活的城市里拥有合理、均等和公平的发展机会，客观公正地享有应得的制度福利，使其在流入的过程中得到物质和精神的充分满足，最终实现身份和心灵的接纳认同。随着中国特色社会主义进入新时代，我国流动人口的社会融合也进入了一个全新的阶段，预计到2035 年，大规模的人口迁移将成为我国经济发展过程中的一种常态化现象。

　　提高流动人口社会融合水平，一是政府需要出台相关政策，以保证其相关基础服务，解决流动人口较为关心的问题；二是社会应该从如何形成开放包容的文化环境、如何丰富流动人口精神文化生活等处着手，解决相关问题；三是企业应改变思维，拓宽招聘眼界，为流动人口社会融合作出贡献，这也是对企业未来发展的帮助；四是流动人口个人应树立积极、乐观、上进的态度，努力提高自身能力，主动融入社会，提高社会融合水平。

下面从政府、社会、企业、个人四个层面提出促进流动人口社会融合水平的路径选择和相关建议。

7.1　政　府　层　面

流动人口能否深度融入社会、达成社会的高质量发展，政府需为其提供宏观导向作用。因此，政府应持续关注流动人口产生分化的社会现实，进一步完善城市管理政策及对流动人口关系认知。同时，适应我国社会主要矛盾转变的必然要求是高质量发展，是新时代我国经济发展的不二法则。基于流动人口社会融合的现状，本书从户籍制度、基本公共服务、就业扶持、合法权益保障四个方面探究政府层面促进中部地区流动人口社会深度融合的路径选择。

7.1.1　改革户籍制度

我国户籍由农业户口和非农业户口两部分组成，在政策设计之初是根据职业来划分，那时农民主要从事农业生产劳动，城乡地区之间的分界线较为明晰。而现在随着农村流动人口的大量涌现，地区间的互动更为频繁，户籍制度的一些矛盾和问题开始显现。主要表现为：一是公共服务资源分配不平等。流动人口因为户籍制度的障碍而导致身份不同，容易被当地居民定义为"外地人"，从而在社会服务体系和社会管理的过程中受到不平等的对待。二是公共政策滞后。目前我国颁布了一些流动人口的相关政策，但是在政策实施的侧重点和方向上与实际情况还存在着一定的偏差。政府服务人员在服务流动人口的问题上缺少公平公正的行为准则，具体的权利公平问题在服务的过程中没有完整准确地落实到位，因此，在流动人口保护权利的问题上，只做到了基本权利的保护而不是平等的保护。

以上问题的显现将严重阻碍流动人口的迁移，进而影响流动人口与社会的融合程度。本书就以上问题提出以下建议。

（1）加大改革力度，实施差别化落户政策

户籍制度改革是解决流动人口社会融合的关键。为促进流动人口与迁入地的高质量融合，一是继续推进户籍制度和居住证制度改革。拥有居住证的外地居民可以和当地居民享有同等的各种社会公共服务，社会身份和当地居民相同，享有共同且相等的福利待遇。可以有力地保护流入人口的基本生活权利，进一步提升流动人口的社会融合度。为流动人口进一步社会融合提供良好基础。二是在全国实施差别化落户政策，在实现人口合理优化转移流动的目标下兼顾经济发展，这对合理引导人口流动、优化大中小城市和小城镇布局、推动中部地区城市高质量发展将发挥十分重要的作用，同时起到促进劳动力资源优化配置的作用。大力放开流动人口在小城市落户的种种限制，合理有序地放开在中等城市的落户条件，适当降低在大城市的落户门槛，准确严格地控制大城市人口规模，提升和完善中小城市的居民就业问题，稳步推进城镇基本公共服务常住人口全覆盖。

（2）落实户籍制度，确保享有平等权利

户籍制度改革是一项繁复的系统工程，既要全面统筹，又要因地制宜、区别对待。目前主要的制约因素是有关人口流动的配套性改革没有跟上，下一步应把改革的重点放在配套改革的落实上，让人们确实感受到有关流动人口的一系列保障措施带来的利益。落实配套改革，赋予相关权利，政府应该坚持"公平"的基础思想，全盘翻新推动流动人口社会融合的制度设计，着眼于赋予流动人口平等的政治参与、就业、教育、基本公共服务享有等权利，从而加速流动人口的高度融合。推进户籍制度改革，帮助那些已经进入城市多年的转移人口过上与城市人一样的生活，为实现人口流动提供有利契机，使其更好地融入城市文明，这将有利于消除城市融入壁垒，促进转移人口更好地融入转入地，提升其获得感、满足感。

（3）完善流动人口治理体系，创新流动人口治理机制

构建专属权威部门对流动人口进行管理，从而形成全方位、多方面的流动人口治理体系。加强多部门区域联合协作，充分发挥各职能部门的专业力量，对流动人口的管理形成统一协调的治理体系，不断完善管理部门的工作职能，并建立起完整的运行服务机制和监督体系，建立由政府、社区组织、网络媒体和市民及流动人口共同参与的，全方位、深层次、依法依规的监督网络机制，作为强有力的法律保障提供给新户籍制度下的流动人口。

加大户籍制度改革力度，需要创新流动人口治理机制。首先是完善和健全市场化管理运行机制，加强公共关系合作。政府部门需要采取积极的措施进行合理的指导，不断创新市场机制，使流动人口同样能够享有公平的发展机会，充分发挥劳动力人口的优势，使得工作配置得到最大程度的实现。改善旧制度下人力资源浪费的状况，将人力资源最大限度释放到推动城市发展、改善城市建设上去；同时应探索挖掘中部地区的市场潜质，加强各地区三、四线城市的基础设施建设、促进其经济发展，从本质上增强各地区流动人口市场化的优势，促进流动人口与当地快速融合。其次，建立完善连贯的治理体系，创建流动人口信息系统。在部门运行中，应注重各个部门之间的联结性，搭建各部门之间有效互通的流动人口信息化平台，从而实现网格

化的流动人口治理模式，全方位开展流动人口管理。

7.1.2 完善基本公共服务体系

7.1.2.1 住房方面

人们最基础的需求是住房，人权的基本内容是住房权，良好的居住环境是人们幸福愉悦的前提，更是流动人口生存的基本要求。从1998年开始，我国已形成以廉租房、公租房、经济适用房、棚户区改造等为基本内容的住房保障制度，但该制度对流动人口的覆盖率极低。究其根本，流动人口住房条件差的原因是市场支配的住房供给价格日益高昂和国家住房保障政策的不足，无法提供适宜的住房条件，从而打击了人口流动的积极性。因此，着手解决流动人口住房问题是促进城市高质量高速度发展的必然要求，更是缓解社会矛盾、促进社会和谐的必要方式，真正实现社会公平正义的第一要务是推动包括流动人口在内的全体人民共同富裕。将流动人口市民化作为城镇化健康发展的核心指标，引导形成合理的人口城乡布局。针对上述问题，本书从政府层面提出完善住房基本公共服务体系的建议。

（1）对流动人口租房进行直接补贴

借鉴美国的直接补贴形式，通过信息登记系统直接核定流动人口是否可以享受补贴；对租房补贴的形式进行完善，在承租人签订租赁合同后，由政府部门根据承租人的合同，承担一部分的承租人收入和房租之间的差额。这种方式不但可以有效解决流动人口的住房问题，还可以减轻政府所承担的流动人口在住房需求方面的压力。

（2）构建服务保障的流动人口住房管理体系

公租房制度和廉租房制度可以适当向流入的农民工阶层倾斜，放宽市场准入条件并建立灵活的准入和退出机制。直接对流动人口住房进行货币形式的补贴，可以减弱政府对市场的影响作用，同时也有助于解决收入较低人群的住房困难问题。

（3）建立健全多元化的住房供给结构

以政府主导为向导，开发建设多种保障性住房建设，为流动人口提供住房待遇。通过采取多渠道的解决方式，确保流动人口保障性住房的供应量，从而缓解住房供应不充分的问题。切实调整我国流动人口的住房保障配套制度，创建共享信息服务平台，对流动人口的相关信息进行有效监测，提供针对突发问题的保障性举措，关注衡量各省市城镇化发展质量的重要指标，考虑流动人口享受公共服务和社会福利的状况，为流动人口融入城市社会创造良好的环境和条件。为流动人口提供稳定的居住场所和安全的居住条件，以吸纳更多流动人口，促进中部地区流动人口的高质量融合水平。

（4）建立准确完善的个人征信和财产申报系统

政府部门应当及时准确地掌握公民的收支情况，同时政府平台应当和银行之间建立信息共享和对接，共享低收入人群和贫困人群的信息系统，赋予负责住房保障的部门查看相关信息的权限，以提高相关部门解决问题的工作效率，同时减少对流动人口经济能力认定时的工作量，快速解决流动人口在流入地的住房问题①。

（5）加强流动人口住房保障法治建设

加强法治建设，确立流动人口住宅权的根本法和专门法。将公民住宅权的保障明确地规定在宪法中，可以使公民的住宅权更加具体、形象，从而明晰流动人口的住房意识；加强流动人口住房保障制度衔接协调性，关注流动人口住房准入条件的衔接，重新构建流动人口住房补贴制度，完善购房补贴，依法保障公民的合法权益。

---

① 中华人民共和国国民经济和社会发展第十四个五年规划和 2035 年远景目标纲要［J］. 中国水利，2021（6）：1 - 38.

7.1.2.2 医疗保障方面

流动人口是基于我国户籍制度下的一个概念。在国家卫生健康委员会的统计中，我们不难发现我国流动人口数量占比较大。而在人口流动中如何保持经济高质量发展、人口高度融合，政府应对医疗、医保等基本公共服务提起重视。流动人口在流入地的健康情况不仅关系到自身安全，有时也会对他人产生一定的影响，故流动人口的健康问题也不能忽视。政府应重视医疗建设，方能使其成为推动流动人口高度融合的"助推器"。目前我国流动人口在医疗保障方面仍存在如下问题尚未解决：流动人口存在着生活环境差和生活质量低的问题，有的流动人口长期在不利于身体健康的环境中工作，容易遭受职业病的危害；由于流动人口的自身素质不尽相同，部分流动人口对自身健康的保护性意识较差，当身体出现大问题时才会治疗，这样会导致其产生更高的医疗费用。与此同时，收入水平、医疗费用以及流动人口的医保问题也会对流动人口的医疗需求产生很大的影响。伴随经济社会快速发展和转型，流动人口内部结构日益复杂，老年流动人口规模日益庞大，其对流入城市的医疗卫生和基础设施的需求也越发迫切。老年流动人口是不能忽视的一个群体，他们具有"老有所养"的夙愿，也因此企盼医疗制度更加完善。向流动人口提供的健康卫生服务实际受益比例不高，流动人口的生育意愿也受到生活成本的压抑。

因此，本书提出建议，应该将完善医疗制度和普及医疗保险作为有效对策"双管齐下"。

（1）注重公共卫生事业管理

政府应在做好相应预算的前提下注重医疗基础设施建设，公共卫生服务的预算应当考虑到包括流动人口在内的城市的全部常住人口。另外，基本公共卫生服务筹资机制中的一个组成部分是流动人口筹资，而政策设计囿于人群的特殊性也需要做出相应调整。完善和推动公共服务的公平性发展，在服务的涉及面和服务的质量上缩小流动人口和当地居民人口的差距。不断地开创和完善流动人口在健康管理上的新形式，在流动人口的人群居住地附近建立起健康咨询的公益性服务，系统干预和管理各种健康危险因素。政府应注重向基层方向下沉职能，以社区卫生服务作为解决流动人口医疗卫生服务的突破口，积极开展社区健康知识宣传教育，普及健康知识，鼓励流动人口进行定期体检，发挥社区卫生服务功能，提高社区卫生服务效率，使流动人口卫生服务惠及民生。注重基层首诊，通过基层首诊使患者在医疗卫生服务中体验到连续、有效和方便，由此带动流动人口的健康水平的提高。另外，政府还应当重点关注流动人口中的弱势群体的医疗问题，优化医疗资源，加强机构设置，注重弱势群体卫生服务的可及性。

（2）关注流动人口社会保障情况

医保报销也是流动人口分级诊疗制度形成和完善的调节"杠杆"。因此，需要关注流动人口的医疗保险办理情况，提高医疗保险的普及程度。大部分流动人口注重工作成果及工作酬劳而较少关注自身身体健康问题，只有在自身出现健康问题之后才会意识到办理医疗保险的重要性，但如此只会增加医疗支出费用。医疗保险是流动人口享有流入地基本医疗服务的保障，所以政府加大对医疗的关注和投入，一方面可以保障流动人口的生命健康权，从而提升其工作效率和工作水平，另一方面也符合高质量发展背景下流动人口社会融合的发展需求。同时，政府应当完善当地流动人口的基本养老保险及医疗保险制度，积极解决流动人口社会保障的转接问题，使流动人口在流入地也可以纳入社保，促进流动人口与当地的社会融合。政府还应当加大对流动人口公共服务的资金投入，扩大其覆盖面。

7.1.2.3　教育方面

享有公平而有质量的教育，不仅是流动儿童最基本的民生诉求，也是流动人口提高劳动技能、提升知识水平的刚需，更是中部地区经济高质量发展的需要。但目前而言，我国流动人口子女的受教育层面面临较大问题。一是流动人口子女失学现象严重。多数外出务工人员的家庭因借读费和赞助费的数额庞大而承担不起，而收费低廉的农民工子弟学校因缺失合法的手续而面临着被取缔和关闭的风险。此外，部分家长轻视对孩子的教育。因此，流动人口子女存在适龄儿童入学比例较低、因现有状况导致失学的问题。二是流动人口子女就学质量无法保证。为了能让孩子接受良好的教育，许多家长承担着高昂的借读费和赞助费的压力把孩子送入公立学校。然而，流动人口子女却不能在公立学校得到应有的关注。在农民工子弟学校就读也面临另一个难题，这些学校教学条件有限，教学经验缺乏，无固定教师，正常的排班和教学也难以实现，在此环境下学习的随迁子女很难受到良好的教育。三是流动人口子女就学后环境适应能力差。从另一地方转移过来的流动人口子女，与当地生长的孩子有着不同的生长环境，在与他们一起学习的过程中会产生一种距离感，这种差距可能会引发自卑和心理压力，进而引发学习成绩下降等不良后果。另外，由于语言环境的差异，部分流动人口子女在上课的时候不敢发言，羞于表达自己的见解。所有这些因素综合起来可能会危害他们的心理健康，使其产生厌学情绪，造成学习积极性下降，甚至导致退学。

由此可知，教育体系改革面临巨大挑战，但同时，教育对流动人口子女的意义非凡。因此，政府在制定相关教育政策时，必须构建公平合理的宏观政策，综合统筹，调动各方面的力量。因此，本书提出以下建议。

（1）保障流动人口子女接受义务教育

以流入地区政府管理为主，以全日制公办中小学为主、民办为辅的原则来发展流动人口子女教育。应保障流动儿童的受教育权，确保教育机会均等化。满足流动人口随迁子女获得教育服务，彰显教育公平。教育公平原则为解决流动儿童就学难题提供了前进道路，有助于进一步解决人民群众最关注的热点难点问题，革除教育资源分配不合理、受教育机会不均等的弊端。进一步提升流动人口随迁子女获得义务教育的质量和水平，加紧落实在流入地接受普惠性学前教育的政策，重视如何解决随迁子女在流入地参加中、高考的问题，健全流动人口子女教育的投入体系。一方面完善教育投入制度，为流动人口子女受教育问题提供基础性保障；另一方面，加强对流动儿童学校的投入可以使得他们能够接受和当地人口同等的教育资源，从而提升了流动人口的城市归属感。

（2）保障流动人口随迁子女义务教育权利

按照"政府为主、多方参与"的原则，坚持"两条腿走路"。一方面做好流动人口随迁子女入学政策的优化调整，在数量上和质量上提高满足流动人口子女义务段入学需求的能力。加强基础教育学校的建设力度，在土地、人员编制、经费等方面给予适当政策倾斜，对新增的流动人口随迁子女，鼓励实施调整区域教育发展规划和中小学布局规划。同时，通过整合资源、深挖潜力，努力扩大义务教育段公办学校办学规模，接纳更多的流动人口随迁子女进入公办学校就读。另一方面，发挥民办民工子女学校对于公办学校的强力补充作用，两者相辅相成。在公办学校教育资源供不应求的情况下，通过采取政府购买服务的方式，给予民办民工子女学校经费补助，并下派、交流优秀师资支教，切实提高民办民工子弟学校整体教学质量。值得注意的是，教育部门应当公平公正地管理社会上存在的民工子女学校和公办学校。

（3）积极探索新型教育管理制度

改革创新流动人口子女的教育管理制度，为保证其子女受教育的权利和应有待遇，可以采取使用教育代金券的模式，不乏为一种制度创新。即按地区具体情况折算过的人均受教育经费以代金券的形式发给学龄少年儿童的家长，实现教育经费随学龄青少年流动，同时减缓家长的教育支出压力。

（4）重视流动人口自身的教育发展需求

在部分地区因教育资本竞争力不高，劳动人口大多从事低端工作，对个体的发展和国家产业升级及就业结构转变是双重打击。此外，教育对个人自身发展的影响越发举足轻重。因此，重视劳动人口的教育，不仅在吸纳劳动力环节起推动作用，更有利于劳动力整体素质的提高，带动社会层面的良性发展，对高质量螺旋式发展的定义赋予了多层次的内涵。针对流动人口自身教育发展的需求，本书提出以下两点政府层面的解决措施。

第一，加大教育培训流动人口的力度，完善培训体系。为增强流动人口在城市工作的竞争实力，应对其进行相应的技能培训。同时加强政府主导，带动社会参与，发展和健全系统的能力培训体系，通过政策扶持、资金投入等加大培训力度，使流动人口的综合素养得到提升。党的十九大报告强调，要完善职业教育和培训体系。彰显出此方略在流动人口与社会融合时的地位，对流动人口更高质量和更充分的就业层面具有可靠的支撑作用。因此，重视提高劳动力工作技术水平和工作能力，有助于更好地实现流动人口与中部城市的交流融合。

第二，大力发展流动人口职业教育。以产业结构升级为大背景，提升流动人口的专业技能，在就业过程中发挥专业优势。造成流动人口就业问题的主要原因之一便是产业结构升级，故当务之急是加大职业教育投入力度，提高流动人口的专业素养，提升其就业竞争力和工作专业性。

7.1.2.4 交通方面

根据城市交通地理学得知，道路系统是城市人流、车流和信息流的基本通道，是城市发展建设的骨架，是提升城市空间的基础，道路交通的可达性决定了城市运转的效率，也决定了人口迁移的选择方式和流动便捷程度[①]。将交通体系与人口流动度绑定起来，促进流动人口深度融合，需要构筑便捷的交通体系。现阶段，我国流动人口的规模已经进入需要调整的阶段，国家长期稳定的经济发展与城市化的进程和人口的流动有着重要的关系，在这个过程中，交通的基础性设施对城市流动人口的涌入情况和人口的集聚度都有着重要的影响，国家可以利用交通基础性设施来引领和完善流动人口的强度，从而优化流动人口的结构，准确合理地调整地区的流动人口规模，为城市的长期发展提供一定的依据。因此，本书提出以下建议。

（1）政府应加强宏观导向

构筑高能级交通设施网络，重视本地区人口流向分析，以城市发展和产业布局为依托，按照从近到远、从线到网、从均等共享到扩容升级的思路逐步提高交通网的综合可达性，形成四通八达的城市和区域交通，为人们提供迁移、工作及出行的便利条件，形成城市时空竞争力来吸引人口聚集。遵循国际经验，东京、纽约、巴黎等世界级城市都是通过构筑高能级交通设施网络为人口等资源要素的集聚提供支撑[②]。中部流动人口地区在交通区位上更应着重发展规划，应着重提高郑州、南昌等大城市的交通枢纽作用，吸引更多流动人口留驻。

（2）政府应充分利用交通设施的建设引导人口流动方向

目前，我国大城市都具有较为完善的交通基础设施，而流动人口的流动方向和强度在一定程度上会受到当地的交通设施的影响，这就需要当地政府加强对交通设施的建设，利用设施引导人口流动的方向和强度，优化当地的经济和其他方面的发展，促进城市及城市群高质量发展。这为中部地区的交通道路建设提供了新的方向。随着我国城

---

① 熊伟婷. 动态网络视角下城市阴影区的空间结构模式与消解机制研究 ［D］. 南京：东南大学，2021.

② 焦旭祥. 适应人口流动新趋势，把握区域发展新机遇，推动人口与区域高质量协调发展 ［J］. 浙江经济，2019（15）：9－11.

市群建设的不断发展，政府在规划交通设施的同时应当充分考量各城市群之间的交通网络的布局，从而为城市群长久的高质量发展创造便利性条件。同时，在进行交通设施规划的同时应注重保障生态文明建设，避免由于大气污染、交通拥挤等因素造成人口外流。

（3）政府因地制宜地进行交通基础设施建设

人口流动强度及市辖区人口集聚程度呈现出地区差异性的原因是城市交通基础设施的不断发展。交通密度的扩大对于中部地区人口流动有着显著的作用，因此，笔者认为应合理利用交通设施的建设，控制人口流入的方向和强度，使流动人口的强度与城市的发展相匹配，克服人口流入所带来的一系列环境问题，以及流动人口在当地的教育、医疗等资源使用公平性问题和流入地人口结构问题；在发展过程中更应注重交通设施的建设，为人口的跨区域流动提供更多便利。

7.1.3　提供就业扶持

就业是流动人口在城市中最需要解决的问题，也是其融入城市的根本所在。党的十九届五中全会提出"强化就业优先政策"，强调"健全就业公共服务体系"。这是促进流动人口就业的重要遵循。因城市化进程的快速推进带来的强大拉力，加上交通方式的普及，越来越多的流动人口涌入城市工作和生活。相比普通市民，流入人口面临择业难、择业机会少的难题，那么从政府角度而言，如何革除此弊病？笔者认为政府应从以下几方面采取措施。

（1）加强对流动人口就业的扶持力度

加大职业技能培训力度，培育工作能力，重视流动人口个人的劳动能力和工作效率的培养，以此提高流动人口在就业市场上的竞争力，流出地和流入地政府部门应协同创造各种职业培训机会。根据城市劳动力市场供需变化、企业生产和经济社会发展需求，进一步完善相关政策，落实职业培训，并对流动人口提供有针对性的职业技能培训，提升其工作技能和就业质量。鼓励和支持各企事业单位、用人单位加大对流动人口提供就业岗位的扶持力度，保障流动人口切实感受到与城市的深度融合。

（2）保障流动人口的就业权益

为吸引流动人口迁入，应进一步改善就业服务政策，保障其就业权益。制定行之有效、深入务实的帮扶措施，合理提高流动人口薪资，建立正常的工资增长机制，取消城市不公平的用工待遇，打破一切限制流入人口工作的旧规则，赋予平等的就业选择权给全体人民，打破原住居民对就业岗位的垄断；完善城市最低工资制度，合理提高流入人口的薪资水平，以此强化劳动力对工作岗位前景的预期。实施更加积极的就业政策，储备一批合适的岗位，专门用来解决流动人口就业问题，并逐步增强其就业持续性和稳定性。

（3）健全流动人口就业岗位保障制度

加强企业规范用工管理，在提供就业机会的同时保证就业稳定，以提高就业人员生产积极性。将流动人口的就业问题纳入就业管理与服务范围，促使流动人口在中部地区城市实现无门槛就业；使流动人口在务工时进入统一劳动力就业市场，城乡互动，双向选择，平等地竞争就业岗位；一视同仁地对待外来劳动力与本地劳动人口，使流动人口享受与本地人口同等的福利待遇；对劳动者实行动态管理，计算机备案流动人口的基本情况，实行数据化管理，解决流动人口就业问题。对劳动就业制度进行配套改革，建立和健全统一的劳动力市场，在中部地区特别是中小城市，对城乡劳动力市场的运行机制进行完善，引导富余劳动力在不同地区间有序流动。加快落实劳动合同制度，保证被雇佣者的合法权益，为其提供就业扶持。

综上所述，政府对流动人口提供就业扶持，进行技能培训，建立健全保障机制，在一定程度上保障了迁入人口的生活质量。为基层劳动力提供就业岗位，也有利于流动人口与社会深层次、宽领域、全方位的融合，不仅对城市发展起直接促进作用，还推动了城市可持续发展。政府应加大对企业、劳动力的帮扶力度，使得更多的工作岗位投入到吸纳劳动力流入的进程中。

7.1.4　建立合法权益保障体系

在流动人口迁移过程中，流动人口利益诉求立法机制不健全，在权益保障方面还存在一定问题。为避免持续出现流动人口边缘化的现象，健全流动人口社会保障制度，应从以下几个方面入手。

（1）保护流动人口利益，适应流动需要

注重关注流动人口的利益诉求，考虑效劳观念、工作机制、管理体制等方面与客观形势是否存在较大差距，改革旧有弊病，吸引人口流入。优化工作机制等影响流动人口与社会融合及影响生产积极性的因素，建立健全合法权益保障体系，让劳动人口乐于融入、积极融入，也进一步提升了迁入地城市的整体发展水平，完善了劳动力权益保障体制。

（2）着眼于资源规划，构建资源保障制度

为了吸纳更多劳动力投身于城市建设，政府应该以社会组织公益性和非营利性为依托，着力于构建资源保障制度，包括确立政府向社会力量购买公共服务的长期性基础制度，将其纳入发展规划和常规财政预算，促进基础能力建设和制度规范化建设的良性发展①，不断提高社会服务组织的主动性，并防止与政府机构新的依附关系的产生，提高社会服务组织的办事效率和工作能力，坚持政府"为人民服务"的

---

① 黄新华，何冰清．建立高质量的公共服务供给体系——提升公共服务供给质量的需求、障碍与路径［J］．学习论坛，2020（11）：46－53．

宗旨，吸收高质量流动人口投入城市建设，促进社会高质量融合发展。

（3）根据流动人口的保障需求与现实可能逐步推进

将理论制度实际化，并且制定切实可行的规章制度，将流动人口的需求和实际相结合，满足流动人口的保障需求。各县区政府应当建立和逐步完善流动人口服务保障体系，并将流动人口公共服务、社会保障与居住登记、居住证管理制度相结合，在满足基本保障需求的同时吸纳劳动力投入。遵循流动人口本人有一定选择的原则，让其充分发挥自己的选择权，做自己的"主人"。

（4）注重与现有政策的相容性与衔接性

就全局而言，因为流动人口具有特殊性的特点，在短时间内建立统一的流动人口社会保障制度是有一定难度的。因此政府应当有序入手，分类分层分阶段逐步推进，根据不同流动人口群体的不同状况和需求，对多层次的制度安排进行调整，依次推进实施以外来务工人员为主的流动人口的各种保障制度，提升流动人口的获得感、参与感，将其贯穿于城市事务治理改革的整体进程。因此，政府在关注法律规范建设的同时，还需要结合"治理—过程"分析下的"结构—政策—治理"三维视角，进一步探析城市流动人口事务治理的政府过程与政策过程，以便更好地服务于城市高质量螺旋式发展的实践要求。完善劳动维权机制，降低劳动调解受理条件，简化劳动调解案件程序，缩短劳动调解时间，推动劳动调解工作关口前移、重心下移。

流动人口社会融合度与政府、社会、企业等主体关系密切。对于政府来说，流动人口社会融合度可以反映一个地区的发展程度，高流动人口社会融合度也能为城市带来新鲜"血液"，提供更多劳动力。对于社会来说，流动人口社会融合度会体现社会氛围和文化融合度。对于企业来说，流动人口社会融合度关乎企业的发展，同时也能够丰富企业员工结构。对于个人来说，流动人口社会融合度直接关系到流动人口的基本生活保障和就业质量。

流动人口的社会融合，既是流动人口共享城市发展成果、获得平等发展机会的过程，也是提高社会治理和公共服务能力的过程。中国特色社会主义进入了新时代，我国也迈进了流动人口社会融合新时代。

7.2　社　会　层　面

随着我国各项改革的逐步推进和城市化进程的加快，人口流动的规模也越来越庞大。大规模的流动人口促进了流入地的经济建设，使其焕发勃勃生机。然而，在重重制度的制约下，如何促进流动人口与流入地进行社会融合成了难题。在政府宏观架构的背景下，经济和社会的发展再次将效率和公平的博弈问题摆在我们的面前。当前我国要实现社会的和谐发展，应当回顾并反思"效率优先、兼顾公平"的分配原则，积极寻求公平和效率的均衡发展。本书认为，社会在推动流动人口社会深度融合层面应注重营造开放包容的文化环境，打造多元文化交流平台，还应注重流动人口的精神培养，丰富流动人口的精神文化生活。同时，发挥社会自身的调节能力，使人民在社会治理中真实体会到获得感，提升社会力量的自治能力，推动形成共建共治共享格局。

7.2.1　营造开放包容的文化环境

营造开放包容的文化环境，打造多元化交流平台。就目前整体形式而言，加强流动人口与社会间的文化融合刻不容缓。社会关系的融合不仅需要流动人口愿意融入新环境，也需要新环境愿意接纳外来者。更需要的是流动人口与流入地建立庞大的社会关系网络。流动人口与流入地的社会关系融合程度越高、社会关系网络越丰富，就越容易提高流动人口的长期居留意愿，越容易实现流动人口社会融合。

流动人口要与本地居民建立社会关系，不仅要解决人与人之间的交往问题，更是要解决流动人口这个群体和当地人群体之间交往的各种问题。而对人群交往的根本影响因素是不同群体间的文化差异。所以，当流动人口试图建立起在当地生活中的社会关系时，应当加强流动人口与当地居民的文化交流和融合。由此可见，文化融合是流动人口社会融合中较高层次的融合。而通常情况下，心理融合被视为流动人口在城市社会融合的最深层次，较难以实现，因此要提升流动人口的心理融合水平，打造开放包容的多元化的文化交流平台，营造浓厚的文化融合氛围。与沿海城市相比，中部地区居民生活成本较低、生活压力较小，因此接纳流动人口的能力更强，文化交流程度更深。与此同时，作为社会需要探究的是如何使多元文化高质量交流融合。对此，本书提出以下建议。

（1）重视精神和现实需求

打造开发包容的多元化的文化交流平台，要切实落实对青年流动人口的现实问题和迫切需求的关注和一系列政策，实现制度包容、理念包容和文化包容，推动青年流动人口由生存型向发展型的转变、由区隔型向融入型的转型，支持并鼓励青年流动人口在拼搏奋斗中实现自己的人生理想。社会融合不仅仅是追求满足流动人口的物质需求，而且还应当注重流动人口更高层次的精神和现实需求。推动流动人口的社会融合，提升流动人口的安全感、认同感、归属感和责任感，是解决新时代社会主要矛盾的重要抓手，也是实现"双百"目标的重要途径。社会认同也包括流动人口被赋予参与城市社会生活的权利，如社区活动的参与、选举权的赋予等。

（2）扩大城市包容性

在调查研究中，"城市包容性"一词被广泛提及。包容性主要是指外来人口在当地不仅可以获得经济物质方面的满足感，还能与当地文化快速融合，获得精神层面的满足感。城市包容性要求城市不但要关注自身的发展，还要兼顾生态环境的可持续发展。城市包容性的改善有利于吸引更高层次的专业人才向城市流动并在此创新创业，与当地互利共赢。要想进行包容性发展，城市需要对其社会管理体制进行创新，使在城市内的基层人员以及流动人口都能公平地享受城市的发展成果，将"人民是国家的主人"贯彻落实到每一位居民身上。把提高流动人口的素质当作提高当地人口整体素质的一部分。因此，架构城市对流动人口的包容性与包容度，培养流动人口的劳动素质，接纳各个阶层的流动人口迁入，提高了流动人口的社会融合度。

（3）完善教育培训机制

"政府主导、企业配合、社会组织参与"的相互协调机制是关于流动人口科学的教育培训机制。多元化的、相互协调的教育培训可以提升流动人口的职业素养，打造新的流动人口交流平台，更有利于流动人口的文化和社会融合，建立自己的社交网络。另外，可以将流动人口的教育培训与社会管理统一起来，使管理和服务相结合。增强教育对流动人口的影响有益于社会文化的发展和繁荣，使得良好社会风气盛行，提升社会吸纳流动人口的吸引力。这就需要政府和社会共同管控，政府宏观调控，社会落实行动。流动人口的教育和培训不但可以使他们更好地发展，也对流入地贯彻落实可持续发展的战略具有重大意义。流动人口在城镇人口中的比例已经意味着他们已经在制造业中成为主力人员。完善的教育培训制度在流动人口进行社会融合的过程中有着很大的帮助作用。

7.2.2　丰富精神文化生活

随着社会经济的发展，流动人口已成为城市高质量发展的不可替代的重要力量。流动人口是城市化的贡献者，也应是城市化的受益者。流动人口已成为城市发展不可或缺的一个群体。然而，流动人口在流入地的工作之余却普遍存在精神生活单调、匮乏的问题，他们的精神需求得不到应有的满足。流动人口的低层次文化素养和匮乏、单调的精神文化生活现状，使得这一群体对城市的感情大打折扣，他们游离于城市主流文化之外，成为"城市边缘人"，容易造成行为的失范，影响着城市文明的进步[①]。因此，满足流动人口的精神文化需求是一项刻不容缓的社会课题。本书针对这一问题，提出以下建议。

（1）充分利用公益性文化设施

社区应逐步建设包括文化场所、篮球场、阅览室等在内的基本文体设施，力所能及地组织流动人口开展一些文化体育活动，经常举行各种各样、形式多变的群众文体活动，尽其所能实现文化活动的常规化，满足外来务工人员多层次、多方面的文化需求，在城市化的推进过程中充分发挥文化工作在提高流动人口的科学文化素养和思想道德素质方面的重要作用，使流动人口在城市建设的过程中不断提升自身的职业道德和文化修养，为城市的经济发展、社会进步提供强大的智力支持、精神动能和思想保证。

（2）量身定做各类文化服务项目

流动人口原先的生活方式、思维方式、思想观念与城市的差异，导致他们进城后在文化观念、心理素质、行为规范的某些不适应。应当为流动人口提供各式各样的、健康有益的文化产品和服务，注重对于流动人口需求的"适合"与"结合"，切实加强文化产品和服务的针对性和实效性。一方面，需要保障在符合流动人口实际需求的前提

---

① 钱晓君. 丰富外来务工人员精神文化生活，共享城市发展文明成果［J］. 才智，2008（17）：248.

下，提供多样化、多元化的文化设施以及文化产品、文化服务，贴近他们的生产生活、所思所想，在内容上要通俗易懂、富有内涵，在形式上要生动活泼、喜闻乐见，真正使外来务工人员乐于享受、易于接受、便于参与。另一方面，要丰富流动人口的精神文化生活，切实提升增强外来务工人员的整体素质，时刻牢记为流动人口办实事、办好事。流动人口的生活环境得到改善，生活质量得以提高，是在城市发展进程中推进精神文化生活不断丰富和整体素质不断提高的重要抓手。

（3）帮助流动人口树立全面发展的理念

以基层群众和流动人口的实际需求为第一信号，坚决贯彻落实"以人为本"的思想，进一步把满足流动人口需求作为基层文化建设的出发点和着力点。同时，通过内容丰富、形式多样的文化活动，把思想道德教育、科学文化知识普及和当地的风俗习惯和价值观念等融入其中，并把"满足需求，提高素养，实现人的全面发展"这一文化建设的根本目标贯穿到文化发展中。当前，要针对部分流动人口就业技能缺乏和文化程度偏低的实际现状，着重加强流动人口业务技能和文化素质两方面的教育培训。在培训流动人口业务技能和文化素质的过程中，还应当把相关法律法规通过职业教育培训传授给流动人员，让他们可以运用法律维护自己的合法权益，并提高他们争做守法公民、文明市民的意识。

（4）创新文化载体并开展特色文化活动

在市场经济条件下，人们的思想观念也逐渐发生了变化，传统的习惯例如送书、送春联、看晚会、跳舞蹈等虽然依旧受到人民群众的喜爱，但在美好生活需要的日益增长下，不仅要求我们延续和继承这些优秀的传统习惯，更要求我们善于结合如今先进的技术，在生活内容中不断创新，努力跳出"单调、乏味"，形成更具有特色的、流动人口与当地居民相结合的文化生活。要在继承上创新，在创新上发展，坚持多样性、丰富性、新颖性、参与性、教育性、娱乐性、知识性与趣味性，凡是能够有效地丰富流动人口精神文化生活需求的和可以促进流动人口文化融合的方式，都可以大胆地借鉴，不必拘泥于某一种模式。这些创新和改良有助于进一步改善流动人口的社会交往关系，提高当地居民对流动人口的群体认知。

7.2.3　提升社会力量的自治能力

流动人口现象及其社会融入问题是我国人口发展不平衡不充分问题的集中体现，通过构建流动人口社会治理体系，推动流动人口治理能力现代化，将为我们在新的历史条件下完善流动人口社会融入问题指明方向。要全面把握我国流动人口发展的不平衡不充分问题，具体而言，主要涵盖三方面：一是物质决定主义向人本主义演进的城市化发展理念，仍有待完善；二是城乡社会基础由对立性演化为统一性，仍有待推进；三是社会治理模式由社会管制模式转化为社会治理模式，还有待转型。目前流动人口的社会治理仍有一些不尽如人意之处。

提升社会力量的自治能力，形成共建共治共享的格局。在简政放权、政府职能转变及市场经济发展的背景下，社会自治的作用越来越重要，在我国不同领域、不同行业逐渐兴起、扩大并深化，有着良性、可靠的发展前景。社会自治组织的蓬勃发展不仅为社会管理和公共服务提供了强大支撑，也对流动人口能否与中部地区社会高质量融合起到关键性作用。共建共治共享格局的形成，需要借助各方力量。共建是基础，要求突出制度和体系建设在社会治理格局中的基础性、战略性地位；共治是关键，要求打造以大社会观、大治理观为根基的全民参与的开放治理体系；共享是目标，要求使社会治理成效更多地更公平地惠及全体人民，不断增加人民获得感、幸福感和安全感。三者相互作用，有机统一于社会治理全过程。笔者认为，社会应提升自治能力，努力构建共建共享共治格局，为流动人口社会融合提供坚实社会基础。因此本书建议应从以下几方面加强社会力量的自治能力建设。

（1）建立更多类型的自治组织

以政府宏观调控为主导，辅以社会力量的自治能力，成为解决流动人口融合问题的重要方案。在建立流动人口党支部、异地商会等自治组织的基础上，进一步探索建立更多类型的自治组织，通过"乡亲管理乡亲，老乡服务老乡"的方式开展服务管理。通过培育专业社会组织、政府向社会组织购买服务、引入公益资源等方式吸纳社会力量，缓解资源供给不足的矛盾。充分发挥社会组织的协同作用。流动人口的社会融合既需要政府、社会和企业的相互协调与全面参与，也需要不同人群之间的相互理解、尊重、包容和接纳，即流动人口自我融入意愿的增强以及当地居民接受程度的提高。促进并强化流动人口的社会融合，需要鼓励流动人口积极参加公益性社会组织，充分发挥社会组织和群众组织的协同作用，并采取有效的措施化解流动人口和当地居民之间的心理隔阂与矛盾。

（2）大力推进社会管理共同参与

在区党代会、区人代会和区政协中为流动人口设立专门席位，组织流动人口参与社区选举，倡导推动流动人口建立工会、党组织、计生协会、商会等组织，完善流动人口"自我服务、自我管理、自我教育、自我监督"的机制，强化流动人口自我管理意识，引导养成健康文明生活方式，不断发挥流动人口服务发展、促进和谐的正能量作用。

（3）构建共建共享共治社会格局

遵循"共建要求共享，共享促进共建"的原则。笔者认为推动构建共建共享共治格局，社会层面应采取包容开放的态度接纳外来人口。在中部地区的一些大中城市，尤其是郑州等省会城市，在新兴产业内从业的流动人口逐步成为主要劳动力，为确保这部分劳动力的相对稳定，应当将这部分劳动力进一步融入当地的人口与经济社会管理体系中，使流动人口尽快融入到城市中，降低流动人口的流动性，促进城市的和谐发展。而对于小城市和小城镇来说，为促进社会的进一步发展，推动城乡一体化的进程，缩小城乡发展差距，应当全面放开户口迁移的限制，实行一元化和一体化的社会管理，实现权力下放，社区自治。

7.3　企业层面

流动人口在城市内立足离不开拥有一份工作，企业对待流动人口的方式方法将影响到流动人口对城市的印象以及自身融入社会的积极性。因此，企业层面的相关做法也将影响到流动人口的社会融合度，如何吸引更多流动人口来企业工作，并以其高忠诚度、高效率为企业服务是企业层面所要考虑的方面。本书认为，企业只有加大人才引进力度才能吸引更多流动人口，同时要消除招聘过程中的歧视，通过提高员工福利和薪资水平来留住员工，并使其拥有较高忠诚度，主动融入社会，提高流动人口社会融合度。

7.3.1　加大人才引进力度

以人力资本为核心的人力资源管理模式逐渐被接受，同时也是企业发展的重点，如何加强人才引进力度是企业向好发展的关键。笔者在进行流动人口社会融合研究的过程中发现，企业能在很大程度上解决流动人口的就业问题，但大多数企业在人才引进方面存在一定的弊端。如引进标准不合理，不重视后备人才储备，人才价值与待遇不匹配等，具体采取改进措施如下。

（1）创新人才引进观念

建立创新型人才引进机制，加大人才引进的力度和广度，做好人力资源配置工作。摒弃以往传统的人才引进观念，放宽人才引进制度。一是落实以人为本，重视人才；二是创新考核模式，挖掘人才的潜在能力，强化人才引进力度，增强人才引进效果。

（2）制定科学的人才选聘标准

实现企业的长期发展，需要企业注重对人才的选拔和培养。在进行人才选聘的过程中，企业应当结合企业发展情况制定人才选聘标准，使其为企业管理文化和企业价值理念服务。另外，在选聘过程中，企业还应当注意就业人才的心理素质情况，可以邀请专业人员和团队对应聘人才的心理结构特征进行考察，如性别、年龄、学历、思想观念等特征。对于高级专业的团队成员，还要考察其与其他拟任管理团队的有效融合程度，减少因团队不合理带来的不良后果，避免其影响拟任人才能力的发挥和对企业的归属感。

（3）开发重点人才的价值

企业在引进人才后，要对重点人才进行开发，以此体现人才的价值。通过制定针对性强的培训内容，确保培训质量，提升培训的有效性。充分挖掘人才潜力，同时制定良好的人才发展方案，促使重点人才能够最大限度地发挥潜力。

7.3.2 提高招聘公平性

企业招聘过程中的公平问题一直是应聘者所关注的重要方面，同时也是影响流动人口社会融合的因素之一。企业在招聘过程中如果存在性别歧视、户籍歧视等，这将使得部分流动人口无法找到工作，因此，企业应发现招聘过程中存在的歧视问题，并采取相应的措施减少歧视。

　　企业在招聘过程中存在一定的歧视问题。在招聘过程中，一般会将学历作为岗位招聘的硬性要求，在招聘阶段对一些低学历应聘者产生歧视，导致招聘过程中出现公平性问题①。一些招聘人员受到传统封建意识的影响，如因女性的婚育问题而将女性求职者拒之门外，也会让招聘过程有失公允。一些企业为保护本地应聘者能够竞争胜出，在招聘中设置户籍要求。一些没有户籍要求的企业，招聘人员也会对某些地区的求职者产生不友好的歧视心理，使得一些优秀的外来人才因为户籍问题而在资料审核阶段被淘汰。除了上述情况之外，企业自身的问题也会影响招聘的公平性。由于一些招聘人员工作经验不足，缺乏面试技巧，无法对应聘者的综合素养做出准确判断，往往误将优秀的求职者淘汰，这也使企业招聘出现不公平现象。

　　企业人力资源工作者应该消除歧视，树立公平的理念，提高自身招聘技能。企业提高职业素养，加强岗位管理，并制定考核制度，保证人力资源工作者的工作专业性。在新人刚步入招聘工作岗位时，将其作为面试助手，安排成熟的面试官，言传身教地带其同步招聘新人，使其在实践中不断学习招聘经验，学会独立考查应聘者工作能力的方法，把握面试问题主要方向与关键点，消除在面试中因个人情感所导致的歧视心理。

7.3.3　维护员工薪酬公平

　　流动人口的薪酬水平将直接影响到流动人口的生活质量，企业应根据当地的物价水平和当地居民的消费水平制定合适的员工薪酬水平，保障员工生活，进而提高流动人口社会融合度。薪酬的公平性不

---

　　① 何丽. 国有企业招聘的公平性问题分析 ［J］. 黑龙江人力资源和社会保障，2021（16）：88－90.

仅指企业外部的薪酬公平性，也包括企业内部的薪酬公平性。

如何提高企业员工的薪酬公平是企业所要考虑的方面，这也是提高员工薪酬满意度和流动人口社会融合度的方面之一。本书提出以下建议，从企业角度维护员工的薪酬公平。

（1）拓宽薪酬民主参与路径

科学、全面、不断完善的薪酬分配制度可以使员工对企业具有更高的归属感。企业在制定薪酬分配制度时，应该提高员工的民主参与度，积极听取员工的诉求、结合专家的建议，让全员参与到企业制度的制定，保证制度符合实际工作，可以满足不同年龄、岗位、职级、文化程度员工的实际需求，并确保制定过程公开、透明。

建立完善的绩效沟通机制，同时，鼓励员工参加绩效管理。绩效沟通有利于企业与员工之间进行情感和工作的交流，是员工表达自己工作感受的重要时机。民主参与、相互理解、共同促进的企业绩效管理文化更有利于流动人口的社会融合程度。

（2）保障薪酬合理增长

经济的快速增长会带来一系列的问题，如城乡差异扩大、物价水平上涨等。企业应当保证员工薪酬的合理增长，并保障员工薪酬具有成长性。另外，根据当地的经济发展水平制定薪酬管理制度，保障员工的基本生活，提升员工幸福感。此外，企业可以适当提高津补贴比重，以有效提升员工薪酬外部公平感。

（3）提高员工福利待遇

企业可以通过设置弹性福利的方式提高员工的福利水平，旨在满足员工个性化的需求，适应每个员工自身的实际，从而形成具有个性的福利设计。大多数企业福利设计内容存在普遍性、区分性等问题，应基于需求个性化等主要因素，以弹性福利理论为指导，基于员工实际完善福利设计内容。

7.4　个人层面

流动人口社会融合不仅需要政府、社会、企业采取相应举措，流动人口个人也需要通过一些方法主动融入社会。随着社会的进步，社会对高素质人才的需求量不断增加，同时各企业对员工的综合素质要求越来越高，因此，流动人口应加强自身技能，适合社会的要求，提高自身竞争力。流动人口要想顺利融入社会，主观积极性不能缺少，应主动融入社会、融入群体，只有这样才能提高社会融合度。

7.4.1　提高自身融合能力

社会对人才的需求量越来越大，同时企业对员工的综合素质要求也越来越高，流动人口应通过自身的不懈努力提高自身技能，使自己更容易融入社会。本书对流动人口如何从个人角度提升自身技能提供了一些意见，以提高流动人口社会融合度。

（1）提高自身基础教育水平

长期以来，欠发达地区基础教育发展水平较为落后，阻碍了流动人口受教育程度的提高。大力改善欠发达地区的基础教育，可提高流动人口的教育水平，使大量流动人口受益，从根本上改变或提升未来流动人口的人力资本水平，同时流动人口自身也应树立终身学习、自主学习的观念，提高自己的受教育水平。基础教育现代化是提高流动人口受教育程度的必备条件，提高流动人口受教育程度是降低劳动力市场分割对流动人口就业和收入负面影响的关键。这不仅需要政府继续加大对基础教育的投资倾斜力度，对部分经济欠发达地区更要加大中央财政对于教育的支付力度，严格落实义务教育，使流动人口儿童全部接受九年义务教育，流动人口个人也应积极参加职业教育和高中教育。提高流动人口接受高等教育的比例，不断缩小流动人口与城市人口的人均受教育程度差距，提升未来流动人口的整体人力资本水平，从根本上阻断劳动力市场中人力资本分割对流动人口就业产生影响的路径。

（2）提升自身专业技能

城市产业结构升级力度不断加大，劳动力市场需求层次不断提高，成为低人力资本流动人口就业的障碍因素。因此，流动人口要积极主动参加技能培训，提高自身技能水平，为当地制造业发展和产业升级提供高质量的产业工人。

目前，各行业、各岗位类型的劳动者接受在职培训机会和形式差异较大，流动人口更是缺乏在职培训的机会。对于一些低人力资本水平的劳动者而言，还未广泛接受成人职业教育观念，流动人口自身应提高参加成人职业教育积极性，从而增进劳动技能、确保自己在劳动力市场有特有的竞争力[①]。

（3）提升自身适应能力

从个体角度来看，流动人口自身的适应能力状况对社会融合具有重要意义。适应性主要强调流动人口的压力自我调节能力、对变化的适应能力、解决问题的能力和乐观的态度，注重培养自身的心理素质等，有助于提高流动人口的适应能力。心理资本是个体在成长和发展过程中呈现的积极心理状态，包括自我效能感、乐观主义、韧性和希望等方面。对于流动人口来说，更高的自我效能感可以让他们相信自己的能力，更有信心实现具体目标，不惧挑战，勇往直前；乐观的态度，能使流动人口从容面对逆境，对现在和未来保持乐观向上的态度；

---

① 刘彩云. 劳动力市场分割对上海流动人口就业的影响研究 [D]. 上海：华东师范大学，2019.

韧性是流动人口面对挫折和失败的一种积极向上的内在心理机制，使他们能够快速适应逆境，主动改变现状，谋求个人成长；充满希望会让流动人口积极奋斗，实现自己的目标和计划，激励他们前行。现在流动人口融合于城市社会的愿望更强烈，但面对不同的社会环境，流动人口常常难以克服工作及生活中的种种困难，他们对当地居民极其缺乏信任、缺少归属感、不公平感知强烈，这些消极的心理因素促使他们自卑和敏感，严重制约了流动人口的社会融合进程，甚至可能导致一系列的消极失范行为，如果处理不当极易诱发社会问题。

提高流动人口的社会适应性，需要自身主动进行适应性学习，比如学习了解当地市情、安全常识、法律知识等能够提高适应性的内容。只有增强了适应性学习，流动人口才能增强其自信，并树立正确的世界观、人生观、价值观，提高对当地市民的信任度，进而有助于流动人口更好地融入社会。

7.4.2　调整就业和职业规划

目前，我国流动人口的就业领域并不广泛。因此，流动人口要主动进行就业领域调整。要保持第二产业就业的发展势头，同时为满足城乡居民日益增长的物质需求，第三产业快速发展已成为必然趋势。以服务业为代表的第三产业应成为增加流动人口就业的主要产业方向，将流动人口就业范围扩大到第三产业。

尽管丰富多样的服务业对人力资源的需求不断增长，但这种需求不仅需要"数量"，还需要"质量"，这对流动人口来说既是机遇也是挑战。有效的工作调整无疑能充分挖掘流动人口的劳动力潜力，而工作调整的成功与否取决于流动人口能否客观地设计出适合自己成长的就业计划，以提高其就业能力。因此，规划流动人口的职业发展至关重要。针对流动人口如何进行职业规划，本书从"提高自身就业稳定性，做好职业规划"方面着手解决。流动人口要通过学习转变观念，应根据实际情况，分析自身的优势劣势、机会威胁，主动学习，积极投资个人人力资本，克服教育短视，同时合理定位职业，转变短期就业观念，将盲目就业转变为长期规划的理性就业。根据个人能力和需求，积极开展职业生涯规划，提高工作稳定性和保障性。只有这样才能保持工作的连续性，增加他们获得工作经验的潜力，提高他们的职业认同感和归属感。对员工所处环境的归属感可以提高工作质量，获得城市的认可，最终融入城市社会之中。

7.4.3 提高融入社会主动性

流动人口社会融合度的提高不能单单靠政府、社会等改变相关政策，被动提高流动人口社会融合，流动人口应该主动融入社会，只有政府、社会、企业和个人共同发力，才能实现更好的流动人口社会融合度。

（1）建立开放的社会网络

社会网络是流动人口社会融合度的一个重要维度，目前我国流动人口在城市中的交友圈仍来自老乡、亲戚等，而总体的社会网络规模小、异质性群体较小。流动人口异质社会网络的集聚在其社会融合中发挥着关键作用。因此要重构流动人口社会网络，超越以亲缘、血缘为纽带的同质的传统关系型社会网络，构建连接职业和社区的异构现代社会网络，将流动人口的社会关系网络从封闭的网络转变为延伸的开放网络①。

（2）构建流动人口信息交互平台

构建流动人口信息平台，促进部门间资源共享。信息是决策的基

---

① 肖峰. 新生代农民工就业能力对社会融合的影响研究［D］. 哈尔滨：东北农业大学，2018.

础。目前，正在推进建设的人口信息资源库主要涉及公安、计划生育、卫生、民政、人口资源保障、税收、工商等领域。然而，由于人口信息编码标准不同，这些部门无法共享人口信息资源。为此，政府正努力推进信息共享目录建设，明确各部门信息获取的责任和义务，整合各部门的权力，成立流动人口信息管理团队，对人口信息进行获取和管理，建设信息交互平台，提供准确信息，做好流动人口工作。

（3）打造社区和单位协调机制

通过打造社区和单位协调机制，提升流动人口社会参与程度。社会参与是流动人口社会融合的重要途径，河南省的流动人口交流圈以老乡与亲戚为主，很少参与社区的文化活动。近些年来，政府组织了多种丰富的文体活动，并鼓励流动人口积极参与。此外，社区在制定政策制度、换届选举时，也鼓励流动人口参与进来，以此培养他们的社区参与意识，不仅促进他们与本地居民的沟通交流，还增进了双方的友谊。建立工会、党团组织，构建对话平台，为流动人口提供寻求帮助和维权的途径，以保护流动人口的知情权、发展权、选举权等，为员工融入企业、学生融入学校、家庭融入社区打下基础。

（4）加强流动人口的文化引导

加强文化引导，提高流动人口的认同感。生理需求、安全需求、情感需求、尊重需求和自我实现需求是马斯洛需求层次理论的五个方面。这一理论在一定程度上反映了流动人口的社会融合过程。身份认同等同于情感需求，属于高层次需求。实现这种程度的融合是一个长期的过程，其中文化因素极为重要。身份认同是心理上的，具有主观的、隐性的特征，需要文化长期的熏陶和渗透才能实现真正的融合。不同群体的流动人口，在饮食习惯、服装配饰、风俗习惯、人情世故、想法观念上有许多的不同，大多数人也惰于改变这种差别。因此，政府引导电视、互联网、书籍、报纸和自媒体改变流动人口的价值观和世界观，使他们能够容忍和接受当地的城市文化。此外，流动人口是城市化的必然产物，只有本地原住居民端正了对流动人口的态度，才能使双方消除隔阂与偏见，互帮互助，和睦相处。

综上所述，中部地区的河南省，在流动人口社会融合方面采用的经验主要就是改变户籍制度、建立社会保障体系、打造产业聚集区、加强社区与单位的基层管理，实现共治共建共享新格局、加强文化教育，促进流动人口身份认同等。

第8章　基本结论与研究展望

8.1　基本结论

本书在国内外文献研究的基础上，依据高质量发展和流动人口社会融合相关理论，在高质量发展的视角下，对中部地区流动人口社会融合现状进行了研究，得出以下结论。

第一，我国高质量发展离不开人的全面发展，更离不开流动人口的深度社会融合。一方面，流动人口成为推动我国高质量发展的重要力量，尤其是具有明显人口优势的中部地区；另一方面，深度社会融合不仅有利于提升流动人口素质和能力、认同感和归属感，还有利于增强城市治理和公共服务能力，从而促进高质量发展。

第二，高质量发展背景下中部地区人口的流动现状相对乐观。自然环境和地理位置方面，中部地区情况大致相同。首先，中部地区位于我国中间地带，承东启西、沟通南北，交通优势较强；其次，中部地区多位于平原区域，拥有较大的人口总量。综合实力方面，中部地区存在一定的差异，河南、湖北、湖南、安徽四个省份的综合实力较强，经济发展情况较好，江西和山西两个省份稍差，但也能为就业人口提供足够的工作机会。人口流动方面，相较于西部和东部地区，中部地区的人口流动情况相对稳定，流出和流入的人口基本达到平衡状态，除山西省外，其余五省流动人口在平衡的基础上呈现部分增量情况。

第三，高质量发展背景下中部地区流动人口社会融合程度呈中等水平。中部地区整体评价方面，中部地区六省流动人口整体社会融合程度平均分为73.63，说明中部地区六省流动人口社会融合情况处于中等水平的融合状态，其中，心理融合和经济融合的程度较好，文化和社会关系融合程度较差，需要进一步提升。中部地区差异评价方面，江西省的流动人口社会融合得分最高，属于较高水平的社会融合；其次是湖南省，当地流动人口的社会融合水平也较好；随后是山西省和安徽省，两省社会融合情况尚可；最后是河南省和湖北省，两省的社会融合度较为一般，仍需进一步加强对流动人口的关注。年龄代际差异评价方面，中部地区新生代流动人口的总体社会融合得分最高，属于良好水平的社会融合，其次是中生代，流动人口的社会融合水平也较好，最后是老生代，老生代流动人口的社会融合情况一般偏好，仍有较大提升空间。职业差异评价方面，中部地区管理类职业流动人口的总体社会融合得分最高，属于较高水平的社会融合，其次是制造业职业，社会融合水平良好，随后是技术类和营销类职业，这两类职业的流动人口的社会融合处于一般偏好的水平，最后是服务类职业，服务类职业的流动人口社会融合情况偏差，可能是职业偏见的原因，需要给予更多的关注。

第四，高质量发展背景下，中部地区流动人口社会融合受到个人特征、经济、文化、心理、制度、社区六个方面因素的影响。由方差分析得出，部分因素对于社会融合度会有影响，但是不显著，比如性别，有些因素对社会融合度有显著影响，但是不强烈，比如年龄、受教育水平、在流入地居住时间等。与社会融合度关系密切的自变量有以下11个：居住时间、工资收入、风俗习惯适应程度、归属感、社会接纳、长期居留意愿、居住证、保险购买情况、劳动合同签订情况、健康知识宣传教育参加次数以及活动参与次数。比较各个因素与社会融合度之间的关系，可以得知心理方面的因素与其之间的关系强度高于制度方面与社区方面，而制度方面和社区方面与社会融合度的关系强度高于经济与文化方面，个人因素与社会融合度的关系最低。

第五，对于高质量发展背景下促进中部地区流动人口社会融合水平的路径选择，主要从政府、社会、企业、个人四个层面进行。政府层面，从户籍制度、基本公共服务体系、就业扶持、合法权益保障体系四个维度探究政府层面促进中部地区流动人口社会深度融合的路径选择；社会层面，应注重营造开放包容的文化环境，打造多元文化交流平台，并注重流动人口的精神培养，丰富精神文化生活；企业层面，应改变思维，拓宽招聘眼界，为流动人口社会融合作出贡献，同时也是对企业未来发展的帮助；个人层面，应树立积极、乐观、上进的态度，努力提高自身能力，主动融入社会，提高社会融合水平。

8.2　研究展望

本书在研究设计和实证研究等方面力求科学、严谨，通过研究论证得出了较为理想、全面的结论，但仍存在一些不足之处，在未来的研究中需进行进一步补充。

第一，完善流动人口社会融合的量表设计。在当前国内外关于流动人口社会融合的研究中，均无成形的通用权威量表。本书在高质量发展背景下测度中部地区流动人口社会融合水平时，在其他学者已有研究成果的基础上，根据社会融合相关理论和中部地区流动人口的现状，构建出了中部地区流动人口社会融合水平的四个结构维度，并设计了具有 12 个题项的社会融合程度测量量表，同时运用三级评价对每个题目进行测量。在实证分析过程中，该量表题项体现出了很好的内部一致性和较高的信、效度，但对于四个维度的社会融合水平测量，题项可能较少，题目设定较为简洁，未能充分显示流动人口社会融合各个维度的丰富内涵，内部结构显得过于简单。在未来的研究中，应进一步完善流动人口社会融合的量表设计，丰富社会融合各个维度内部结构，进一步提升流动人口社会融合水平测量的准确性和权威性。

第二，开发流动人口社会融合的他评量表。本书对于高质量发展背景下中部地区流动人口社会融合评价只采用了自陈量表进行测验，主观性较强，后续可以尝试编制同事、领导、城市居民和社区等评定流动人口社会融合程度的量表，测量出客观的流动人口社会融合水平。流动人口流入到新的城市，工作的同事和领导能够直接或间接地参与到流动人口的工作和生活中，同时当地城市居民和社区也能在一定程度上接触流动人口，他们对流动人口的融合现状有较为客观和深入的认识与评价。因此，尝试开发流动人口社会融合的他评量表，在实证调查中与流动人口的自评量表相结合，进行交叉综合验证，能够更加准确、可靠地评价流动人口社会融合的水平。

第三，深入探究流动人口社会融合的内在影响机理。本书的实证研究主要通过构建高质量发展背景下中部地区流动人口社会融合评价体系，从经济融合、文化融合、心理融合和社会关系融合四个层面对中部地区流动人口社会融合水平进行评价分析，并对不同群体进行差异化分析，对中部地区流动人口社会融合水平的影响因素进行分析。本书并未对流动人口社会融合进行深入探索性研究，如工作满意度对流动人口社会融合的影响关系中是否存在中介或调节因素，对二者关系造成影响，是否存在其他因素在各个指标和融合水平之间存在边界或交互作用。因此在未来的研究中，可以将流动人口社会融合水平设为因变量，探寻各个因素在影响流动人口社会融合的过程中是否存在深层次的微观关系。

附　　录

我国中部地区流动人口社会融合调查

您好，首先感谢您的参与和支持，此次问卷为了深入了解我国中部地区流动人口社会融合的现状，问题的回答无对错之分，调查的结果会保密处理，请您如实填写。再次感谢您对本次调查工作的支持。

1. 您的性别是（　　）。

A. 男　　　　　　　B. 女

2. 您的年龄为（　　）。

A. 18～22 岁　　　　B. 23～27 岁　　　　C. 28～32 岁

D. 33～37 岁　　　　E. 38～42 岁　　　　F. 43 岁及以上

3. 您目前所处的省份是（　　）。

A. 山西省　　　　　B. 河南省　　　　　C. 安徽省

D. 湖北省　　　　　E. 湖南省　　　　　F. 江西省

4. 您的户籍所在地为（　　）。

A. 城镇　　　　　　B. 农村

5. 您的教育水平是（　　）。

A. 初中及以下　　　B. 高中或中专　　　C. 大专

D. 本科及以上

6. 您目前的婚姻状态是（　　）。

A. 未婚　　　　　　B. 已婚　　　　　　C. 离异

D. 丧偶

7. 您属于省内流动还是省外流动？（　　　）

A. 省内流动　　　　　　　B. 省外流动（户籍省份到其他省份）

8. 您已经在这个城市居住了多久？（　　　）

A. 0.5~2 年　　　　　　B. 3~5 年　　　　　　C. 6~10 年

D. 11 年及以上

9. 您的月均收入是（　　　）。

A. 0~1500 元　　　　　B. 1501~3000 元　　　C. 3001~5000 元

D. 5001~8000 元　　　E. 8000 元以上

10. 您每周工作时间为（　　　）。

A. 40~44 小时　　　　B. 45~48 小时　　　　C. 49~56 小时

D. 57~63 小时　　　　E. 64 小时及以上

11. 您的职业类型属于（　　　）。

A. 制造类　　　　　　　B. 营销类　　　　　　C. 管理类

D. 技术类　　　　　　　E. 服务类

12. 您所在单位与您是否签订了劳动合同？（　　　）

A. 没有　　　　　　　　B. 不清楚　　　　　　C. 有

13. 您所在单位是否为您购买保险？（　　　）

A. 没有　　　　　　　　B. 不清楚　　　　　　C. 有

14. 您的住房情况是（　　　）。

A. 集体宿舍　　　　　　B. 合租房　　　　　　C. 单租房

D. 自买房　　　　　　　E. 其他

15. 您对自己的工作是否满意？（　　　）

A. 不满意　　　　　　　B. 一般　　　　　　　C. 满意

16. 您对自己的居住环境是否满意？（　　　）

A. 不满意　　　　　　　B. 一般　　　　　　　C. 满意

17. 您对当地的社会保障制度是否满意？（　　　）

A. 不满意　　　　　　B. 一般　　　　　　C. 满意

18. 您对本地日常生活的适应情况？（　　　）

A. 不适应　　　　　　B. 一般　　　　　　C. 适应

19. 您与本地人是否相处融洽？（　　　）

A. 不融洽　　　　　　B. 一般　　　　　　C. 融洽

20. 您对本地风俗习惯的适应情况？（　　　）

A. 不适应　　　　　　B. 一般　　　　　　C. 适应

21. 您对本地卫生习惯的适应情况？（　　　）

A. 不适应　　　　　　B. 一般　　　　　　C. 适应

22. 您是否喜欢现在这个城市？（　　　）

A. 不喜欢　　　　　　B. 一般　　　　　　C. 喜欢

23. 您在目前城市是否有归属感？（　　　）

A. 没有　　　　　　　B. 一般　　　　　　C. 有

24. 您是否愿意为所在社区的发展奉献时间和精力？（　　　）

A. 不愿意　　　　　　B. 一般　　　　　　C. 愿意

25. 在日常交往中，您感觉当地人尊重您吗？（　　　）

A. 不尊重　　　　　　B. 一般　　　　　　C. 尊重

26. 您遇到困难会向邻居求助吗？（　　　）

A. 不会　　　　　　　B. 偶尔会　　　　　C. 会

27. 您是否了解本地社区活动的情况？（　　　）

A. 不了解　　　　　　B. 一般　　　　　　C. 了解

28. 您是否经常参与本地社区志愿活动？（　　　）

A. 从不　　　　　　　B. 偶尔　　　　　　C. 经常

29. 您是否愿意与本地市民通婚？（　　　）

A. 不愿意　　　　　　B. 一般　　　　　　C. 愿意

30. 您的本地话掌握程度（ 　 ）。

A. 听得懂也会讲　　　B. 听得懂但不会讲　　C. 听不懂

31. 您业余时间的交往对象通常是（ 　 ）。

A. 老乡　　　　　　　B. 本地人　　　　　　C. 其他流动人口

D. 很少与人来往

32. 您是否认同自己属于本地人？（ 　 ）

A. 不认同　　　　　　B. 一般　　　　　　　C. 认同

33. 您愿意长期居留在这里吗？（ 　 ）

A. 不愿意　　　　　　B. 一般　　　　　　　C. 愿意

34. 您在单位或居住地参加活动的次数（一年以内）（ 　 ）。

A. 没有参加过　　　　B. 1~3 次　　　　　　C. 4~6 次

D. 7 次及以上

35. 您在当地接受健康知识宣传教育的次数（一年之内）（ 　 ）。

A. 没有接受过　　　　B. 1~3 次　　　　　　C. 4~6 次

D. 7 次及以上

36. 您的所在地是否为您建立健康档案？（ 　 ）

A. 已建立　　　　　　B. 没有建立　　　　　C. 没有听说过

37. 您是否有居住证？（ 　 ）

A. 有　　　　　　　　B. 没有　　　　　　　C. 没有听说过

38. 您来这个城市的原因（ 　 ）（多选）。

A. 工作机会多　　　　　　　　　　　　B. 喜欢这个城市

C. 想在这里长期发展　　　　　　　　　D. 亲戚朋友在这边

E. 其他原因

39. 您目前在这个城市遇到的困难有哪些？（ 　 ）（多选）

A. 住房问题　　　　　B. 生活消费高　　　　C. 经济收入低

D. 子女教育问题　　　E. 赡养老人　　　　　F. 其他

参 考 文 献

[1] 安淑新. 促进经济高质量发展的路径研究：一个文献综述 [J]. 当代经济管理，2018，40（9）：11-17.

[2] 奥斯卡·汉德林. 拔根者：构成美利坚民族的巨大移民群的史话 [M]. 波士顿：大象月刊出版社，1971.

[3] 曹雪，吴相利. 黑龙江省流动人口空间格局演变研究 [J]. 哈尔滨师范大学自然科学学报，2017，33（1）：119-126.

[4] 陈华同，彭仁贤. 流动人口就业问题研究进展 [J]. 中国经贸导刊（中），2021（10）：80-86.

[5] 陈心颖. 英国德国工业化进程中乡城流动人口融合的公共政策及启示 [J]. 中共福建省委党校学报，2016（10）：86-93.

[6] 程虹. 竞争政策与高质量发展 [J]. 中国市场监管研究，2018（5）：9-13.

[7] 崔岩. 流动人口心理层面的社会融入和身份认同问题研究 [J]. 社会学研究，2012，27（5）：141-160，244.

[8] 邓雅丹. H公司福利设计优化研究 [D]. 贵阳：贵州大学，2021.

[9] 迪利普·希罗. 黑色英国人与白色英国人：英国种族关系史 [M]. 伦敦：格拉夫顿出版社，1991：301-313.

[10] 丁秋丹，宇赟. 农村流动人口对城乡经济的影响 [J]. 中国商贸，2013（30）：137-138.

[11] 丁先美. 合肥市流动人口社会融合问题研究 [D]. 合肥：安徽

大学，2018.

[12] 杜瑾. 城市适应视域下流动人口犯罪预防研究 [J]. 河南财经政法大学学报，2014，29（5）：154－161.

[13] 杜丽红，任振宇. 非自愿移民的可持续发展研究——对汶川特大地震四川邛崃市南宝山安置点的调研 [J]. 软科学，2011，25（11）：99－101.

[14] 杜小敏，陈建宝. 人口迁移与流动对我国各地区经济影响的实证分析 [J]. 人口研究，2010，34（3）：77－88.

[15] 段成荣，马雪阳. 当前我国新生代农民工的"新"状况 [J]. 人口与经济，2011（4）：16－22.

[16] 段成荣，孙玉晶. 我国流动人口统计口径的历史变动 [J]. 人口研究，2006（4）：70－76.

[17] 段成荣，杨舸，张斐，等. 改革开放以来我国流动人口变动的九大趋势 [J]. 人口研究，2008（6）：30－43.

[18] 范宇. 城市化进程中流动群体融入困境研究 [D]. 南宁：广西民族大学，2014.

[19] 冯俏彬. 推动我国经济高质量发展的五大途径 [J]. 经济研究参考，2018（30）：34－35.

[20] 辜胜阻，朱农，邓邦林. 人口流动及其后果探微 [J]. 人口与经济，1989（4）：24－28.

[21] 郭维明，申秋红，王晖，等. 对德国移民社会融合模式的认识与思考 [J]. 人口与计划生育，2015（7）：14－16.

[22] 郭星华，李飞. 漂泊与寻根：农民工社会认同的二重性 [J]. 人口研究，2009，33（6）：74－84.

[23] 哈里·古尔本. 1945年以来英国的种族关系 [M]. 罕布什尔：麦克米伦出版社，1988：76－98.

[24] 韩俊强，孟颖颖. 农民工城市融合：概念厘定与理论阐释 [J].

江西社会科学，2013，33（8）：209－213.

［25］韩淑娟，闫琪．老年流动人口社会融合新特征及公共政策优化——基于山西省的数据［J］．山西高等学校社会科学学报，2019，31（10）：161－182.

［26］郝鲁怡．欧盟国际移民法律制度研究［D］．上海：华东政法大学，2009.

［27］何丽．国有企业招聘的公平性问题分析［J］．黑龙江人力资源和社会保障，2021（16）：88－90.

［28］胡世慧．社会排斥下的流动人口管理［J］．商业经济，2008（11）：82－83，129.

［29］黄新华，何冰清．建立高质量的公共服务供给体系——提升公共服务供给质量的需求、障碍与路径［J］．学习论坛，2020（11）：46－53.

［30］焦旭祥．适应人口流动新趋势 把握区域发展新机遇 推动人口与区域高质量协调发展［J］．浙江经济，2019（15）：9－11.

［31］金碚．关于"高质量发展"的经济学研究［J］．中国工业经济，2018（4）：5－18.

［32］孔艳芳，周凤．中国流动人口的就业技能与社会融合研究——基于多层非线性模型的经验论证［J］．劳动经济评论，2020，13（1）：20－41.

［33］李海峰．浅论多元文化背景下的德国移民教育［J］．教育文化论坛，2019，11（2）：46－52，136.

［34］李红，王泽东，魏晓，等．湖南省区域经济格局演变与空间战略结构优化［J］．经济地理，2020，40（11）：39－46，85.

［35］李俊霞．人口变动对经济发展的影响及对策研究——基于四川的数据［J］．经济问题，2017，42（7）：125－133.

［36］李培林，田丰．中国农民工社会融入的代际比较［J］．社会，

2012（5）：1－24.

[37] 李荣彬，袁城.社会变迁视角下流动人口身份认同的实证研究——基于全国流动人口动态监测调查数据 [J].人口与发展，2013，19（6）：26－35.

[38] 李荣时.对当前我国流动人口的认识和思考 [J].人口研究，1996（1）：10－15.

[39] 李尚红，陶金.人口流出对皖北地区经济增长影响的实证分析 [J].中国高新技术企业，2015（32）：109－123.

[40] 李树苗，悦中山.融入还是融合：农民工的社会融合研究 [J].复旦公共行政评论，2012（2）：21－42.

[41] 李伟.高质量发展究竟"什么样儿" [N].联合时报，2018－03－02（004）.

[42] 李振刚.新生代农民工文化资本对社会融合影响的实证研究 [J].社会发展研究，2017，4（4）：85－104，239.

[43] 林海明，刘照德，詹秋泉.因子分析综合评价应该注意的问题 [J].数理统计与管理，2019，38（6）：1037－1047.

[44] 刘彩云.劳动力市场分割对上海流动人口就业的影响研究 [D].上海：华东师范大学，2019.

[45] 刘传江，龙颖桢，李雪.城乡统筹背景下农民工迁移范围与行为决策 [J].南方人口，2020，35（6）：66－78.

[46] 刘芳震，谭宇.民族地区城市流动人口文化差异与社会融合问题研究——以湖北省恩施州为例 [J].湖北民族学院学报（哲学社会科学版），2015，33（4）：41－44.

[47] 刘林平，王苗.新生代农民工的特征及其形成机制——80后农民工与80前农民工之比较 [J].中山大学学报（社会科学版），2013（5）：54－71.

[48] 刘林平，张春泥.农民工工资：人力资本、社会资本、企业制

度还是社会环境？——珠江三角洲农民工工资的决定模型［J］. 社会学研究，2007（6）：114－137，244.

［49］刘生龙. 中国跨省人口迁移的影响因素分析［J］. 数量经济技术经济研究，2014，31（4）：44－56.

［50］刘伟超. 农村剩余劳动力转移地域选择的探析［J］. 安徽农业科学，2010，38（30）：17279－17282.

［51］刘影. 企业人才引进中存在的问题及对策［J］. 现代商业，2022（10）：74－77.

［52］刘宗顺，林绍良. 我国现行户籍制度下流动人口社会融合问题探究［J］. 中国集体经济，2015（36）：152－153.

［53］陆婧. 湖南省农村劳动力流动的影响因素研究［D］. 长沙：中南林业科技大学，2016.

［54］马西恒. 社区建设：理论的分立与实践的贯通［J］. 中国民政，2001（4）：20－23.

［55］穆光宗，江砥. 流动人口的社会融合：含义、测量和路径［J］. 江淮论坛，2017（6）：129－133.

［56］内克斯·潘纳伊. 多元化的英国：一个非常简短的历史［J］. 英国政治评论，2011（2）：4－5.

［57］潘艳，叶宇平. 城镇化与农村劳动力流动问题研究——以江西省为例［J］. 中外企业家，2018（4）：53.

［58］潘泽泉，邹大宽. 居住空间分异、职业地位获得与农民工市民化意愿——基于农民工"三融入"调查的数据分析［J］. 湖南师范大学社会科学学报，2016，45（6）：37－48.

［59］钱晓君. 丰富外来务工人员精神文化生活，共享城市发展文明成果［J］. 才智，2008（17）：248.

［60］乔安娜·福米纳. 移民政策的辩论及其对英国多元文化主义的影响［J］. 波兰社会学评论，2010（10）：57－86.

［61］任保平. 经济增长质量：经济增长理论框架的扩展［J］. 经济学动态，2013（11）：45－51.

［62］任保平. 新时代中国经济从高速增长转向高质量发展：理论阐释与实践取向［J］. 学术月刊，2018，50（3）：66－74，86.

［63］任保平，李禹墨. 新时代背景下高质量发展新动能的培育［J］. 黑龙江社会科学，2018（4）：31－36.

［64］任远，乔楠. 城市流动人口社会融合的过程、测量及影响因素［J］. 人口研究，2010，34（2）：11－20.

［65］任远，邬民乐. 城市流动人口的社会融合：文献述评［J］. 人口研究，2006（3）：87－94.

［66］萨姆·本内特. 英国公共话语中移民融合的构建：成为英国人［M］. 伦敦：布卢姆斯伯里学术出版社，2018：84－108.

［67］师博. 在高质量发展中推进共同富裕的理论逻辑、实践基础与路径选择［J］. 社会科学辑刊，2022（4）：116－125.

［68］宋全成. 欧洲的移民问题与欧洲一体化——以德国为例［J］. 北京大学学报（哲学社会科学版），2002（1）：141－147.

［69］宋玉军. 高质量发展背景下安徽省流动人口公共服务均等化的思考［J］. 阜阳师范大学学报（社会科学版），2021（6）：116－124.

［70］孙立平. 农民工如何融入城市［J］. 中国老区建设，2007（5）：16－17.

［71］孙铭，吕青. 山西省区域人口流动的影响因素分析［J］. 山西师范大学学报（自然科学版），2018，32（2）：123－128.

［72］孙学涛，李旭，戚迪明. 就业地、社会融合对农民工城市定居意愿的影响——基于总体、分职业和分收入的回归分析［J］. 农业技术经济，2016（11）：44－55.

［73］田凯. 关于农民工的城市适应性的调查分析与思考［J］. 社会科学研究，1995（5）：90－95.

[74] 田璞玉，郑晶，张金华. 农民工社会融合的概念与理论框架建构 [J]. 江苏农业科学，2016（12）：509 – 513.

[75] 童星，马西恒. "敦睦他者"与"化整为零"——城市新移民的社区融合 [J]. 社会科学研究，2008（1）：77 – 83.

[76] 汪同三. 深入理解我国经济转向高质量发展 [J]. 共产党人，2018（13）：12 – 14.

[77] 王崇彩. 我国零售行业上市公司竞争力因子分析 [J]. 工业技术经济，2010，29（1）：133 – 137，154.

[78] 王春光. 农村流动人口的"半城市化"问题研究 [J]. 社会学研究，2006（5）：107 – 122，244.

[79] 王春光. 新生代农村流动人口的社会认同与城乡融合的关系 [J]. 社会学研究，2001（3）：19 – 20.

[80] 王军. 奋斗的行动姿态：中国高效发展的秘诀 [J]. 人民论坛，2017（36）：86 – 88.

[81] 王君. 美国移民社会与政治文化的融合——制度认同 [J]. 中国商界（下半月），2010（6）：270.

[82] 王妮. 社会融合对流动人口家庭化的影响——基于中国流动人口动态监测的实证研究 [J]. 黑龙江人力资源和社会保障，2022（15）：59 – 61.

[83] 王心蕊，孙霞. 旅游发展背景下农村劳动力回流迁移研究——影响因素与代际差异 [J]. 旅游学刊，2021（4）：96 – 112.

[84] 王艺翔. 安徽省引进国外智力的综合环境建设分析 [J]. 品牌（下半月），2015（7）：123.

[85] 王智勇. 当前人口流动的主要特征及对城市化的影响 [J]. 人民论坛，2021（17）：74 – 77.

[86] 王子立. 德国移民法律体系：演进、逻辑与启示 [J]. 德国研究，2022，27（1）：64 – 84，131.

[87] 王宗康. 城市流动人口社会融合的影响因素与对策分析 [J].
中国管理信息化, 2018, 21 (12): 193 - 194.

[88] 温国砫. 非洲商人在广州的社会融合度及其影响研究——基于
移民适应理论的视角 [J]. 改革与开放, 2012 (4): 111 - 114.

[89] 吴瑞君. 关于流动人口涵义的探索 [J]. 人口与经济, 1990
(3): 53 - 55, 27.

[90] 伍斌. 当代美国外来移民融入主流社会的困境 [J]. 民族研究,
2019 (2): 24 - 37, 139 - 140.

[91] 希拉·帕特森. 英国的移民与种族关系, 1960 - 1967 [M]. 伦
敦: 牛津大学出版社, 1969: 3 - 4.

[92] 夏贵芳. 省际与省内流动人口职业流动特征及其影响因素的对
比 [D]. 福州: 福建师范大学, 2017.

[93] 肖峰. 新生代农民工就业能力对社会融合的影响研究 [D]. 哈
尔滨: 东北农业大学, 2018.

[94] 肖子华, 徐水源, 刘金伟. 中国城市流动人口社会融合评估——以
50 个主要人口流入地城市为对象 [J]. 人口研究, 2019 (9):
96 - 112.

[95] 熊杰. 论二战后英国的多元文化和社会融合 [J]. 安顺学院学
报, 2014 (8): 114 - 116.

[96] 熊伟婷. 动态网络视角下城市阴影区的空间结构模式与消解机
制研究 [D]. 长沙: 东南大学, 2021.

[97] 徐水源. 推动新时代流动人口社会融合 [J]. 民生周刊, 2019
(6): 69 - 70.

[98] 徐艳. 当前农村城镇化建设之困境与出路探讨 [J]. 现代经济
信息, 2017 (3): 13.

[99] 燕云, 吴健, 陈慕. 欠发达地区人才流出的原因及对策 [J].
合肥工业大学学报 (社会科学版), 2002 (6): 137 - 142.

[100] 杨聪敏. 新生代农民工的"六个融合"与市民化发展 [J]. 浙江社会科学, 2014 (2): 71-77.

[101] 杨继平. 长株潭城市群流动人口社会融合的影响因素 [J]. 南通大学学报 (社会科学版), 2016 (9): 9-15.

[102] 杨菊华. 从隔离、选择融入到融合: 流动人口社会融入问题的理论思考 [J]. 人口研究, 2009, 33 (1): 17-29.

[103] 杨菊华, 贺丹. 分异与融通: 欧美移民社会融合理论及对中国的启示 [J]. 江苏行政学院学报, 2017 (5): 72-80.

[104] 杨菊华. 论社会融合 [J]. 江苏行政学院学报, 2016 (6): 64-72.

[105] 杨菊华, 王毅杰, 王刘飞, 等. 流动人口社会融合: "双重户籍墙"情景下何以可为? [J]. 人口与发展, 2014, 20 (3): 2-17, 64.

[106] 杨菊华, 吴敏, 张娇娇. 流动人口身份认同的代际差异研究 [J]. 青年研究, 2016 (4): 9-18.

[107] 杨菊华, 张娇娇. 人力资本与流动人口的社会融入 [J]. 人口研究, 2016 (7): 3-20.

[108] 杨菊华. 中国流动人口的社会融入研究 [J]. 中国社会科学, 2015 (2): 61-79, 203-204.

[109] 杨雪, 龚凯林. 中部地区省际人口流出对流出地经济影响的实证分析 [J]. 人口学刊, 2017, 39 (5): 47-59.

[110] 于明波. 对英国《1965年种族关系法》的历史考察 [J]. 英国研究, 2016 (1): 145-155, 181.

[111] 于明波. 战后英国有色人种移民问题研究述评 [J]. 史学月刊, 2021 (3): 118-128.

[112] 岳伟, 邢来顺. 移民社会的文化整合问题与统一后联邦德国文化多元主义的形成 [J]. 史学集刊, 2012 (3): 16-23.

[113] 悦中山，李树茁. 农民工社会融合的概念建构与实证分析 [J]. 当代经济科学，2012，34（1）：1-11.

[114] 张华，刘哲达，殷小冰. 中国跨省流动人口回流意愿的空间差异及影响因素 [J]. 地理科学进展，2021（1）：177-178.

[115] 张利军. 农民工的社区融入和社区支持研究 [J]. 云南社会科学，2006（6）：71-75.

[116] 张庆五. 关于人口迁移与流动人口概念问题 [J]. 人口研究，1988（3）：17-18.

[117] 张伟东. 我国劳动力市场存在的问题及完善措施 [J]. 才智，2015（9）：309.

[118] 张文宏，雷开春. 城市新移民社会融合的结构、现状与影响因素分析 [J]. 社会学研究，2008（5）：23-25，31-36.

[119] 张耀军，岑俏. 中国人口空间流动格局与省际流动影响因素研究 [J]. 人口研究，2014，38（5）：54-71.

[120] 张原震. 河南省流动人口社会融合的现状、问题及对策研究 [J]. 河南教育学院学报（哲学社会科学版），2014，33（2）：99-105.

[121] 张媛媛. 劳动力市场视角下农民工城市化问题研究 [J]. 农村经济与科技，2015，26（7）：165-167，81.

[122] 张运红，冯增俊. 美国移民社会融合的教育实践模式探讨 [J]. 比较教育研究，2014（3）：50-54.

[123] 张运红. 现代化进程中美国农民社会融合中的教育实践 [J]. 世界农业，2016（5）：12-17.

[124] 张占斌，王海燕. 新时代中国经济高质量发展若干问题研究 [J]. 北京工商大学学报（社会科学版），2022，37（3）：1-9.

[125] 张震，李强. 不确定性对人口趋势研判及决策的影响——以中国人口为例 [J]. 人口研究，2021，45（1）：36-49.

［126］ 章元，陆铭 . 社会网络是否有助于提高农民工的工资水平？［J］.
管理世界，2009（3）：45 – 54.

［127］ 赵剑波，史丹，邓洲 . 高质量发展的内涵研究［J］. 经济与管
理研究，2019（11）：15 – 31.

［128］ 郑娴 . 我国流动人口社会融合影响因素与测量的研究述评［J］.
法制与社会，2015（15）：177 – 178.

［129］ 中华人民共和国国民经济和社会发展第十四个五年规划和
2035 年远景目标纲要［J］. 中国水利，2021（6）：1 – 38.

［130］ 周博 . 浅析我国农村人口流动的原因和效应［J］. 西安航空技
术高等专科学校学报，2008（6）：28 – 30.

［131］ 周皓 . 流动人口社会融合的测量及理论思考［J］. 人口研究，
2012，36（3）：27 – 37.

［132］ 周皓 . 中国迁移流动人口的统计定义——人口普查视角下的分
析［J］. 中国人口科学，2022（3）：17 – 30，126.

［133］ 周晓虹 . 流动与城市体验对中国农民现代性的影响——北京
"浙江村"与温州一个农村社区的考察［J］. 社会学研究，
1998（5）：60 – 73.

［134］ 周阳军 . 劳动力市场分割下农民工就业问题的研究［J］. 现代
商业，2013（26）：271 – 272.

［135］ 周依莘 . 析论城市户籍制度改革与流动人口社会融合［J］. 湖
南科技学院学报，2019，40（1）：110 – 112.

［136］ 朱力 . 论农民工阶层的城市适应［J］. 江海学刊，2002（6）：
82 – 88，206.

［137］ 邹祎 . SPSS 软件单因素方差分析的应用［J］. 价值工程，
2016. 35（34）：219 – 222.

［139］ ANNE L C, JACQUES S. Database merging strategy based on lo-
gistic regression［J］. Information Processing and Management,

2000, 36 (3): 189 – 234.

[140] BECK U, BYRNE D, GIDDENS A, GOUGH I, OLOFSSON G. Social exclusion, the poor and the world of work: New times, old times [J]. Contemporary Politics, 2000, 6 (4): 31 – 36.

[141] CAMILLE Z C. "Not Just a Lateral Move": Residential Decisions and the Reproduction of Urban Inequality [J]. City & Community, 2020, 19 (3): 189 – 192.

[142] DIEGO P, ANTHONY J V. Agglomeration and Economic Development: Import Substitution [J]. The Economic Journal, 1999, 109 (455): 429 – 450.

[143] EMIKE D. The dualism of human nature and its social conditions [J]. The Russian Sociological Review, 2013, 12 (2): 50 – 54.

[144] ENTZINGER H. Different Systems, Similar Problems: The French Urban Riots from a Dutch Perspective [J]. Journal of Ethnic and Migration Studies, 2009, 35 (5): 56 – 59.

[145] FRANZ H. On the Role and Interrelationship of Spatial, Social and Cognitive Proximity: Personal Knowledge Relationships of R&D Workers in the Cambridge Information Technology Cluster [J]. Regional Studies, 2012, 46 (9): 82 – 93.

[146] GALOR O, STARK O. The probability of return migration, migrants' work effort, and migrants' performance [J]. Journal of Development Economics, 1991, 35 (2): 50 – 54.

[147] GALOR O, STARK O. The probability of return migration, migrants' work effort, and migrants' performance [J]. Journal of Development Economics, 1991, 35 (2): 29 – 36.

[148] GORDON M. Assimilation in American life: The Role of Race, Religion, and National Origins [J]. New York: Oxford University

Press, 1964, 24 (4): 156 – 159.

[149] HOWARD J K, JINYAN F, KRISTOPHER J P. The effects of early socialization experiences on content mastery and outcomes: A mediational approach [J]. Journal of Vocational Behavior, 2005, 68 (1): 797 – 820.

[150] JAMES E N. Review: Interpreting and Using Quantitative AIDS to Business Decision [J]. Journal of Marketing Research, 1976, 13 (4): 437 – 448.

[151] JEFFREY G. W. Regional Inequality and the Process of National Development: A Description of the Patterns [J]. Economic Development and Cultural Change, 1965, 13 (4): 224 – 253.

[152] LEE J. A Study on the Long-range Forecasting the Demand and Supply Policy of Korea Tourism Manpower [J]. Journal of Tourism Sciences, 1980, 63 (4): 31 – 54.

[153] LYONS S, KURON L. Generational Differences in the Workplace: A Review of the Evidence and Directions for Future Research [J]. Journal of Organizational Behavior, 2014 (1): 71 – 75.

[154] MONTFORT M, RENE T, SAMPAWENDE T. A Quality of Growth Index for Developing countries: A Proposal [J]. IMF Working Papers, 2014, 14 (172): 59 – 61.

[155] OFCENSUS U. Thirteenth census of the United States taken in the year 1910. Statistics for Maryland. Containing statistics of population, agriculture, manufactures, and mining for the state, counties, cities, and other divisions [D]. Reprint of the Supplement for Maryland, 1913.

[156] OSCAR H. The Uprooters: A History of the Great Diaspora that Made up the American Nation [J]. Boston: Elephant Monthly

Press, 1971, 23 (2): 26 - 38.

[157] PAEK R E. Race and Culture [J]. Management Learning, 1950, 6 (8): 25 - 44.

[158] PILCHER J. Mannheim's Sociology of Generations: An Underval-ued Legacy [J]. British Journal of Sociology, 1994, 45 (3): 481.

[159] PORTES A, ROBRET N P, JOSEA C. Assimilation or Conscious-ness: Perceptions of US Society Among Recent Latin American Immi-grants to the U.S. [J]. Social Forces, 1980, 37 (5): 24 - 31.

[160] RICHARD A, VICTOR N. Rethinking Assimilation Theory for a New Era of Immigration [J]. International Migration Review, 1997, 31 (4): 27 - 35.

[161] ROBERT J B. The Rational Choice [J]. Lectures of Economic, 1995, 43 (3): 25 - 44.

[162] SEN A. A Decade of Human Development [J]. Journal of Human Development, 2000, 1 (1): 11 - 17.

[163] SHANE S, LOCKE E A, COLLINS C J. Entrepreneurial motivation [J]. Human Resource Management Review, 2003, 13 (2).

[164] STRAUSS W, HOWE N. Generations: the history of America's fu-ture, 1584 to 2069 [M]. New York: Morrow & Company, 1991.

[165] THEISEN S P, PATTERSON S. Immigration and Race Relations in Britain, 1960 - 1967. [J]. American Sociological Review, 1972, 35 (6): 1131.

[166] THOMAS C B, SUSAN C. B, MICHAEL J M, GEORGE L P. Does Better Information About the Good Avoid the Embedding Effect [J]. Journal of Environmental Management, 1995, 44 (1): 178 - 185.

［167］ WILBUR Z. Coping with the Migration Turnaround：The Theoretical Challenge ［J］. International Regional Science Review，1977，2 （2）：161 – 177.

［168］ WILNER J，MARK P，ELENA I. Estimation of a spatial simultaneous equation model of population migration and housing price dynamics ［J］. Regional Science and Urban Economics，2010，40 （5）：1 – 17.

［169］ Zhou Shujia. High Quality Development Path of Manufacturing Industry in Yangtze River Delta under the Background of Global Value Chain Digitization ［J］. International Journal of Social Science and Education Research，2022，5 （4）：209 – 213.

后　　记

　　本书围绕高质量发展背景下中部地区的现状开展流动人口社会融合研究，深入分析了高质量发展背景下流动人口社会融合的测量维度，总结和梳理了高质量发展背景下流动人口社会融合理论和一般规律，从理论上揭示了高质量发展背景下流动人口社会融合的特征。同时，提出了社会融合测量要素，构建了流动人口社会融合评价指标体系，并对中部地区流动人口社会融合现状进行差异化分析，构建模型探究个人、经济、文化、心理、制度、社区六个因素对流动人口社会融合度的影响及作用机制。最后，结合理论研究和实证分析的结果，从高质量发展的视角，提出促进中部地区流动人口社会融合的路径选择和政策建议。

　　本书在研究设计和实证研究等方面力求科学、严谨，构建了中部地区流动人口社会融合水平的四个结构维度，并设计了社会融合程度测量量表。但仍存在一些不足之处，在未来的研究中需要进行进一步补充，进一步完善流动人口社会融合的量表设计，开发流动人口社会融合的他评量表，深入探究流动人口社会融合的内在影响机理。

　　本书的出版离不开我的老师、家人、同事、朋友和学生的帮助，凝聚了很多人的心血。在此，我向他们表示衷心的感谢。书稿撰写的分工如下：傅端香负责第 1 章、第 2 章、第 7 章和第 8

章，张梦婕负责第3章和第4章，刘琼负责第5章和第6章。张晴、李聪、周喜悦、姜珊、高翔、解凯凯、程田田、黄科鑫、张炜祥等同学参与了文献、资料和数据的收集、整理及文稿校对工作。

在本书的撰写过程中，我参考了大量的文献、资料和数据，在此向这些文献、资料的作者表示感谢。同时，感谢河南理工大学及工商管理学院领导对本书出版的支持和帮助。

学海无涯，虽然本书即将出版，但有关中国流动人口社会融合问题的研究还有待进一步的探索和研究，欢迎各位学者继续关注和研究流动人口社会融合问题。由于本人水平有限，本书中难免出现错误和纰漏，恳请各位同仁和读者不吝赐教和指正。

傅瑞香

2023 年 9 月